Jürgen Ebach

In den Worten und zwischen den Zeilen

Eine neue Folge Theologischer Reden

W0197799

Erev-Rav-Hefte
Biblische Erkundungen Nr. 6

Bibliographische Information der Deutschen Bibliothek

Ebach, Jürgen:
In den Worten und zwischen den Zeilen: Eine neue Folge Theologischer Reden /
Jürgen Ebach. – Wittingen : Erev-Rav 2005
(Erev-Rav-Hefte : Biblische Erkundungen ; 6)
ISBN 3-932810-31-7

Umschlagbild: *Adam und Eva* von Hans Holbein d.J. aus dem Jahr 1517
Druck: Druckerei Carstens, 29640 Schneverdingen

Weitere Informationen unter: www.erev-rav.de
Bestellung: erev-rav@t-online.de

Für Paulus Engelhardt

Inhalt

Vorwort

Nach sechs Bänden „Theologischer Reden" des Verfassers, die zwischen 1989 und 2004 im Verlag des Sozialwissenschaftlichen Instituts der EKD in Bochum erschienen sind, liegt hier eine neue Folge vor. Ich freue mich sehr, dass der Erev-Rav-Verlag zur Veröffentlichung bereit war, und danke allen, die ihre Arbeitskraft in die Projekte von Erev-Rav einbringen, besonders Gerard Minnaard, dafür sehr herzlich.

In dieser neuen Folge sind Texte zu unterschiedlichen Themen und für unterschiedliche Anlässe aus den Jahren 2004 und 2005 versammelt. Sieben der zehn Beiträge sind hier zum ersten Mal veröffentlicht. Der Schwerpunkt liegt bei den Beiträgen für den Deutschen Evangelischen Kirchentag 2005 in Hannover: nämlich einer exegetischen Skizze zur Eliageschichte in 1. Könige 17,1–6 zur Vorbereitung auf den Kirchentag sowie den drei Bibelarbeiten (über Maleachi 3, das letzte Kapitel des christlichen Alten Testaments, über das „Kinderevangelium" in Markus 10,13–16 und über das lange Kapitel 5. Mose 6) sowie einem kleineren Referat zu Gottesnamen und Gottes Namen auf dem Kirchentag selbst. Dessen Losung „Wenn dein Kind dich morgen fragt ..." aus 5. Mose 6,20 vermochte die Themen und Diskurse des Kirchentags in hohem Maße mit zu gestalten – gerade weil sich im Hören auf dieses Wort zeigt, dass Offenheit und Tradition, Erinnerung und Zukunft, Freiheit und Aufmerksamkeit einander nicht Feind sind, sondern sich gegenseitig befragen und bereichern.

Zwei weitere Reden hatten ihren Ort bei ökumenischen Bibelwochen der katholischen und evangelischen Gemeinden in Bochum-Laer und Altenbochum, die sich für das Jahr 2004 die Apokalyptik und für 2005 das biblische Jeremiabuch im Gespräch mit Franz Werfels Jeremia-Roman zum Thema genommen haben. Um das Paradies, den Garten in Eden, ging es bei einem Vortrag aus Anlass der Thüringer Landesgartenschau in Nordhausen. Zwei weitere Texte wurden nicht als Reden gehalten. Der eine – über zwei Verse aus dem Amosbuch und die Frage nach der Gerechtigkeit – ist als Beitrag in der Predigthilfe der Aktion Sühnezeichen zur Ökumenischen Friedensdekade 2004 verfasst worden. Dass auch die Annäherungen an den schwierigen Begriff der Toleranz nicht zur vorgetragenen Rede wurde, hat einen anderen Grund, einen, der auf das Toleranzthema ein eigentümliches Licht wirft. Die Rede war als Einleitungsvortrag bei einer in der Universität Siegen konzipierten Tagung vorgesehen, bei der Orte multikulturellen und multireligiösen Zusammenlebens Thema sein sollten, vor allem: Isfahan, Toledo, Jerusalem und Neuwied. Die Realisierung des Unternehmens scheiterte auf paradoxe Weise an seiner eigenen Thematik – die für die

Tagung konstitutive Mitwirkung iranischer Wissenschaftlerinnen und Wissenschaftler scheiterte am Reizthema „Jerusalem". Der geplante Tagungsband konnte immerhin 2004 erscheinen; meine ungehaltene Rede aus diesem Band ist in dieser Folge Theologischer Reden wieder abgedruckt.

Die Rede über die Toleranz hat implizit, alle anderen hier versammelten Beiträge haben explizit biblische Worte und Texte zum Thema. Nur wer die Worte beim Wort nimmt, kann zuweilen auch wahrnehmen, was zwischen den Zeilen steht. Die Aktualität der Bibel leuchtet oft gerade dann auf, wenn sie nicht hergestellt werden soll, sondern sich – nicht selten an unvermuteter Stelle – einstellt.

Ein besonderes Beispiel eines „Lesens" zwischen den Zeilen zeigt sich für mich in einem Bild von Hans Holbein d. J. aus dem Jahr 1517 (Papier auf Holz, 30 × 36 cm, jetzt im Kunstmuseum Basel), welches „Adam und Eva" darstellt. Ich bin auf dieses Bild durch ein glänzendes Seminarreferat zweier Bochumer B. A.-Studierender aufmerksam geworden. Ihnen beiden, Jannika Haupt und Clemens Wustmans, danke ich dafür herzlich. In Holbeins Bild betrachtet das erste Menschenpaar erschrocken-bekümmert einen angebissenen Apfel, welcher sich als wurmstichig erweist. Die Paradiesschlange ist gleichsam in jenen „Apfel", zu dessen Verzehr sie die Menschen verführt hatte, selbst eingedrungen; in der Frucht der freien Entscheidung der Menschen gegen Gottes Gebot „steckt der Wurm drin". Das ist eine Pointe des Holbein-Gemäldes, das ich mir als Titelbild dieses Bandes gewünscht habe und das womöglich nicht nur für die Rede über den Garten in Eden zum Kommentar werden mag. Aufklärung und Freiheit dürfen – auch und gerade im Umgang mit biblischen Texten und Normen – nicht denunziert werden, doch soll auch deren Kehrseite ins Bild kommen und damit die „Dialektik der Aufklärung".

Dieser Band ist einem Kollegen und Freund gewidmet, dem Dominikanerpater Prof. Dr. Paulus Engelhardt, von dem ich wie von keinem anderen Menschen gelernt habe, dass Tradition und Freiheit zusammengehen können.

Bochum, im Herbst 2005
Jürgen Ebach

Herzenssachen

*Bibelarbeit über Maleachi 3**

Wenn dein Kind dich morgen fragt ...

Die Bibeltexte des Kirchentags legen die Losung aus. Auf je ihre Weise ent-
falten sie deren Dimensionen, legen Spuren aus und helfen das Leitwort des
Kirchentags in verschiedenen Perspektiven und Konkretionen wahrzunehmen. Das gilt auch für die heutige Bibelarbeit über Mal 3, und deshalb setze
ich bei der Kirchentagslosung ein. „Wenn dein Kind dich morgen fragt ..."
– dieses Leitwort hat im Vergleich zu früheren Kirchentagslosungen eine
ungewöhnliche Form. Es enthält weder eine moralische Forderung noch
eine Glaubensgewissheit, vielmehr zielt es auf eine Frage. Doch die Frage
selbst kommt gar nicht zu Wort – die Losung bleibt bei ihrer Voraussetzung:
Wenn dein Kind dich morgen fragt ... Was *dann* mit dem Wort der „Schrift"
in 5. Mose 6, dem die Losung entnommen ist, zu antworten ist, kam in den
Eröffnungsgottesdiensten zu Wort und wird in den Bibelarbeiten über das
ganze Kapitel Dtn 6 zum Thema werden. Heute – im Nachdenken über das
3. Kapitel der Schrift des Propheten Maleachi – bleibe ich beim nur an-
gefangenen Satz und seinen *möglichen* Fortsetzungen, zuerst aber beim
„wenn" selbst. Wenn dein Kind dich morgen fragt ... Das „wenn" lässt ein
auch mögliches „und wenn nicht" aufscheinen. So klingt im „wenn" über die
Zeit und die Bedingung hinaus die bange Hoffnung mit: Ach, wenn doch!
Denn „wenn dein Kind dich morgen fragt", dann bist du morgen noch
gefragt, dann ist deiner Antwort morgen noch etwas (oder auch morgen *wieder* etwas) zugetraut, dann ist das Fragen und Antworten zwischen den
Generationen nicht abgebrochen – auch dann, wenn die Fragen des jungen
oder auch des längst selbst erwachsenen Kindes ungemütlich sind, wenn
ich Antworten schuldig bleibe oder mich um manche Antwort herum-
drücke. Darum lautet mein erster Versuch zu einem „dann", das auf das
„wenn" folgen könnte: Wenn dein Kind dich morgen fragt, dann hast du
Glück gehabt.
Es ist nicht selbstverständlich, dass unsere Kinder uns morgen fragen.
Generationenkonflikte bis hin zu krudester Gewalt kennen die historischen
und die mythischen Überlieferungen der Völker seit alters. Da sind die griechischen Göttergeschlechter, bei denen der Sohn den Vater vernichtet, um
eine Göttergeneration später vom eigenen Sohn verstümmelt zu werden.
Der Ödipusmythos lebt vom Generationenkonflikt, und auch die Bibel

---

* Bibelarbeit beim 30. Deutschen Evangelischen Kirchentag in Hannover, 26. Mai 2005.

9

weiß von solchen Kämpfen – man denke nur an David und Absalom. Das Alte Testament mahnt in beide Richtungen. Da gibt es die Jungen, die den weisen Rat der Alten verschmähen, aber da gibt es auch die Warnung an die Jungen, die Verfehlungen der Elterngeneration nicht fortzusetzen. Generationenkonflikte sind unvermeidlich. Es kann dabei um die unmittelbare Beziehung von Eltern und ihren Kindern, Kindern und ihren Eltern gehen, aber auch um das Verhältnis der Generationen überhaupt, der Alten und der Jungen in der Gesellschaft und darüber hinaus der früheren, der gegenwärtigen und der zukünftigen Generationen. Wie gehen wir um mit den Erfahrungen des gelebten Lebens derer, die vor uns waren und ohne die wir nicht wären? Wie gehen wir um mit den Lebensrechten derer, die nach uns kommen? Es gibt einen Generationsimperialismus, der die Ressourcen der Erde betrachtet, als seien sie allein für die jetzt Lebenden da. Dieser maßlose Anspruch der Gegenwart droht Vergangenheit und Zukunft auszulöschen. Doch wir haben die Erde von unseren Kindern geliehen, wie wir sie von unseren Eltern geerbt haben. Dennoch sind Konflikte zwischen den Generationen notwendig, soll es überhaupt Veränderung und Fortschritt geben. Dass etwas immer so war, ist kein hinreichendes Argument dafür, dass es auch weiter so bleiben müsse. Dass etwas schon lange so ist, ist umgekehrt kein hinreichendes Argument dafür, dass es in Zukunft nicht mehr so sein solle. Darum sind Traditionen im Wortsinn fragwürdig. Leszek Kołakowski formulierte die Doppelgesichtigkeit der Tradition einmal so:

Erstens, hätten nicht die neuen Generationen unaufhörlich gegen die ererbte Tradition revoltiert, würden wir heute noch in Höhlen leben; zweitens, wenn die Revolte gegen die ererbte Tradition einmal universell würde, werden wir uns wieder in den Höhlen befinden.

Es kommt darauf an, den notwendigen Konflikt der Generationen nicht zum Krieg der Generationen werden zu lassen, den Streit zu schlichten, in den Worten Maleachis: „das Herz der Eltern wieder den Kindern zu(zu)wenden und das Herz der Kinder wieder den Eltern". Diese Gottesworte im Prophetenmund am Ende unseres Bibelarbeitstextes verknüpfen das Kapitel Mal 3 mit der Losung. Ich lese die Verse 23 und 24 in der Kirchentagsübersetzung (sie gibt den Eigennamen des Israelgottes mit der allein Gott vorbehaltenen Anrede *Adonaj* wieder):

Seht doch, bevor der Tag Adonajs kommt, groß und Achtung gebietend, schicke ich euch Elia, den Propheten. Er wird das Herz der Eltern wieder den Kindern zuwenden und das Herz der Kinder wieder den Eltern – damit ich nicht kommen muss und das Land mit Vernichtung schlage.

Diese Verse beschließen nicht nur das Kapitel, sondern die ganze Maleachischrift, ja die Prophetenbücher überhaupt. Mehr noch: Zusammen mit dem unmittelbar vorausgehenden Vers 22 verknüpfen sie Hauptteile der hebräischen Bibel und der ganzen christlichen Bibel. *So* tragend ist die Erwartung der Versöhnung der Generationen. Der biblische Befund gibt der Kirchentagslosung Ort und Gewicht. Es geht nicht um eines der vielen gegenwärtigen Probleme, für das sich dann auch ein Bibelspruch finden lässt – es geht ums Ganze, um die ganze Bibel, das ganze Leben. Deshalb setze ich in dieser Bibelarbeit bei den *letzten* Versen in Mal 3 ein.

Elia-Erfahrungen

Am Ende der Maleachiprophetie richtet sich eine große Erwartung an einen früheren Propheten: an Elia. Elia wurde, so erzählt das 2. Königebuch, in den Himmel entrückt und so wurde er in der Tradition zu einem Mittler zwischen den Zeiten und Welten. Mit ihm verbindet sich die Erwartung des Anbruchs der kommenden Welt, darum wird beim jüdischen Päsachmahl ein Platz für Elia bereitgehalten, denn er könnte jeden Moment eintreffen. Auch in unserem Maleachitext verbindet sich Elias Kommen mit einer Wende – noch nicht der großen messianischen Wende, sondern dem Einander-wieder-Zuwenden der Generationen. „Er wird das Herz der Eltern wieder den Kindern und das Herz der Kinder wieder den Eltern zuwenden." Von der Zuwendung der *Herzen* der Generationen zueinander ist hier die Rede. In der Sprache der Bibel ist das Herz nicht vor allem Sitz der Gemütsbewegungen, sondern zuerst das Organ des Denkens, Planens und Wollens. Das erhoffte *herzliche* Verhältnis der Generationen bleibt nicht aufs Gefühl reduziert, sondern zielt – bei allen Konflikten – auf eine gemeinsame Gestaltung von Leben und Welt. Die Aktualität des Themas muss kaum betont werden, vollends nicht bei diesem Kirchentag, seinem Leitwort und dessen vielfältigen Entfaltungen und Gestaltungen. Bemerkenswert ist immerhin, dass diese Fragen auch in der Zeit der Abfassung der Maleachischrift von so großer Bedeutung waren, dass sie den gewichtigen Schlussakzent nicht nur dieser Schrift und des Zwölfprophetenbuches setzen, sondern (ich nehme das noch einmal auf) der gesamten Prophetie im Kanon der hebräischen Bibel bilden, ja in der Anordnung der Bücher in christlichen Bibeln den Schluss des ganzen Alten Testaments.

Was macht diese große Bedeutung des Themas aus, um welche Konflikte ging es vor zweieinhalb Jahrtausenden, als diese Worte verfasst wurden? Der Text sagt es nicht explizit, aber die Probleme seiner Zeit lassen Vermutungen zu. Die Maleachischrift wurde wahrscheinlich im 5. Jahrhundert vor unserer Zeitrechnung verfasst. Israel war Teil des großen persischen Weltreichs geworden, außenpolitisch war es eine vergleichsweise ruhige Zeit. Die Perser hatten die Rückkehr aus dem babylonischen Exil erlaubt; ein Teil der Exilanten hatte davon Gebrauch gemacht. Damit hatten sich große Hoffnungen der Exilspropheten erfüllt, freilich nicht alle. Die Heimkehr ins Israelland war möglich geworden, aber die Verkündigung einer grandiosen Umgestaltung zu einem heilvollen Leben in blühenden Landschaften war der Ernüchterung gewichen. Es ging kärglich zu in Maleachis Zeiten. Zwar gab es wieder einen Tempel, aber die alte Pracht des davidischen

Reichs und des Salomonischen Tempels war nur noch Erinnerung. Wenn Erwartungen sehr groß sind, wird ihre halbe Erfüllung rasch zur ganzen Enttäuschung. Das ist ganz aktuell – man denke an die letzten 15 Jahre deutscher Geschichte. Aktuell ist wohl auch eine andere Erfahrung der nachexilischen Zeit. In einem etwa zeitgleichen Text aus dem Michabuch heißt es: „Denn der Sohn verachtet den Vater, die Tochter steht auf gegen die Mutter, die Schwiegertochter gegen ihre Schwiegermutter, zu Feinden des Mannes werden seine Haussklaven." In diesen Worten kommt die Erfahrung zur Sprache, dass der ökonomische Druck zur Entsolidarisierung auch in den engsten sozialen Beziehungen führt, dass dann auch im eigenen Haus und der eigenen Familie der Mensch dem Menschen zum Wolf werden kann, wenn jede und jeder aufs eigene Durchkommen verwiesen ist. Das Gebot, den Nächsten zu lieben wie sich selbst, ist auf fatale Weise eingelöst, wenn jeder sich selbst der Nächste ist.

Im Blick auf die zu erahnenden Generationskonflikte der Zeit Maleachis kommt noch etwas hinzu. Als Juda und Jerusalem mehrere Generationen zuvor von der Katastrophe des Untergangs von Staat, Stadt und Tempel und der darauf folgenden Massendeportation ins babylonische Exil getroffen wurden, stellte sich im Elend die Frage nach dem Grund des bösen Geschehens. Eine Deutung sah die Ursache in Gottes Strafhandeln und dessen Grund in den über Generationen aufgehäuften Verfehlungen, in den fremden Kulten, die die Könige Israels seit Jerobeam durchweg und die meisten Könige Judas ebenso geübt hatten. Doch je plausibler diese Deutung wurde, desto lähmender wurde sie auch. Was können die jetzt Lebenden tun angesichts der Berge von Schuld, die die früheren Generationen aufgehäuft hatten? Deutung und Resignation zugleich gerannen in einen Spruch: „Die Väter haben saure Trauben gegessen, den Söhnen sind davon die Zähne stumpf geworden." Auslöffeln müssen, was andere eingebrockt haben, kann schlimm genug sein – zum Verzweifeln ist es, wenn ein ganzes Leben nicht reicht, auch nur einen bemerkbaren Teil der ererbten Schuld, der Schulden und der Schuldigkeiten abzutragen. In dieser Lage wollten die Exilspropheten den Spruch von den Trauben der Väter und den stumpfen Zähnen der Söhne nicht mehr hören. Niemand soll für die Taten einer anderen Generation einstehen müssen, jeder soll nur das eigene Leben verantworten, weder sollen die Eltern für die Kinder noch die Kinder für die Eltern haften. Diese Zerschlagung generationsübergreifender Haftung und Verantwortung diente der Lösung der Lähmung angesichts der Schuld- und Schuldenberge. Eben darin bestand ihre tröstliche Botschaft. Aber wie so oft wird gerade die Lösung eines Problems zum Grund eines neuen Problems. Denn wenn jede und jeder nur für sich einstehen soll, dann geht all das verloren, das erst in der Kette der Generationen entsteht. Einen Schlussstrich unter die Vergangenheit zu ziehen, kann in bestimmten Fällen nötig sein; die uns nur zu gut bekannte Schlussstrichmentalität aber ist der Ausdruck der Weigerung, Verantwortung zu tragen für das Böse, das ich nicht selbst getan habe, das aber doch zu meinem Leben gehört wie so viel Gutes, von dem ich zehre und das ich auch nicht selbst bewerkstelligt habe. Gerade der Wiederaufbau nach dem Ende des Exils war in doppelter Weise von den Trostworten der Exilspropheten getragen: von der Lösung der Lähmung durch die Vorstellung, man könne ja doch nichts tun, *und* von dem mit eben dieser Lösung verbundenen Verlust der Zusammengehörigkeit der Generationen. Vielleicht wird gerade darum am Ende der Maleachi-Prophetie die *Wieder*-Zuwendung der Generationen so dringlich. Aber warum wird diese Versöhnung von Elia erwartet? Unser Bibelarbeitstext weist uns an seinem Ende mehrere Jahrhunderte zurück zu den Geschichten um den frühen Propheten Elia.

Folgen wir dieser Spur: Ein versöhnlicher Typ ist dieser Elia gerade nicht. Er vertritt das Programm der Alleinverehrung des Israelgottes in unerbittlicher Strenge; beim Religionsstreit auf dem Karmel besiegt er die Priester des Gottes Ba'al nicht nur, sondern schlachtet sie allesamt ab, wie 1. Kön 18 berichtet. „Alles oder nichts", „Wahrheit oder Tod" oder auch: „Zwischentöne sind Krampf im Glaubenskampf" – von solchem Schlage mag Elias Losung sein. Dem Volk, das es dem Gott Ba'al *und* Israels Gott Recht machen will, wirft er vor, auf zwei Seiten (vielleicht auch: auf zwei Krücken) zu hinken, sozusagen auf zwei Hochzeiten tanzen zu wollen; dem König Ahab und seiner phönikischen Frau Isebel trotzt er unbeugsam. Doch die Königin ist von gleichem Schlage. „Bist du Elia", sagt sie, „so bin ich Isebel" und schwört bei ihren Göttern, Elia das anzutun, was er den Ba'alspropheten angetan hatte. Elia flieht in die Wüste; immer weiter hinab geht der Weg und immer tiefer sinkt der Mut. Aus dem gewaltigen Helden ist ein verzagter, depressiver Mann geworden. Da wünscht Elia sich den Tod, heißt es, und er bittet Gott, ihm das Leben zu nehmen, denn: „Ich bin auch nicht besser als meine Väter." Ob Elia mit seinen Vätern die eigenen Vorfahren meint oder ihm vorangehende Propheten, lässt sich kaum entscheiden – vielleicht ist auch beides im Blick. Deutlich ist jedenfalls: Der gewaltige Anspruch, besser zu sein als die Väter, nicht auf zwei Seiten zu hinken, stets mutig für Glauben und Wahrheit einzutreten, vor nichts und niemandem zu weichen, ist jäh umgeschlagen in das Gefühl des totalen Versagens. Die selbstauferlegte Norm wird dem Propheten zum richtenden und vernichtenden Über-Ich. „Ich bin auch nicht besser als meine Väter!" Ich sehe da auch meine Generation. Wenn *wir* (ich bin 1945 geboren) etwas unter allen Umständen wollten, dann das: besser sein als die Väter, mutiger als die Eltern. Nicht wie sie schweigen, gar mitmachen beim Nazi-Terror. Für Gerechtigkeit, für Menschenrechte eintreten, für die Selbstbestimmung der Völker, gegen Rassismus, Unrecht und Unterdrückung, niemals mit den Wölfen heulen ... Und dann? Was sage ich, wenn mein Kind mich morgen fragt, was ich dagegen getan habe, dass heute Millionen von Menschen verhungern und auf andere Weise krepieren in einem Weltwirtschaftssystem, dessen vielfacher Nutznießer ich bin? Ich kann ja nicht einmal *behaupten*, davon hätte ich nichts gewusst. Müsste ich nicht das totale Versagen eingestehen? Oder wäre die Bekundung des totalen Versagens am Ende nur die Kehrseite der gewaltigen Überschätzung der eigenen Möglichkeiten? Ich will dem noch etwas nachgehen.

Die Eliageschichten sind Männergeschichten – die vom großen Helden wie die vom müden Mann. In den letzten Jahren haben Frauen ihren Blick auf die biblischen Geschichten geschärft. Keineswegs ist ja die Bibel ein Männerbuch und ebenso wenig ist Gott ein Mann. Erst wenn Männer nicht mehr die ganze Bibel und Theologie für sich beanspruchen, können Männer auch die eigene Perspektive stark machen. Denn es gibt Männerstories in der Bibel, und die Eliageschichten gehören dazu. Wie gut ich Elia verstehe! Wenn ich schon nicht alles kann, will ich wenigstens an allem schuld sein. Drunter tun wir's nicht. Und wenn ich nicht so lebe, wie ich meine, leben zu sollen, dann will ich lieber gar nicht leben. Allmacht oder Ohnmacht – bloß keine Zwischentöne, kein Hinken auf beiden Seiten, auf zwei Krücken. Sind der Held von 1. Kön 18 und der Verzagte von Kap. 19 wirklich so unterschieden? Sind es nicht die beiden Seiten derselben Struktur? Aber wie kann das *Alles-oder-Nichts* aufgebrochen werden? – Auf den Todeswunsch Elias hin kommt ein Gottesbote, ein Engel, der dem Elia Brot und Wasser in die Wüste bringt. Statt einer langen Diskussion oder einer mahnenden Predigt bedeutet ihm der Engel nur: „Iss mal was!" Es geht darum, dass Elia Kraft bekommt, seinen Weg bis zum Horeb, zum Ort der Gabe der Mosetora, zu Ende zu gehen. Und doch höre ich im „Iss mal was!" auch ein „Nun komm mal wieder auf den Teppich!" Die Erzählung macht das Schwanken zwischen Allmacht und Ohnmacht zum Thema und durchbricht die Alternative selbst. Es *gibt* Zwischentöne. Nicht immer sind sie gefordert, zuweilen bedarf es eines klaren „Ja" oder eines klaren „Nein". Aber wenn dabei die Zwischentöne und auch das zuweilen lebensförderliche „Hinken auf beiden Seiten" verloren gehen, dann gehen nicht nur Positionen verloren. Wer nicht *alles machen* kann, kann noch lange nicht *nichts tun*. Wer etwas nicht geschafft hat, soll sich weder zum *loser* machen lassen noch das eigene Versagen als besonders vorbildliche Sensibilität ausgeben. Manchmal bedarf es der Auszeit – auch für Propheten. Aber dann gibt es wieder etwas zu tun. Die Notwendigkeit der Arbeit an der Gerechtigkeit bleibt – auch für müde Männer. Damit sind wir beim Thema des ganzen Kapitels Mal 3. An dessen Ende wird Elia aufgeboten, das Herz der Eltern wieder den Kindern und das Herz der Kinder wieder den Eltern zuzuwenden. Warum Elia? Womöglich, weil *er* diese Erfahrung auf dem Weg zum Gottesberg gemacht hat. Womöglich, weil *er*, der besser sein wollte als die Generation der Eltern und an diesem Anspruch fast zu Grunde gegangen wäre, mit der Hilfe eines *mal'ach*, eines Engels, wieder gehen und leben und handeln lernte und darum nun selbst zur Versöhnung der Generationen verhelfen kann. Womöglich, weil nur einer, der die Generationskonflikte im eigenen Herzen durchgetragen hat, die Herzen der Eltern *und* der Kinder erreichen kann.

Mit Marx- und Engelszungen

Es gibt noch einen Querbezug zwischen 1. Kön 19 und Mal 3. Den Elia brachte ein *mal'ach*, ein Gottesbote, ein Engel wieder auf die Beine. Der Prophetenname Maleachi (*mal'achi*) bedeutet „mein Bote, mein Engel". In gewisser Weise weist also wiederum ein Engel dem Elia Weg und Ziel. Zuvor – und damit komme ich endlich zum *Beginn* unseres Bibelarbeitstextes – redet Maleachi („mein Engel") zu seinen Zeitgenossinnen und -genossen. Mit Engelszungen redet er – vielleicht auch mit Marx- und Engelszungen. Denn um Ökonomie geht es und um die Unterscheidung von Recht und Unrecht. Die Maleachischrift ist so aufgebaut, dass sich der Prophet mit Stimmen auseinander setzt, deren Fragen und Haltungen er zitiert, um ihnen ins Wort zu fallen und ihnen zu widersprechen. Die letzten drei dieser insgesamt sechs Diskurse Maleachis stehen in unserem Text. Dabei gehört der Schlussvers des vorangehenden Kapitels 2 dazu. Hier steht die Frage, auf die die ersten Sätze in Mal 3 antworten. Seinen Gegnern ruft Maleachi zu:

Ihr nervt Adonaj mit eurem Reden. Und dann sagt ihr: „Womit nerven wir dich denn?" Indem ihr sagt: „Alle, die Böses tun, sind gut in den Augen Adonajs, und an ihnen hat Gott Gefallen." Oder ihr sagt: „Wo ist denn Gott und schafft Recht?"

Wo ist Gott, wo bleibt Gott, wenn die, die Böses tun, Erfolg haben? In welchem Ton hören wir diese Frage? Ist es die Maxime der Zyniker und ihrer scheinbaren Erfahrung, dass Gott mit den stärkeren Bataillonen sei? Ist es die kaltschnäuzige Erledigung der Moral im Namen des Erfolgs? Oder ist es umgekehrt die verzweifelte Frage derer, die auf Gott und Gerechtigkeit setzen und doch immer wieder bestürzt feststellen, dass es in der Welt anders zugeht? Die *einen* würden sagen, Gott solle doch ruhig kommen, die *anderen* wollten darauf hoffen, dass Gott endlich erscheine. Der Prophet beunruhigt in seiner Antwort die einen, aber er beruhigt damit die anderen nicht. Der gar nicht so „liebe", sondern machtvolle, über Heere gebietende Gott sagt an: Ich schicke meinen Boten, meinen Engel, ich schicke *mal'achi*, Maleachi:

Doch seht, ich schicke meinen Boten, dass er den Weg vor mir frei räume. So kann auf einmal die Macht zu ihrem Tempel kommen, nach der ihr verlangt. Der Bote des Bundes, der euch gefällt – gebt acht, er kommt, sagt Adonaj, mächtig über Heere. Doch wer hält den Tag aus, wenn er kommt, wer besteht, wenn er erscheint? Denn er ist wie schmelzendes Feuer, wie ätzende Lauge. Er stellt sich ein, schmelzt und reinigt Silber, reinigt die Söhne und Töchter Levis, läutert sie wie Gold und Silber. So werden sie Adonaj Gaben darbringen – dann sind sie im Recht. Dann sind Adonaj die Gaben Judas und Jerusalems angenehm wie in einstigen Tagen, wie in frühen Jahren. Ich nahe mich euch und schaffe Recht; ohne Zögern erhebt mein Zeugnis Anklage gegen alle, die finstere Machenschaften treiben, Ehen zerstören, Meineide schwören, den Tagelohn drücken, Witwen und Waisen unterdrücken, Fremde wegdrängen. Sie achten mich eben nicht, sagt Adonaj, mächtig über Heere.

Wenn es so ist, dass Recht und Unrecht nicht mehr unterscheidbar sind, dann wird es – buchstäblich – zur Feuerprobe kommen, zur Läuterung. Das

Wort „Läuterung" kommt heute vor allem im abgeblasst übertragenen Sinne vor; man sagt von einem, der eine schlechte Gewohnheit aufgegeben hat, er sei inzwischen geläutert. In unserem Text ist die Läuterung ganz wörtlich gemeint, so wie man Gold und Silber läutert, indem man es durch schmelzende und ätzende Vorgänge scheidet und klärt. Um Unterscheidung und um Klärung geht es auch in Mal 3. Wenn Gott kommt, wird es für die Bösen wie die Frommen nicht harmlos zugehen. Besonders im Blick sind hier die „Söhne und Töchter Levis", d. h. die mit dem Kult Betrauten. Es geht um das Verhältnis von Kult und Ökonomie – heute könnte man sagen: das Verhältnis von Kirche und Geld. Offenbar ist in dieser Hinsicht manches zu klären, zu läutern. Gemütlich geht es bei Maleachi nicht zu. In ihrem Buch „Das Hebräerland" (dtv, S. 56) zitiert *Else Lasker-Schüler* aus den Psalmodien ihres Freundes *Peter Hille*: „Gott ist das Weltgemüt – Er ist aber nicht gemütlich." Das gilt für Mal 3 gewiss: Gott wird Recht schaffen, und was Recht ist, lässt sich gegen all die scheinbar unklaren Kategorien glasklar sagen. Gott schafft Recht

... gegen alle, die finstere Machenschaften treiben, Ehen zerstören, Meineide schwören, den Tagelohn drücken, Witwen und Waisen unterdrücken, Fremde wegdrängen.

In den sozialen Verfehlungen verfehlen die Täter Gott selbst. Der Verlust der Gottesachtung führt zum Verlust der Achtung vor Menschen. Und umgekehrt: Wo immer Menschenrechte mit Füßen getreten werden, wird Gott missachtet. Es gibt gute Gründe zur Vorsicht, bestimmte soziale Systeme als gottgewollt und andere als gottwidrig zu klassifizieren. Die theologische Situierung der Ethik, die Erinnerung daran, dass alle unsere politischen, gesellschaftlichen, sozialen Gestaltungsformen im Vorletzten angesiedelt sind, betont mit Recht das Vorläufige und immer auch Korrekturbedürftige all der Veranstaltungen, die Menschen treffen, um ihr Leben zu sichern und zu gestalten. Aber das heißt nicht, dass es bei den *vorletzten* Dingen um weniger wichtige gehe oder dass die ethischen Fragen keine im engsten Sinne theologischen seien. „Maleachi 3" und „Hartz 4" stehen nicht auf derselben Ebene, doch die Ebenen sind nicht so geschieden, dass es in der Bibel um den Glauben und in der Politik um die Ökonomie geht. Wenn und weil jede Beschädigung der Lebensrechte von Menschen ein Angriff auf Gottes Ehre ist – so lese ich es in unserem Text –, greift auch die Denkfigur, die Kirche habe die Gewissen zu schärfen, doch sich nicht in die Politik einzumischen, zu kurz. Wie viele Rechtsbrüche geschehen mit besten Gewissen, im privaten Leben und in der Politik! Manch einer hat ja deshalb ein reines Gewissen, weil es nach vielen Jahren noch immer ganz unbenutzt ist. Maleachi nennt die Rechtsbrüche beim Namen – es sind noch immer die gleichen. Hier wird deutlich, was Prophetie in der hebräischen Bibel bedeutet. Prophetinnen und Propheten sind nicht zuerst die, die *vorher*sagen, was dereinst sein wird, sondern die, die offen *heraus*sagen, was ist und was daraus folgen wird. Die Aufgabe der Klärung, der Läuterung, zuerst im Kult selbst, hat der *Bote* Gottes – nicht zufällig eben das Wort, das der Prophet als Namen trägt. Die Worte des Propheten (und die der anderen Prophetinnen und Propheten) sind darum oft hitzig und zuweilen echt ätzend. In einem solchen Offen-Heraus-Sagen, in der parteilichen Wahrnehmung der Rechte der Schwächeren erwiese sich darum auch das prophetische Amt der Kirche, nicht in einem Wahrheitsmonopol oder im Anspruch auf die bessere Moral. Wie es um die Moral bestellt ist, wird in der folgenden Diskussionseinheit in Mal 3 zum Thema. Ein Gotteswort eröffnet den Wortwechsel:

Nein, ich, Adonaj habe mich nicht geändert; und ihr seid Jakobskinder unaufhörlich. Seit den Tagen eurer Vorfahren seid ihr von meinen Bestimmungen abgewichen und habt sie nicht gehalten. Kehrt um zu mir! Dann will ich zu euch umkehren, sagt Adonaj, mächtig über Heere.

Jakobskinder – Jakobs Kinder

Gott habe sich nicht geändert, lesen wir an dieser Stelle. Wir sollten uns hüten, einen solchen Satz gleichsam ontologisch zu lesen, so als ob hier das ewige, unwandelbare Wesen Gottes festgestellt wäre. Verstünde man es so, stieße man ja gleich wenige Sätze später auf das schiere Gegenteil. Denn da sagt Gott zu, sich wieder den „Jakobskindern" zuzuwenden, wenn *sie* sich Gott zuwenden. Nicht nur, dass Gott sich wenden kann, steht hier, sondern dass Gottes Wiederzuwendung von der Israels abhängig sein wolle. Darum sollten wir den Satz, nicht Gott habe sich geändert, anders verstehen, nicht als Aussage über Gottes Wesen, sondern als unverbrüchliche Zusage der Treue Gottes zu den „Jakobskindern" und der Treue Gottes zu den eigenen Geboten. Der Satz ist ein *Gegen*-Satz zur Behauptung, aus der Gottheit der Schwachen, derer, denen zum Recht verholfen werden muss, sei nun die Gottheit der Mächtigen und Erfolgreichen geworden, die das Recht mit Füßen treten. Nicht Gott hat sich geändert, vielmehr liegt die Inkonsequenz, der Wankelmut, das Abweichen von den Bestimmungen bei den Frauen und Männern der Generationen Israels, den – so heißt es: „Jakobskinder(n) unaufhörlich". Da wird der Stammvater Jakob genannt, der den Namen Israel bekam und der für *ganz* Israel in all seinen Generationen steht. Da klingt aber womöglich auch die Lebensgeschichte Jakobs an, der sich den Segen er*schlich*, um ihn erst danach zu er*ringen*. Jakob, der betrogene Betrüger, Jakob, der die Liebe zu seinen Frauen und seinen Kindern so ungleich verteilte, Jakob, dessen Leben von Liebe und Hass, von Täuschungen und Enttäuschungen, von Angst und von Kraft durchzogen ist, wie die Geschichten des 1. Mosebuches erzählen. „Jakobskinder unaufhörlich" – im „unaufhörlich" klingt das Unverbesserliche an, aber ebenso die unaufhörliche Treue Gottes zu Jakob und seinen Kindern, die keine Idealfiguren waren und sind, sondern Israels Menschen mit ihren Stärken und Schwächen.

Die Worte in Mal 3 enthalten eine unüberhörbare Kritik an den unaufhörlichen Jakobskindern. Die Kritik aber ist Selbstkritik. Alles hängt davon ab, *wer* das sagt. Darum ist es fragwürdig, wenn ich gerade wieder von „unserem" Text sprach. Ich nannte Mal 3 „unseren" Text, weil es der Text für unsere heutige Bibelarbeit ist. Es ist aber nicht „unser" Text in dem Sinne, dass er und die anderen Texte des Alten Testaments, der hebräischen Bibel, *uns* gehörten, uns Christinnen und Christen, gar uns Deutschen. Wenn wir auf das hören, was Israel gesagt ist und was in Israel gesagt ist, können wir uns davon auch etwas sagen lassen, ohne Israel zu enterben und uns selbst als die eigentlichen Adressaten der „Schrift" aufzuspielen. Das einzuschärfen ist gerade bei den Worten wichtig, die eine Israel-Kritik als Selbstkritik zur Sprache bringen. Sie wären verzerrt, würden sie im Munde anderer zur Kritik an jüdischem Wesen. Gerade die Jakobgeschichten konnten – so umgelesen – zur antisemitischen Armatur werden, zu, wie es in der Nazi-Zeit und auch schon davor verächtlich hieß, Gauner- und Viehhändlergeschichten, an denen man sehen könne, wie *die* Juden sind. Nein, an diesen Geschichten kann man nicht sehen, wie *die* Juden sind; man kann in ihnen und ihrer großen Aufrichtigkeit lesen, wie Menschen sind. Man kann in ihnen aber auch lesen, wie Gott Jakob und seinen Töchtern und Söhnen Treue erweist, mit ihnen im Bunde ist – „unaufhörlich", bis heute und gewiss auch in Zukunft. Jakobs Kinder sind keine Musterkinder, bis heute und gewiss auch in Zukunft. Das unterscheidet sie von anderen Menschen nicht. Die ungeschönte eigene Erinnerung Israels freilich unterscheidet sich von den Heldenepen manch anderer Völker. Wir Christinnen und Christen, wir Menschen aus den Völkern können uns davon etwas sagen lassen, z. B. dies: Die meisten Menschen in Deutschland (leider längst nicht alle) haben inzwischen gelernt, dass Juden keine schlechteren Menschen sind. Nun müssen wir noch lernen, dass sie auch keine besseren sein müssen. Die Idealisierung Israels ist gewiss weniger schlimm als die Verächtlichmachung – falsche Bilder kann aber auch sie erzeugen, und die Enttäuschung über eine idealisierte Vorstellung kann den Keim neuer Gewalt züchten.

Umkehr zum Leben

Gottes Wort im Prophetenwort Maleachis fordert die Jakobskinder zur Umkehr auf und verheißt für den Fall der Umkehr die erneute Zuwendung Gottes zu ihnen.

Ihr aber sagt: „Wozu sollen wir denn umkehren? Kann ein Mensch Gott hintergehen?"

Die Logik hinter dieser Entgegnung auf die Umkehrforderung ist äußerst subtil. „Wozu sollen wir denn umkehren? Kann ein Mensch Gott hintergehen?" Ich höre das so: Wozu sollen wir Buße tun, Reue zeigen, so tun, als ob wir uns ändern wollten oder auch nur könnten? Sollen wir Gott etwas vorspielen? Gott lässt sich doch durch Rituale, Demutsgesten, Sündenbekenntnisse, gute Vorsätze und hochmoralische Bekundungen nicht täuschen, Gott weiß doch, wie wir nun einmal sind und wie wir's gerade wieder gehört haben: Jakobskinder unaufhörlich. Und wenn Gott uns so geschaffen hat, dann will Gott uns so, wie wir sind. „Ich will bleiben, wie ich bin", hieß es in einer bekannten Werbung, und eine himmlische Stimme antwortete melodisch: „Du darfst!" So wird aus dem harten „du sollst" der Gebote Gottes ein weichgespült-diätetisches „du darfst". Da ist die Rechtfertigung der Sünder zum „ich bin o.k., du bist o.k, wir alle sind o.k." abgemagert. Gegen solcherlei Halbfettmargarinereligion gilt die Forderung (so sagt man das bei uns im Ruhrgebiet): Nu mal Butter bei die Fische! Ich habe mich in der Wortwahl gewiss von Mal 3 entfernt, in der Sache geht es eben darum. Die Disputanten der Worte, die Maleachi kündet, möchten die Debatte auf eine theoretische Ebene *a priori* bestehender Möglichkeit oder eben Unmöglichkeit von Menschen heben, die allwissende Gottheit zu hintergehen. Die Antwort ist gerade nicht theoretisch, sondern höchst praktisch:

Ja, ihr hintergeht mich und sagt: „Womit haben wir dich hintergangen?" Mit dem Zehnten und der Abgabe! Dadurch zieht ihr euch Fluch zu, dass ihr mich hintergeht, das ganze Volk. Bringt den Zehnten ganz zur Sammelstelle, dass Nahrung in meinem Haus sei!

Nu mal Butter bei die Fische! Nicht um psychologische und spirituelle Aspekte von Glauben und Sein geht es an dieser Stelle, sondern ganz handfest um Steuergerechtigkeit. Nach den folgenden Worten war es offenbar in der Folge von Missernten dazu gekommen, dem Tempel und seinem Personal und so auch deren sozialen Aufgaben die Steuern zu verweigern oder sie nur unvollständig abzuliefern. Das ist heute kaum anders. Wenn's eng wird mit den eigenen Finanzen, sucht man nach Entlastungen. Da tritt dann der steuerzahlende Hauptverdiener der Familie aus der Kirche aus, um die Kirchensteuer zu sparen; die Nichtverdienenden bleiben drin, und die Familie als ganze will durchaus weiter die kirchlichen „Leistungen" in Anspruch nehmen. Nah beim Maleachitext können wir uns dann die Bekundung vorstellen, vor Gott sei es doch wohl nicht entscheidend, ob einer in der Kirche sei oder nicht, Gott sehe doch ins Herz des Menschen und nicht in seinen Steuerbescheid, und schließlich sei es doch nicht die eigene Schuld, dass die Ernte schlecht war oder der Dax gefallen ist. Wenn es dann mal wieder besser stehe mit der allgemeinen Wirtschaftslage, könne man ja wieder reden über Kirchensteuern, Sozialleistungen und die Versorgung der Armen hierzulande und in der Welt. Aber wenn es irgendwo in der Welt eine ganz große Katastrophe gibt, dann werden wir auch spenden und stolz das Gefühl genießen, dass wir Deutschen darin die Allergrößten sind. Übrigens, was die Steuern betrifft, wären wir ja dumm, wenn wir's nicht ebenso hielten wie all die Anderen und die da oben allemal und „Ich bin doch nicht blöd" und „Geiz ist geil". Wieder bin ich, was die sprachlichen Konkretionen betrifft, aus dem biblischen Text in die Gegenwart gesprungen, aber wieder meine ich, den Kern der Maleachifragen nicht verlassen zu haben.

Der Prophet weist den umgekehrten Weg. Die gerechte Verteilung der Steuern ist kein Luxus, den sich leisten kann, wer in gesegneten Verhältnissen lebt, vielmehr sind die gesegneten Verhältnisse die Folge der Gerechtigkeit. In der bäuerlichen Lebenswelt unseres Textes kommt dieser Weg zum Segen so ins Wort:

Prüft mich doch daran, sagt Adonaj, mächtig über Heere, ob ich euch nicht die Luken des Himmels öffne und über euch Segen ausschütte – mehr als genug! Ich verscheuche für euch die Heuschrecke, den Fresser, dass er euch den Ertrag des Ackers nicht verdirbt und euch der Weinstock auf dem Feld nicht ohne Frucht bleibt, sagt Adonaj, mächtig über Heere. Alle Völker werden euch glücklich preisen, weil ihr ein Land seid, in dem es Lust macht zu leben, sagt Adonaj, mächtig über Heere.

Noch einmal kommt es zum Streit der Positionen:

Ihr führt dreiste Reden gegen mich, sagt Adonaj; und dann sagt ihr: „Was sollen wir denn gegen dich geredet haben?" Ihr sagt: „Es ist sinnlos, für Gott zu arbeiten. Was bringt's, wenn wir uns daran halten, was Gott will? Wenn wir im Bußgewand einhergehen vor Adonaj, mächtig über Heere? Von nun an preisen wir die Dreisten glücklich. Gerade die Gewalttätigen haben Bestand, die Gott herausfordern, kommen davon.

Was bringt es, sich an Gottes Gebote zu halten, was bringt es, anständig zu sein, was bringt die Umkehr? „Umkehr zum Leben" – das war die Losung des letzten Kirchentags in Hannover im Jahr 1983. Ich erinnere mich an das Kirchentagsplakat. Es zeigte Bahngleise, die nach wenigen Metern an einem Prellbock enden. Die Botschaft war eindeutig: In dieser Richtung geht's nicht weiter! Es war die Zeit der Nachrüstungsdebatte. Die NATO hatte dem Warschauer Pakt angedroht, weiter aufzurüsten, wenn jener nicht abrüste. Hinter der erneuten Umdrehung der Rüstungsspirale zeichnete sich die immer größere Wahrscheinlichkeit des Atomkriegs ab, der das Ende der Menschheit bedeutet hätte. Jeder weitere Schritt in diese Richtung, davon waren wir überzeugt, kann der letzte gewesen sein – danach kommt nur noch der atomare Kältetod der Erde. In dieser Zeit fanden die größten und – im Vorzeichen des Todes zugleich lebendigsten – Massendemonstrationen statt; die Kirchentage waren von diesem Thema geprägt, Hannover 1983 vor allem. Ich erinnere daran, weil ich die Frage, der Maleachi sich stellt, in diesen Kontext stellen will, die Frage „Was bringt's?" Wozu Umkehr, wozu Gottesdienste für Frieden und Gerechtigkeit? Wenn dein Kind dich morgen oder auch *heute* fragt: Was hat die 1983er Kirchentagslosung „Umkehr zum Leben", was hat die Friedensbewegung gebracht? Wenn dein Kind dich fragt, dann gib ihm Antwort – das gilt auch hier. Wenn dein Kind dich fragt, dann sag ihm, dass es – wie so oft, auch hier – mehr als *eine* Antwort gibt. *Eine* Antwort muss eingestehen, dass wir uns, was die realpolitischen Folgen betrifft, geirrt haben. Der große Atomkrieg fand nicht statt; wir sind davon trotz der weiterhin bestehenden Möglichkeiten des atomaren Overkills heute entfernter als in all den Jahren des Kalten Kriegs. Die Sowjetunion brach zusammen, die DDR schon vorher; heute gehören Länder zum europäisch-atlantischen Bündnissystem, von denen wir es uns vor zwanzig Jahren nicht einmal im Traum hätten vorstellen können. Trotz aller bestehen gebliebenen und vieler neuer Bedrohungen des Weltfriedens will ich das nicht gering achten. Gerade der Kirchentagsbewegung steht es gut an, Fehleinschätzungen offen einzuräumen. Wer sich engagiert, ist vor Irrtum nicht gefeit. Und vor allem: Hätten wir denn etwa lieber Recht behalten mit unseren Ängsten vor dem atomaren Ende allen Lebens? Das führt auf eine *zweite* Antwort, keine realpolitische Einschätzung, dafür eine biblische Erinnerung. Es ist die Aufgabe der Unheilspropheten, ohne jede Beschönigung und falsche Vertröstung das drohende Unheil anzusagen. Aber *eins* darf eine Unheilsprophetin, ein Unheilsprophet unter keinen Umständen, nämlich: Recht behalten wollen. Dass wir nicht Recht behalten haben, ist ein Glück; das aber setzt die Unheilsprophetie, die unbedingte Mahnung zur Umkehr nicht ins Unrecht.

Es gibt, mindestens, eine *dritte* Antwort. Sie wird die Frage, was es denn bringe, wenn man sich für Leben und Gerechtigkeit einsetze, selbst befragen. Die Frage nämlich verfällt dem Totalitätsanspruch der Ökonomie. Wer nur noch gelten lässt, was sich auszahlt, und fragt, ob – wie es heute schon sprachlich verräterisch heißt – *es* sich rechnet, als ob da ein anonymes *Es* sich rechnete, rechnet mit den Menschen nicht mehr und rechnet mit Gott nicht. Je aufmerksamer ich den alten prophetischen Text lese, desto näher rückt er mir. Es kommt mir merkwürdig bekannt vor, dass Maleachi offenbar mit solchen zu tun hat, die da, wo es um das Materiell-Ökonomische zu tun wäre, um den Zehnten, die gerechten Steuern nämlich, hochtheologische Debatten führen wollen, statt zu tun, was zu tun gerecht ist, und die geradezu spiegelbildlich da, wo es um die Grundfragen des Willens Gottes geht, nach dem ökonomischen Nutzen fragen. Wo das Leben der Wirtschaft dienen soll, statt umgekehrt die Wirtschaft dem Leben, geht die Rechnung auf Kosten des Lebens. Darum – und das vor allem wäre heute *meine* Antwort auf die Frage, was denn der Aufruf zur Umkehr zum Leben in Hannover 1983 „gebracht" habe – ist nicht sinnlos, was „nichts bringt". Wer sich für die Gerechtigkeit einsetzt, darf darüber nicht selbstgerecht werden; aber es ist auch für das eigene Leben, die eigene Lebendigkeit gut, sich für das Leben anderer und für das Leben selbst einzusetzen. Und noch etwas: Wo der Druck, der auf den Menschen lastet, zur Entsolidarisierung führt, wo das einzig geltende Recht das Recht der Stärkeren ist, werden Menschen einsam. Die Suche nach *Gerechtigkeit* dagegen kann Menschen zusammenbringen. In Mal 3 klingt das so:

Die aber Adonaj achten, reden unter sich alle miteinander. Dann merkt Adonaj auf und hört; vor Gott wird ein Buch geführt zum Gedächtnis derer, die Adonaj ach-

ten und mit Gottes Namen rechnen. *Sie sollen mein Eigentum sein, sagt Adonaj, mächtig über Heere, am Tag, den ich mache. Ich will schonend mit ihnen umgehen wie Eltern mit ihren Söhnen und Töchtern, die Arbeit für sie leisten.*

Wie's im Buche steht

Die Gott ehren, sprechen miteinander. Gott hört aufmerksam darauf und lässt ein Buch führen, auf dass sie nicht vergessen werden. Was mag das für ein Buch sein? Ich möchte mir vorstellen, dass es mehr ist als ein Kontobuch, dass es mehr und anderes enthält als das, was sich rechnet. Was mag darin stehen? Vielleicht zuerst eben das, was die Menschen sprachen, die Gott ehren. Dann wäre es ein Menschen- *und* ein Gottesbuch, ein Buch *wie* die Bibel – vielleicht ist es ja auch die Bibel selbst. Es enthielte viele literarische Gattungen, neben dem „Soll und Haben" auch Geschichten, angefangene und zu Ende erzählte Geschichten, Fragmente wie das Leben selbst. Ich glaube daran, dass dieses Buch die Namen aller Menschen bewahrt, der Toten und der Lebenden und derer, die noch nicht leben. Phantastisches mag es enthalten wie die Bibel auch, Geschichten wie die vom friedlichen Leben von Lamm und Wolf, von der gerechten Teilung von ein paar Broten und Fischen, bei der sehr viele satt werden, vom Manna in der Wüste und vom Wasser, das aus dem Felsen geschlagen wird, von Lahmen, die gehen, und Blinden, die sehen können, und dass der Tod nicht das letzte Wort hat und dass das alles und noch viel mehr in diesem Buch steht und darum *buchstäblich* wahr ist.

Erst am Jüngsten Tage wird dieses Buch offen zutage liegen, erst dann – so hat es *Walter Benjamin* formuliert – wird die Geschichte in jedem ihrer Augenblicke zitierbar sein. Eine Universalgeschichte vor dem Jüngsten Tag kann darum (noch einmal mit *Benjamin*) immer nur eine Art von Esperanto sein, eine künstliche Sprache, eine Konstruktion. Nicht darum geht es heute, den Gang und das Ziel der Geschichte zu konstruieren, sondern darum, dass in der Unübersichtlichkeit all der Lebensfäden Recht und Unrecht unterscheidbar werden. Darum geht es in den nun folgenden Worten in Mal 3. Ich zitiere sie, aber ich will an *einer* Stelle ein Fragezeichen setzen. Von den Gerechten und den Gewalttätigen ist da die Rede. Recht und Unrecht müssen unterschieden werden, aber diese Unterscheidung ist nicht mit der zwischen den Gerechten und den Ungerechten identisch. Mir fällt dabei ein wunderbarer Cartoon der „Peanuts" ein. Da liest Charly Brown in der Bergpredigt, Gott lasse regnen über Gerechte und Ungerechte, und fragt: „Und was ist mit uns dazwischen?" Die Verwechslung der Unterscheidung von *gut und böse* mit der Unterscheidung *der Guten und der Bösen* ist gefährlich. Der Machtanspruch der selbsternannten und selbstgerechten *Guten* ist heute die allergrößte Gefahr für den Weltfrieden. Das darf aber die Frage nach dem Unterschied von gut und böse ebenso wenig beseitigen, wie die Kritik am Moralismus nicht die Moral beseitigen darf.

Dass Recht und Unrecht wieder unterscheidbar werden

Dann seht ihr wieder den Unterschied zwischen Gerechten und Gewalttätigen, zwischen denen, die für Gott arbeiten, und denen, die nicht für Gott arbeiten. Ja, passt auf, der Tag kommt, brennend wie ein Ofen. Dann sind alle Dreisten und Gewalttätigen nichts als Stroh, und versengen wird sie der kommende Tag, sagt Adonaj, mächtig über Heere; weder Wurzel noch Halm wird ihnen gelassen. Über euch aber, die ihr meinen Namen achtet, geht die Sonne der Gerechtigkeit auf, ihre Flügel bringen Heilung. Und ihr kommt heraus und hüpft umher wie Kälber auf der Mastweide, zerstampft die Gewalttätigen. Ja, Staub sind sie unter euren Fußsohlen am Tag, den ich mache, sagt Adonaj, mächtig über Heere.

Die Sonne der Gerechtigkeit – das wohl bekannteste Motiv aus dem Maleachibuch. Die Sonnengötter sind im alten Orient die Götter des Rechts. „Die Sonne bringt es an den Tag", sagen wir noch heute. Altorientalische Motive enthält auch das Bild der geflügelten Sonne. Bei Maleachi heißt es: „ihre Flügel bringen Heilung". Keine versengende Sonne also, sondern eine wärmende, heilende. Und doch entwirft der Prophet auch hier kein idyllisches, sondern ein machtvolles Bild. Wie Kälber tollen die zuvor Bedrängten herum, und sie zerstampfen die Gewalttätigen. Das ist weder der Tanz ums Goldene Kalb noch der „Kälbermarsch", in dem die sich so groß Dünkenden und in Wahrheit klein Gemachten im Gleichschritt ins für sie bestimmte Schlachthaus trotten. Im Hüpfen der Kälber kommt die ungestüme Kraft der kleinen Tiere ins Bild und das Bild wird transparent auf die Macht der kleinen Leute. Vielleicht gerade deshalb, weil dieser übermütige und wilde Traum etwas Anarchisches hat, setzt unser Text fort mit dem eindringlichen Rückverweis auf Recht und Gebot.

Gedenkt der Tora des Mose, der für mich arbeitet! Sie habe ich ihm am Horeb für ganz Israel geboten, Bestimmungen und Rechtssätze.

Hier im ersten der letzten drei Verse in Mal 3 und den Prophetenbüchern als ganzen geht der Blick zurück auf die Tora, die Weisung, die Mose am Gottesberg empfing und die er ganz Israel weitergab. Mit ebensolchen Worten *beginnen* in der hebräischen Bibel auch die Prophetenbücher, denn im ersten Kapitel des Josuabuches (in der hebräischen Bibel das erste Buch der „vorderen Propheten") wird so die Mosetora eingeschärft. Tora und Prophetie gehören zusammen, darum heißt es im Neuen Testament, wenn auf das Alte Bezug genommen wird, sehr oft: „die Tora und die Propheten". Aber auch der dritte große Teil der hebräischen Bibel, die *Ketuvim*, die „Schriften", sind auf die Tora, auf das Recht und die Gerechtigkeit bezogen. Das zeigt sich, wenn man in der hebräischen Bibel den auf Mal 3 unmittelbar folgenden Text aufschlägt. Es ist Psalm 1, und dieser erste Psalm beginnt mit einem Glückwunsch für den Menschen, der und die die Tora liest, immer wieder liest und sich zur eigenen Weisung werden lässt. Der Verweis auf Mose und die Gebote fast am Ende des Maleachitextes wird somit zu einem Dreh- und Angelvers des Kanons der ganzen „Schrift". Die Forderung der Tora nach dem Einhalten der Gebote und dem Eintreten für Recht und Gerechtigkeit ist ihre Zentralperspektive. Die Einschärfung der Gebote erfolgt als Aufforderung zur Erinnerung („Gedenkt der Tora des Mose!"). Auch die beiden Verse, die dann noch folgen, enthalten eine Erinnerung, die Erinnerung an den Propheten Elia. Diese Erinnerung ist eine Erinnerung an die Zukunft. Elia *wird* kommen. Der in den Himmel entrückte Elia wird vom Himmel her kommen. Wo Elia ist, ist ein Stück vom Himmel. Was Elia tun wird, bringt den Vorgeschmack des Himmels auf die Erde:

Seht doch, bevor der Tag Adonajs kommt, groß und Achtung gebietend, schicke ich euch Elia, den Propheten. Er wird das Herz der Eltern wieder den Kindern zuwenden und das Herz der Kinder wieder den Eltern – damit ich nicht kommen muss und das Land mit Vernichtung schlage.

Mit dem Ende des Maleachitextes sind wir wieder am Anfang der Bibelarbeit angekommen. Damit die Sonne der Gerechtigkeit Heilung bringt für die, die mit Gott rechnen – statt auf das zu sehen, was *sich* rechnet –, damit Recht und Unrecht wieder unterscheidbar werden, bedarf es der Versöhnung der Generationen. Die Versöhnung bedarf des Miteinander-Redens. Wenn dein Kind dich morgen fragt … Im Hören auf den prophetischen Text habe ich mögliche Fortsetzungen des Losungssatzes versucht. Ich will sie zum Schluss noch einmal bündeln:

Wenn dein Kind dich morgen fragt, *dann* **…**

Wenn dein Kind dich morgen fragt, dann hast du Glück gehabt.
Wenn dein Kind dich morgen fragt, dann gib ihm eine *Antwort*.
Wenn dein Kind dich morgen fragt, dann sag ihm, dass es oft mehr als *eine* Antwort gibt.
Wenn dein Kind dich morgen fragt, dann sag ihm *deine* Antwort.
Wenn dein Kind dich morgen fragt, dann halte *heute* fest, was du ihm von *gestern* – und von *vorgestern* – zu erzählen hast.

Nichts ist bekanntlich so alt wie die Zeitung von gestern. Wenig ist so frisch und so bleibend aktuell, wie es sehr alte Worte der Bibel sein können. Manchmal erschließt sich das nicht auf den ersten Blick, vielleicht aber beim zweiten und dritten – wie z. B. bei Maleachi 3.

Die Grammatik des Gottesreichs

Bibelarbeit über Markus 10,13–16*

Ein auf den ersten Blick deutlicher Text

Der Bibelarbeitstext des gestrigen Tages umfasste ein ganzes Kapitel des Buches Maleachi, der für den morgigen Samstag das lange und themenreiche Kapitel 5. Mose 6. Dagegen für heute ein sehr kurzer Text, *eine* Szene, ganze vier Verse des Markusevangeliums. Der Text scheint zudem leichter zu verstehen als die thematisch verwickelten Kapitel der Prophetie und der Tora, allemal ist er den meisten vertrauter. Mk 10,13–16, das „Kinderevangelium", ein beliebter Tauftext – obwohl von der Taufe im Text gar nicht die Rede ist. Damit sind wir bereits bei einem ersten der auf den zweiten Blick durchaus vertrackten Aspekte dieser vier Verse – nicht dem letzten, wie ich versprechen kann. Von einer Kinder*segnung* handelt „unser" Text, obwohl – die verwirrenden Fragen setzen sich sogleich fort – bei genauem Hinsehen fraglich wird, ob Jesus eigentlich die *Kinder* segnet oder das, was in der Szene geschieht, in ein Gotteslob, ein „*Gott*-Segnen" einmünden lässt. Es sind, wir werden das noch sehen, nicht zuletzt grammatische Fragen, die diesen Text spannend machen. Es geht nämlich in „unserem" Text um die Grammatik, um die Sprachlehre des Gottesreichs selbst. Schauen wir genau hin, wir haben ja etwas Zeit für die vier Verse, die unsere Aufmerksamkeit fordern. Ich lese (in der Kirchentagsübersetzung) zunächst Mk 10,13–16 im Ganzen:

Einige Leute brachten Kinder zu Jesus, damit er sie berühre. Doch die Jüngerinnen und Jünger wiesen sie streng zurück. Als Jesus das sah, wurde er zornig und sagte zu ihnen: „Lasst die Kinder zu mir kommen, hindert sie nicht daran! Denn für solche wie sie ist das Gottesreich da. Amen, wahrhaftig, ich sage euch: Wer das Gottesreich nicht annimmt wie ein Kind, wird nicht hineinkommen. Und er nahm die Kinder in die Arme, lobte Gott und legte ihnen die Hände auf.

Versuchen wir der geschilderten Szene Schritt für Schritt nachzugehen. „Einige Leute brachten Kinder zu Jesus." Der *Vorgang* ist deutlich, vieles andere nicht. Waren es vor allem Frauen, welche kleine Kinder auf dem Arm trugen? So ist es auf vielen Bildern dargestellt. Waren auch Männer dabei? Waren es die eigenen Kinder oder Kinder ohne familiäre Bindung, „Straßenkinder" sozusagen? Waren es Säuglinge (so in der Parallelfassung

---

* Bibelarbeit beim 30. Deutschen Evangelischen Kirchentag in Hannover, 27. Mai 2005.

25

im Lukasevangelium) oder (darauf deutet das Wort *paidia*, das Markus verwendet) Kinder, die durchaus selbst laufen konnten? In welcher *Lage* brachten diese Leute Kinder zu Jesus? Immerhin wird deutlich gesagt, mit welchem *Ziel* sie es tun, nämlich: „… damit er sie berühre." Die Berührung durch Jesus hat einen Ort in den Heilungsgeschichten des Evangeliums. Im Wunsch, Jesus möge die Kinder berühren, kommt die Hoffnung zum Ausdruck, dass auf diese Weise die in Jesu Wirken sichtbar werdende Kraft Gottes auf die Kinder übergehe, sie beschütze und ihr Leben stärke. Dass besonders die Kinder dieses Schutzes und dieser Kraft bedürftig sind, liegt nicht daran, dass Kinder *per se* klein und zur eigenen Lebensgestaltung noch nicht fähig sind. Es geht darüber hinaus um die prekäre soziale Stellung von Kindern in der Antike überhaupt und der entschieden anderen, doch darum ebenfalls gefährdeten sozialen Stellung von Kindern in Israel. Ich will beides in einigen Zügen darstellen.

Der römische Geschichtsschreiber *Tacitus* bemerkt in seinen „Historien" (V,5) mit einer gewissen Verwunderung, den Juden sei so sehr am Bevölkerungszuwachs gelegen, dass sie selbst das Töten nachgeborener Kinder für eine Sünde hielten. Diese Notiz ist bemerkenswert, weil sie über den kategorialen Unterschied jüdischer und sonstiger antiker Praktiken hinaus unverhohlen die kalte demographische Rechnung aufmacht. Tatsächlich war die in der Verfügungsgewalt des Familienvaters stehende Kindstötung in der Antike ein selbstverständliches ökonomisch-soziales Steuerungsmittel. Es sollte weder zu viele Kinder geben noch gar Kinder, die nicht lebenstüchtig schienen. Unsere spontane Empörung über die solchermaßen anerkannte Tötung von Kindern – behinderter Kinder, unerwünschter Kinder, Mädchen zumal, überzähliger Kinder – sollte nicht darüber hinwegtäuschen, dass auch in unserer Gesellschaft die ökonomische Last und (angesichts dramatisch sinkender Kinderzahl in unserem Land auch) ökonomische Notwendigkeit von Kindern zum politisch-demographischen Faktor wird. Die Kosten-Nutzen-Rechnung macht vor Kindern nicht Halt. „Wenn dein Kind dich morgen fragt …"? Wenn es z.B. fragt, ob man mit ihm eigentlich gerechnet hat – in mehr als einer Bedeutung des „Rechnens".

Zurück zur Antike und zu unserem Text. Anders als der römische Geschichtsschreiber es darstellte, war die so andere Praxis des Judentums nicht dem Ziel der Bevölkerungsvermehrung verpflichtet, sondern der Überzeugung, dass das Leben von Kindern nicht in der Disposition der Eltern oder (neuzeitlich gesagt:) des Staates stehe. Eine ganze Reihe von alttestamentlichen Texten hält fest: Die Tötung von Kindern liegt nicht in der Gewalt des Familienvaters, die kultische Opferung von Kindern hat kein Recht. Die Bevölkerungsvermehrung war darum nicht das *Ziel* des Kinderschutzes im antiken Israel, wohl aber eine *Folge*. Und diese Folge brachte ihrerseits große soziale Probleme mit sich. Es gab durch Hungersnöte und hohe Steuerlasten in der Zeit „unseres" Textes Armut und vor allem Kinderarmut, es gab viele unversorgte Kinder, Kinder als Schuldsklavinnen und -sklaven – und auch die Kinder, die noch im Schutze einer halbwegs intakten Familie waren, mussten früh durch harte Arbeit zum Unterhalt der

Familie beitragen. Es ist kein Zufall, dass das Wortfeld *pais, paidion*, das in „unserem" Text für das Kind gebraucht wird, auch die Sklavinnen und Sklaven bezeichnet. Die Kinder stehen ganz unten in der gesellschaftlichen Rangskala. Solche Kinder also werden zu Jesus gebracht. Da kommen nicht – pointiert gesagt – Papa und Mama nebst Oma und Opa, womöglich noch Patenonkel und Patentante, um die über alles geliebten Kleinen zum Herrn Jesus zu bringen, da kommen Menschen mit den Geringsten in der Werteskala, um für sie Schutz und Kraft zu erwirken.

Zurückgewiesen

„Doch die Jüngerinnen und Jünger wiesen sie streng zurück." Warum diese überaus heftige Reaktion? Das hier gebrauchte Wort für das erzürnte und scheltende Zurückweisen kommt sonst im Markusevangeliums vor, wenn Jesus feindliche Mächte – Dämonen, einen Seesturm – anherrscht, in die Schranken weist. Warum echauffieren sich die Schülerinnen und Schüler Jesu so? Wollen sie den Lehrer möglichst für sich allein haben? Empfinden sie die herangebrachten Kinder als Belästigung des engeren Kreises? Der Kontext könnte in diese Richtung weisen, und dieser Kontext, genauer: die Kontexte müssen beachtet werden. Denn obwohl das Markusevangelium eine Reihe einzelner Sequenzen und Szenen enthält, die in bestimmter Hinsicht für sich stehen, haben wir es mit einer bedacht konzipierten und komponierten Literaturform, einer Art „Hörfolge" zu tun, bei der die einzelnen Szenen zu größeren thematischen Bögen verknüpft sind. Gehen wir diesen Hinweisen nach und nehmen zuerst *eine* Spur in den Blick. In den Szenen vor und nach „unserem" Text geht es mehrfach um die Frage, wer Anteil am Gottesreich bekommen könne und auf welche Weise. Gleich im Anschluss an die „Kinderszene" kommt ein reicher Mann zu Jesus und fragt ihn nach dem ewigen Leben. Diese Geschichte wird die einer *missglückten* Jüngerberufung. Denn so redlich und sympathisch jener Mann auch ist – es heißt ausdrücklich, Jesus habe ihn lieb gewonnen …: Der Besitz, von dem er sich nicht lösen kann, wird ihm zum unüberwindlichen Hindernis, in das Reich Gottes zu kommen. Diesen hatten die Jünger nicht zurückgewiesen wie die Kinder; umso mehr erschrecken sie. Wenn nicht einmal dieser – „wer", so fragen sie, „kann dann gerettet werden?" In diesem Erschrecken sprechen die Jünger von sich selbst. *Sie* haben alles verlassen, Eltern, Kinder, Äcker … Und Jesus sagt: „Viele, die Erste waren, werden Letzte sein und die Letzten Erste." Das beunruhigende Wort von den Ersten und den Letzten (beunruhigend, weil es mit *einer* Verkehrung der Ränge der Ersten und der Letzten ja nicht getan ist) spielt eine Rolle auch bei einer Szene, die dem „Kinderevangelium" vorausgeht und in der ein Kind – ganz wörtlich – im *Zentrum* steht. Sie gehört in den unmittelbaren Kontext unseres Bibelarbeitstextes, nicht nur weil es auch da um ein Kind geht, sondern weil sie die Frage benennt, auf die die „Kinderszenen" zur Antwort werden. Da kommen Jesus und die Menschen seiner engen Umgebung in ein Haus in Kapernaum, und Jesus fragt (9,33–37):

„Worüber habt ihr unterwegs gesprochen?" Sie schwiegen. Sie hatten nämlich unterwegs miteinander darüber disputiert, wer der Größte sei. Er setzte sich hin, rief die Zwölf und sagte: „Wenn jemand der Erste sein will, dann sei er der Letzte von allen und aller Diener!" Und er nahm ein Kind, stellte es mitten unter sie, nahm es in die Arme und sagte ihnen: „Wer eines von solchen Kindern um meines Namens willen annimmt, nimmt mich an, und wer mich annimmt, nimmt nicht mich an, sondern den, der mich gesandt hat."

Diese Szene ist mit der unseres Textes vielfach verknüpft. In ihr Zentrum stellt Jesus ein Kind, und das in beiden Szenen entscheidende Wort „annehmen", „aufnehmen" (*dechomai*) kommt im letzten Vers gleich viermal vor. Auch hier wird nicht gesagt, was das für ein Kind gewesen sei, das Jesus in die Mitte stellte. Die Szenerie spricht dafür, dass es eines der Kinder war, die zum Haus gehörten, und die Formulierung, wer der Größte sein wolle, solle allen dienen, legt nahe, dass es ein Kind war, das bei Tisch allen aufwartete, den Gästen die Sandalen auszog und die Füße wusch und weitere Hilfsarbeiten versah, kurz: eines der Letzten, der sozial ganz unten Stehenden. Dieses Kind wird zum Gegenmodell der Jüngerfrage nach dem ersten Rang. Viel spricht dafür, dass es in „unserem" Text um eben dieselbe Frage geht. Wie ein solches Kind werden zu sollen, meint daher nicht, so naiv, unschuldig, rein, vorbehaltlos wie ein Kind werden zu sollen, sondern den niedrigen Rang eines solchen Kindes anzunehmen.

Unter diesem Blickwinkel geraten manche Wertungen des „Kinderevangeliums" ins Abseits. Ich meine vor allem zwei Verstehensweisen, die seit alters und bis heute den Leitton vieler Auslegungen bestimmen. Die eine speist sich aus sentimentalen bis kitschigen Kindheitsbildern: Den Kindern gehört das Gottesreich, weil sie unschuldig und bescheiden sind, sich ohne Vorbehalt beschenken lassen, ohne Kalkül handeln. Diese Kindheitsprojektion verbindet sich nicht selten mit einem antiintellektuellen Affekt, der zum Element auch einer zweiten prekären Verstehensweise werden kann. Denn in der Abweisung der Kinder durch die Jünger und der ebenso schroffen Abweisung dieser Abweisung durch Jesus sehen viele Ausleger die entscheidende Differenz zum pharisäischen Judentum, welches durch die Hochschätzung von Intellekt und Leistung gekennzeichnet sei. Ich sehe in beiden „Kinderszenen" des Markusevangeliums keinen Hinweis auf einen solchen Gegensatz. Um den Intellekt geht es hier nicht (und schon darum auch nicht um dessen Abwertung), und dass das Kind im Hause in Kapernaum, das wir uns als dienendes Haus- oder Sklavenkind vorstellen müssen, nichts leisten müsse, wäre geradezu absurd. Lassen wir also beim Versuch, unseren Bibelarbeitstext zu verstehen, möglichst viel von den antiintellektuellen und verdeckt oder auch offen antijüdischen Vorurteilen beiseite, richten wir unser Augenmerk umso mehr auf die Szene in Mk 10 selbst und ihre Kontexte, in denen es nicht zuletzt um Rangfragen und das Gottesreich geht.

Dabei stellt sich freilich die Frage, ob denn die Jüngerinnen und Jünger das in der Szenenfolge des Evangeliums nur kurz zurückliegende Lehrstück im Hause in Kapernaum nicht verstanden haben. Hätten sie es verstanden, hätten sie doch gerade die Menschen nicht so heftig zurückweisen dürfen, die Kinder zu Jesus bringen wollen. Nun ist das Jüngerunverständnis geradezu ein Leitmotiv des Markusevangeliums, als Erzählmotiv eine Möglichkeit, Entscheidendes umso deutlicher einzuschärfen. Über das literarische Stilmittel hinaus lässt sich dieses wiederkehrende Nichtverstehen aber auch als Hinweis darauf lesen, dass die größere Nähe zu Jesus nicht unbedingt besseres Verstehen garantiert. Im inneren Kreis versteht man keineswegs alles rascher oder tiefer – ein, wie mir scheint, nicht unaktueller Hinweis, der nicht nur auf damalige und gegenwärtige Jesusbewegungen, sondern auch auf manch andere Insider-Kreise zutreffen mag. In unserem Fall kommt womöglich noch ein Drittes hinzu. Es könnte ja sein, dass die Jünger in jenem Hause in Kapernaum durchaus etwas verstanden hatten, nämlich dass ihr *interner* Streit um den ersten Platz verfehlt war. Umso mehr aber könnten sie die gleichsam reservierten Plätze für ihren *ganzen* Kreis nach außen verteidigen wollen.

Weitere Kontexte

Es gibt weitere Möglichkeiten, die „Kinderszene" aus Mk 10 auf ihre Kontexte zu beziehen, und es lohnt sich auch, diesen Spuren nachzugehen. Am Beginn von Kap. 9 wird erzählt, dass ein Vater seinen von der heiligen Krankheit, die wir heute Epilepsie nennen, befallenen Jungen zu den Jüngern des zunächst abwesenden Jesus brachte, damit sie ihn heilten. Die Jünger konnten es nicht, was Jesus ihnen später geradezu zum Vorwurf macht. Ist womöglich das der Kontext „unserer" Szene? Er könnte es in doppelter Hinsicht sein. Waren es auch in „unserer" Szene von dämonischen Krankheiten befallene Kinder, die man zu Jesus brachte? *Alle* Krankheiten konnten in der Antike als Wirkung von Dämonen betrachtet werden. Wehren die Jüngerinnen und Jünger die Menschen daher ab, wie wenn es sich um eine Attacke von Dämonen handelte? Oder fürchten sie, sie würden ihrerseits abermals versagen? Auch das wäre eine Spur zum Verstehen der ungewöhnlich schroffen Form der Abweisung.

Es gibt – mindestens – eine dritte Spur, welche die Kontexte sichtbar machen könnten. Erinnern wir uns noch einmal an die auf „unseren" Text folgende Szene der missglückten Nachfolgegeschichte des reichen Mannes und das folgende Gespräch Jesu mit der Schülerinnen- und Schülergruppe. Da sagt Petrus, *sie* hätten doch alles verlassen – Äcker, Kinder, Eltern. Könnte es sein, dass die Annäherung von verlassenen Kindern den Schülerinnen und Schülern Jesu zur Bedrohung werden konnte, wenn sie selbst ihre Kinder verlassen hatten? Was würde es dann heißen, dass diese Kinder angenommen werden sollen? Wäre das die Rückkehr in die sozialen Verhältnisse, die zu verlassen zur Bedingung der Nachfolge Jesu wurde? Oder ginge es um eine neue soziale Struktur jenseits der Kleinfamilie, eine Struktur gegenseitiger sozialer Hilfe über die ummittelbar familiären Bande hinaus als Struktur der Gemeinde? Was hieße dann, am größten seien die und der, die aller Dienerinnen und Diener, mit dem griechischen Text: aller Diakoninnen und Diakone seien? Diakonie nicht als ein von der Gemeinde getrennter, heute hoch professionalisierter Arbeitsbereich, sondern als die Ur-Aufgabe der Gemeinde, die Aufgabe, die allererst die Gemeinde bildet? Auch das wäre eine Spur, die zudem – nicht ganz nebenbei – von höchster Aktualität ist.

Nicht nur hier gibt es also mehr als *eine* Verstehensmöglichkeit. Welchem Spurenlesen auch immer wir für den Moment die größte Orientierungshilfe zutrauen, *eines* ist im Text ganz deutlich: Die Jüngerinnen und Jünger treiben die Menschen, die da mit Kindern kommen, wie eine geradezu dämonische Bedrohung weg. Das wiederum lässt den hier und auch an anderen Stellen gar nicht so sanften Jesus seinerseits aufbrausen:

Als Jesus das sah, wurde er zornig und sagte zu ihnen: „Lasst die Kinder zu mir kommen, hindert sie nicht daran! Denn für solche wie sie ist das Gottesreich da."

„Lasst die Kinder zu mir kommen, hindert sie nicht daran!" Nimmt man die Worte genau, so verschiebt sich das Bild, das der Einleitungssatz hervorrief. Da hatte man ja den Eindruck, als handele es sich um Menschen, die kleine Kinder auf dem Arm trugen. So ist es (in der Kunst von *Lukas Cranach* bis *Emil Nolde* und in vielen Bibelillustrationen dazu) immer wieder dargestellt worden. Jesus aber sagt – ziemlich genau übersetzt: Lasst die Kinder frei, lasst sie selbst kommen! Aus den herbei *gebrachten* Kindern (aus Objekten) werden heran *kommende* Kinder (eigene Subjekte). Das scheint mir *eine* der bemerkenswerten grammatischen Verschiebungen „unseres" Textes zu sein, die sich zu einer Sprachlehre für das Gottesreich verbinden. Wir werden noch auf weitere solche Sprachlektionen treffen.

„Denn für solche wie sie", so begründet Jesus seine Einladung an die Kinder, „ist das Gottesreich da." Die Rede Jesu geht weiter, aber die Fortsetzung gibt keine *Begründung* für diesen Satz. Für solche wie sie ist das Gottesreich da. Das gilt ohne Einschränkung. Diese Kinder und ihresgleichen haben nichts zu erbringen, sich nicht zu ändern, nicht umzukehren von ihrem bisherigen Weg. Für sie ist, so wie sie sind, das Gottesreich da. Die Fortsetzung richtet sich an die Erwachsenen und dabei die Jüngerinnen und Jünger, die die Kinder abweisen wollten, zuerst. Von ihnen nämlich ist sehr wohl etwas gefordert:

„Amen, wahrhaftig, ich sage euch: Wer das Gottesreich nicht annimmt wie ein Kind, wird nicht hineinkommen."

Was ist hier *der Fall*?

Das ist wohl der Schlüsselsatz der Szene, ein Satz, der sich nicht von selbst versteht und dessen Hauptproblem – Sie ahnen es schon – eine Frage der Grammatik ist. Denn im Griechischen wie im Deutschen ist eine Formulierung in zweifacher Weise verstehbar. „Wer das Gottesreich nicht annimmt wie ein Kind", heißt es. Aber was ist hier der Fall? Ist das „wie ein Kind" ein Nominativ oder ist es ein Akkusativ? In dem einen Fall wäre der Satz so zu verstehen, dass nur der und die ins Gottesreich hineinkommen, die es annehmen, wie ein Kind es annimmt. Im anderen Fall (das mit dem *Fall*, dem Kasus, ist also wörtlich zu nehmen), nämlich dem akkusativischen, wäre der Satz so zu verstehen, dass nur der und die ins Gottesreich hineinkommen, die es annehmen, wie sie ein Kind annehmen. Die grammatische Frage zeigt sich rasch als eine weitreichende inhaltliche. Noch einmal anders ausgedrückt, besteht die Alternative darin, dass von den Erwachsenen entweder ein Verhalten *wie das von* einem Kind gefordert wäre oder ein Verhalten *wie das gegenüber* einem Kind. Geht es um die Mentalität von Kindern oder um das soziale Verhalten gegenüber Kindern, um Kinder*psyche* oder Kinder*rechte*?

Wenn ein Text in seinem Wortlaut mehr als *eine* Verstehensmöglichkeit nicht nur zulässt, sondern geradezu einfordert, sollte auch mehr als *eine* Verstehensmöglichkeit Raum bekommen. Es lohnt sich, beiden Lesarten Aufmerksamkeit zu schenken, sie beide einmal durchzuspielen. Es geht dabei übrigens um zwei Schwerpunktsetzungen nicht nur bei der Lektüre und dem Verstehensversuch „unseres" Bibelarbeitstextes, es geht geradezu um das Nebeneinander zweier Konzepte von Bibelarbeiten, ja, zweier Konzepte des Kirchentags. Ist der Kirchentag zuerst eine politische, eine gesellschaftliche, eine soziale Zeitansage oder ist er vor allem eine spirituelle Ausdrucksform – oder, anders gefragt: Wie kann er womöglich beides sein? Vielleicht ist es darum zu tun, beides zu *unter*scheiden, aber nicht beides zu *scheiden*. Und gewiss wäre es gut, wenn beide Formen der Bibelauslegung und beide Formen des ganzen Kirchentags sich gegenseitig ergänzen, befragen, korrigieren, damit es am Ende nicht zur schlechten Alternative zwischen geistloser Politik und unpolitischer Vergeistigung kommt.

Die verschiedenen Weisen, „unseren" Text zu hören und zu verstehen, könnten so womöglich zur Einübung in den Umgang mit mehr als einer Verstehensweise auch des Kirchentags werden. Lassen wir uns also ein auf die verschiedenen Sprachformen und beginnen mit der Auffassung der Wendung „wie ein Kind" als einer akkusativischen (soll heißen: wer das Gottesreich nicht annimmt, wie er oder sie ein Kind annimmt). Diese Lesart ist vermutlich die, an die die wenigsten Hörerinnen und Leser zuerst denken, für sie spricht aber mit großem Gewicht der Kontext, vor allem die genannte vorhergehende „Kinderszene". In Mk 9,37 ist betont vom Annehmen, Aufnehmen eines Kindes die Rede. Nicht nur das Wort „annehmen, aufnehmen" (*dechomai*) ist dasselbe wie in „unserem" Text, auch das Wort für das Kind ist dasselbe, nämlich das Wort *paidion*, welches das Kind vor allem in seiner sozialen Rolle bezeichnet. Sie erinnern sich an den Satz Jesu in jener Szene:

„Wer eines von solchen Kindern um meines Namens willen annimmt, nimmt mich an, und wer mich annimmt, nimmt nicht mich an, sondern den, der mich gesandt hat."

Gefordert also ist das Annehmen, Aufnehmen des Kindes als des sozial Schwächsten. Wo dies geschieht, wo der Schutz und die Fürsorge für die Geringsten der Geschwister verwirklicht wird, da wird etwas vom Gottesreich sichtbar. Ist dieser Teil des Satzes nicht schwer zu *verstehen* – wenn auch gewiss weniger leicht zu beherzigen und zu tun –, so ist die mit dieser Lektüre verbundene Aussage über das An- und Aufnehmen des Gottesreichs nicht leicht eingängig. Wie denn könnte eine und einer das Gottesreich an- und aufnehmen, wie man ein Kind aufnimmt? Ist denn das Gottesreich selbst schwach, klein, schutzwürdig, gefährdet? Muss man es nähren, aufwachsen lassen, behüten? Auch wenn das einigermaßen überraschend klingt, die Antwort lautet schlicht: Ja! Wer beim Wort „Gottesreich" sogleich an Herrschaft, Macht, Glanz und Gloria denkt, wird da wohl auf Verstehensschwierigkeiten stoßen. Doch wir müssen uns ja nur an die Gleichnisse erinnern, mit denen Jesus vom Gottesreich spricht – nicht weil Gleichnisse eine didaktische, plastische, gleichsam kindgemäße Darstellungsform wären (das sind sie nämlich ganz und gar nicht), sondern weil nicht anders als in Gleichnissen gesprochen werden kann von dem, was da ist und zugleich noch nicht da ist, von dem, was wirklich ist und doch noch nicht die ganze Wirklichkeit. Da gleicht das Gottesreich einem kleinen Senfkorn, einem verlorenen Geldstück von geringem Wert, den Saatkörnern, dem wenigen und doch so nötigen Sauerteig. Da geht es um das *eine* verlorene Schaf und nicht um die 99, die zuhanden sind. Immer wieder geht es um das Kleine, das Unscheinbare, das, was noch wachsen muss, verloren zu gehen droht, umkommen kann. *So* verstanden, könnten wir das „Kinderevangelium" getrost als ein weiteres Reich-Gottes-Gleichnis lesen, als das Gleichnis von den anvertrauten Kindern, als das Gleichnis vom Kindsknecht, als das Gleichnis vom großen Kindergericht.

Wie die Gleichniserzählungen selbst entwirft unsere Szene nicht nur ein Bild, welches das „wie" des Gottesreichs in Ähnlichkeit und immer noch größerer Unähnlichkeit zum Vorfindlichen zeichnet, sondern sie enthält auch eine Weisung für das, was jetzt zu tun ist.

„Wenn dein Kind dich morgen fragt ..." Es muss ja keine in Worte gekleidete Frage sein, die das Kind stellt. Die nonverbale Frage, die in unserem Text steckt, ist das Fragenbündel, welches durch das bloße Dasein der Kinder gestellt ist. „Was tust du mit uns, mit unserem Da- und unserem So-Sein?" „Nimmst du uns an, wie wir sind und weil wir da sind?" „Sind wir unverwechselbare Menschen oder sind wir vor allem eure Rentensicherung?" „Dürfen wir unser Leben führen oder wollt ihr unser Leben führen?" „Fragt ihr Erwachsenen uns weiter so penetrant-leutselig, was wir denn einmal *werden* wollen, als ob wir nicht schon etwas wären?" Und wenn an eben dieser Stelle die Alten sich einmischen und sich die Frage verbitten, was sie denn früher gewesen seien, als ob sie nichts mehr wären, dann schließen die Kinder vielleicht gern mit ihnen ein Bündnis gegen die, die meinen, ihnen gehöre die Welt, weil sie gerade jetzt über Geld und

Macht verfügen. Vielleicht sollten wir ja angesichts der 2000 Jahre, die die neutestamentlichen Gottesreichgleichnisse nun schon auf dem Buckel haben, versuchsweise auch einmal hören: Wer das Gottesreich nicht annimmt wie einen alten Menschen ...

Viel spricht also für die akkusativische Lesart: Wer das Gottesreich nicht annimmt, wie er oder sie ein Kind annimmt, wird nicht hineinkommen. Und doch lohnt sich auch der Versuch, hier einen Nominativ zu hören. Wer das Gottesreich nicht annimmt, wie ein Kind es annimmt, wird nicht hineinkommen. Und wie nimmt ein Kind es an, wie nimmt ein Kind etwas Kommendes an? Wir sollten uns möglichen Antworten behutsam nähern. Denn hier droht der schon erwähnte antiintellektuelle Kitsch mit seiner Vorstellung von den unschuldigen, einfachen, bescheidenen, ungeklügelten, reinen Kindern.

Was das Erscheinungsbild der „reinen" Kinder betrifft, erlauben sie mir eine kleine Anmerkung, die freilich eher beim kommenden Kirchentag im rheinischen Köln ihren „Sitz im Leben" hätte als hier in Hannover. Dafür zeigt sie sich im Blick auf den gestrigen Feiertag immerhin als zeitnah. Ich erzähle sie, weil sie geeignet ist, dem Kitsch wirksam zu begegnen. Es geht um eine Reaktion der „reinen, unschuldigen" Kinder, die der Bonner Kunstgeschichtler und geniale Sammler des rheinischen Humors *Heinrich Lützeler* einmal aufschnappte. Da kommt ein Fremder nach Bonn und sieht beim Fronleichnamsfest die vielen kleinen Mädchen, die als Inbegriff kindlicher Unschuld in weißen Kommunionskleidchen an der Prozession teilnehmen. Freundlich fragt er eine Gruppe der Mädchen: „Wer seid denn ihr?" Und sie antworten: „Mer sin doch de Engelschen, du Arschloch!"

Nostalgisch-verklärte Kindheitsbilder stehen in der Gefahr, eher bürgerliche Projektionen auf die Kindheit zu sein als antike – und womöglich auch moderne – Kindheitsmuster selbst. Es könnte sein, dass die Antike überhaupt Kindheit als eine von eigenen Mentalitätsstrukturen bestimmte Lebensphase nicht kennt. Auf der Suche nach dem, was Kindern zugetraut wird, sollten wir daher nicht unseren Kindheitsmodellen trauen, sondern die Bibel selbst befragen. Da stoßen wir auf einen bemerkenswerten Satz in Ps 8, dem für diesen Kirchentag gewählten Kirchentagspsalm. In diesem Psalm geht es um den Menschen und das Mensch-Sein, und da steht ein Satz, der von Säuglingen und kleinen Kindern redet. Von und zu Gott heißt es da:

Aus dem Mund von Kindern und Säuglingen hast du eine Macht geschaffen gegen alle, die dich bedrängen, auf dass Feindschaft und Rache verstummen.

Von einer Macht ist hier die Rede, die von den kleinen Kindern ausgeht. Die Aussage klingt auf den ersten Blick so merkwürdig, dass schon die alten Übersetzungen zu Änderungen griffen und statt von der *Macht* vom *Lob* Gottes aus dem Mund der Kinder reden. Wir sollten die Rede von der *Macht* der Kinder ganz ernst nehmen. Wer ein kleines Kind weinen oder schreien hört, erfährt diese Macht, diesen unbedingten Anspruch. Ich kann einem schreienden Kleinkind nicht mit der Auskunft begegnen, in – sagen wir: einer guten halben Stunde hätte ich erledigt, was ich jetzt dringend zu erledigen hätte, und dann werde ich mich um es kümmern. Das Kind schreit *jetzt* und es braucht die Zuwendung *jetzt*. Da gibt es keinen Aufschub, da gibt es nur die Annahme – und jede Vertröstung auf später ist eine Nichtannahme. Ich sehe in diesem unbedingten „jetzt" eine Spur hin auf eine mögliche Antwort auf die Frage, was es sein könne, das Kinder in ihrem eigenen Tun kennzeichnet. Die angedeutete Erfahrung bezieht sich nicht allein auf das Schreien des Kleinkindes, von dem Ps 8 handeln dürfte, sondern auch auf die Zeitauffassung etwas älterer Kinder. Da hat ein Vater seinem, sagen wir: achtjährigen Kind versprochen, heute mit ihm in den Zoo zu gehen. Da kommt etwas dazwischen, das sich nun ganz und gar nicht aufschieben lässt. Und so sagt er seinem Kind, leider gehe es heute doch nicht, aber nächste Woche würde er ganz bestimmt mit ihm in den Zoo gehen und das sei doch ganz bald und er würde es auch fest versprechen. Das Kind fühlt sich nicht vertröstet, sondern verraten, denn: Nächste Woche ist nie! Was nicht heute ist, ist niemals. Nebenbei leuchtet hier eine weitere mögliche und notwendige Fortsetzung des Losungssatzes auf: Wenn dein Kind dich morgen fragt, dann vertröste es nicht auf übermorgen!

Im unbedingten Anspruch des Kindes auf das *Heute* sehe ich einen möglichen Schlüssel für ein nominativisches Verständnis des Satzes: Wer das Gottesreich nicht annimmt, wie ein Kind es tut, wird nicht hineinkommen. Das *Heute* ist die Zeitform des Kommens des Gottesreiches und als die Zeitform der Annahme des kommenden Gottesreiches. Das Gottesreich annehmen, wie ein Kind es tut, heißt dann: nicht immer noch zuerst etwas anderes zu tun haben, einen Aufschub fordern, jetzt gerade darauf gar nicht gefasst sein, dafür zunächst einmal Vorbereitungen treffen zu wollen usw. Das alles lässt sich mit einer Fülle von neutestamentlichen Beispielen bebildern. Doch zunächst möchte ich für das *Heute* als der Zeitform des Gottesreichs und seiner Annahme *die* Figur zum Kronzeugen aufrufen, die in den Bibeltexten dieses Kirchentages immer wieder auftaucht – in den Texten selbst und in ihrer Lektüregeschichte. Ich meine den Propheten Elia.

Nochmals Elia

Elia wurde (davon war schon gestern in der Bibelarbeit zu Mal 3 die Rede) in der jüdischen Tradition zu einem Mittler zwischen dieser und der kommenden Welt. Und so ist es in rabbinischen Geschichten auch immer wieder Elia, an den die Frage gerichtet wird, wer der kommenden Welt teilhaftig werde und – eine damit verbundene Frage – wann der Messias komme. Ich möchte Ihnen eine dieser Eliageschichten erzählen; sie steht im Traktat Sanhedrin des Babylonischen Talmud (98a). Ich erzähle sie mit einigen kommentierenden Hinweisen:

Einmal fragte Rabbi Jehoschua ben Levi den Elia: „Wann kommt der Messias?" Elia antwortete: „Frag ihn doch selbst." – „Und wo soll ich ihn finden und wie soll

ich ihn erkennen?" – „Du findest ihn vor den Toren Roms bei den aussätzigen Bett-
lern. Während die übrigen, wenn sie ihre Verbände wechseln, alle Verbände
zugleich abnehmen und dann wieder anlegen, löst der Messias die Verbände ein-
zeln ab und bindet sie auch wieder einzeln um, denn er sagt sich: „Vielleicht werde
ich in diesem Moment gebraucht." Der Rabbi ging hin, fand ihn und grüßte ihn:
„Friede sei mit dir, mein Lehrer!" – „Friede sei mit dir, Levis Sohn!" „Wann
kommst du, mein Lehrer?" – „Ich komme heute."

Einige Zeit später trifft Rabbi Jehoschua ben Levi abermals auf Elia. Der fragt ihn,
wie es denn gewesen sei, und der Rabbi beklagt sich bitterlich: „Belogen und betro-
gen hat er mich; er hat gesagt, er komme heute – und er ist nicht gekommen." Elia
antwortete ihm: „Er hat dir doch mit einem Schriftzitat geantwortet, nämlich mit
dem Satz aus Psalm 95,7: ‚Heute – wenn ihr auf seine Stimme hört' – oder: so kann
man noch pointierter lesen: ‚Heute ist, wenn ihr Gottes Stimme hört.'"

Heute ist, wenn ihr Gottes Stimme hört – wenn ihr Gottes Stimme hört,
ist heute! Das Gottesreich ist da, und es steht noch aus. Aus und in dieser
Spannung lebt das Neue Testament. Nichts wäre falscher, als diese beiden
Bestimmungen wie zwei unterschiedliche Zeitangaben anzusehen, zwischen denen dann – irgendwo zwischen jetzt und dermaleinst – die Wahrheit läge. Das „schon" und das „noch nicht" fallen stets zugleich auf heute.
Das zu begreifen, ist schwer. Wie schwer es ist, kommt in den Evangelien
immer wieder und immer neu ins Bild. Da sind (bei Matthäus und Lukas)
die, die Jesus gern nachfolgen wollen, aber zuvor noch etwas ganz Wichtiges zu tun haben. Es sind wahrlich keine belanglosen Dinge, die da noch
zu tun sind, es sind die menschlich wichtigsten und würdigsten: den Vater
begraben, von den Angehörigen Abschied nehmen. Das Heute aber duldet
keinen Aufschub, das wird in den Evangelien bestürzend schroff ins Bild
gesetzt. Da sind die Frauen, die den kommenden Bräutigam erwarten und,
weil sie nicht genug Öl für ihre Lampen mitgebracht hatten und die anderen ihnen nichts abgeben, weggehen, um neues Öl zu besorgen, und so die
Ankunft des Bräutigams verpassen. Das sind, wie es traditionell lieblos
heißt, die „törichten Jungfrauen", aber auch eine passendere Wortwahl
würde an der Schroffheit der bei Matthäus erzählten Geschichte ebenso
wenig ändern wie daran, dass die „klugen" nichts abgeben. Es sind ärger-
liche Geschichten, die dieses unbedingte Heute als die Zeitform des Gottesreichs und seiner Annahme einschärfen, es sind skandalöse Geschichten.
Wenn ich im unbedingten Heute die Zeitform sehe, die Kinder in der Annahme des Kommenden kennzeichnet, dann soll das nicht unversehens
wieder zu den treuherzigen Bildern der reinen, unverbildeten Kinder geraten. Freilich wird dieses Moment zur Kritik am Prinzip der aufgeschobe-
nen Belohnung der bürgerlichen Erziehung, welches sozialgeschichtlich
auch ein Element der Privilegierung ist.

Auch die nominativische Lesart des Schlüsselsatzes unseres Textes
bleibt daher im sozialgeschichtlichen Kontext der Kinder als der gesellschaftlich Geringsten. Ihr Anspruch darauf, jetzt angenommen zu werden,

und ihre Bereitschaft, das Kommende *jetzt* anzunehmen, sind darum zwei Seiten derselben Geschichte. Darum, so meine ich, fallen – zu Ende gedacht – beide Lesarten zusammen. Es geht darum, das Gottesreich anzunehmen, wie man ein Kind annehmen soll, *und* es geht darum, das Gottesreich anzunehmen, wie ein Kind es tut. In der Grammatik des Gottesreichs fallen Nominativ und Akkusativ in eins – wie Aktiv und Passiv, das Annehmen und das Angenommen-Werden. Wo die Hierarchien und der Streit um die ersten Plätze sich auflösen, löst sich auch die grammatische Ordnung auf. Die säuberliche Scheidung von Subjekt und Objekt verliert ihre Bedeutung wie die von Aktiv und Passiv und vor allem die Scheidung der Zeiten. Das Tempus, die Zeit des Gottesreichs ist das aktuale umfassende Präsens, ist das *Heute*: In diesem *Heute* sind Vergangenheit und Zukunft nicht getilgt. Ganz im Gegenteil: Vergangenheit und Zukunft werden zu Zeitformen der Gegenwart. Im *Heute* ist alles, was war, aufgehoben, bewahrt und in ein neues Licht gestellt; im *Heute* ist alles, was hätte sein können, sein könnte, sein kann und sein wird, schon da.

Der Schlüsselsatz unseres Bibelarbeitstextes lässt mehr als eine Lesart zu und setzt mehr als eine Lesart ins Recht. In jeder dieser Verstehensweisen gilt:

„Amen, wahrhaftig, ich sage euch: Wer das Gottesreich nicht annimmt wie ein Kind, wird nicht hineinkommen."

Ein kleines, aber bedeutsames Wort dieses Satzes haben wir bisher nicht eigens bedacht. Ich meine das Wort „Amen", welches den Satz Jesu einleitet. Nichts ist so sicher wie das Amen in der Kirche, sagt man. Aber wie „sicher" ist das *Amen* eigentlich? „Amen" sagen bedeutet, mit der ganzen Person wahrhaftig eintreten zu wollen für das Gesagte oder das zu Sagende. „Amen – es *werde* wahr!" Da geht es nicht um Satzwahrheiten, sondern um Beglaubigung. *Amen* heißt: Darauf stehe ich, dafür stehe ich, dafür stehe ich ein. „Amen" sagen heißt aber eben darum nicht, zu allem „Ja und Amen" zu sagen. Es gibt auch ein „Nein und Amen". Jesu Satz und das folgende Tun enthalten in der Bewahrheitung des Gesagten ein solches „Nein", ein „Nein" gegenüber allen Zuständen, in denen Kinder klein gemacht werden, in denen ihnen Rechte und Ansprüche verweigert werden. Die Kinder sind Repräsentanten der kleinen Leute und sie sind – eben darum und nicht, weil sie so unschuldig, rein und naiv sind – Repräsentanten des Gottesreichs. Dafür steht nicht nur der Satz Jesu, dafür steht auch das folgende Tun.

Für solche wie diese Kinder ist das Gottesreich da. Das bedurfte nicht der Begründung. Der dann folgende begründende Satz hat die Erwachsenen zu Adressatinnen und Adressaten, deren Tun sich an den Kindern bemisst. So werden hier wie in der vorangehenden Szene im Haus in Kapernaum Kinder zu einem Gleichnis. Aber sie dienen gerade nicht allein den Erwachsenen zum Exempel, sondern bleiben die unmittelbaren Adressaten des Tuns Jesu. Ihnen gilt daher der Schluss der Szene, in dem sich zugleich der Wunsch derer *erfüllt,* die sie zu Jesus brachten – in der er sich *mehr* als erfüllt. Sie wollten ja, dass Jesus die Kinder berühre. Er berührt sie nicht nur, er schließt sie in die Arme:

Und er nahm die Kinder in die Arme, lobte Gott und legte ihnen die Hände auf.

Wer wird gesegnet?

Jesus nimmt die Kinder in die Arme. Wie sollen wir uns das szenisch vorstellen? Alle einzeln? Oder alle zusammen? Wie viele mögen es gewesen sein? Auch in dieser gewissen Unbestimmtheit der Schilderung möchte ich eine Auflösung der grammatischen Regeln sehen. Singular und Plural, Einzahl und Mehrzahl müssen nicht unterschieden werden. Es geht um alle, und es geht um jedes einzelne Kind. Und vielleicht gibt es da noch einen weiteren Aspekt der Sprachlehre dieser Geschichte: Kinder sind es, *paidia* – im Griechischen wie im Deutschen ein Neutrum. Das Neutrum macht das Kind nicht zu einer neutralen Sache, aber es verzichtet auf die Frage, ob es sich um männliche oder weibliche Kinder handelt, wie auch von denen, die die Kinder zu Jesus brachten, nicht gesagt wird, ob es Frauen *oder* Männer oder Männer *und* Frauen waren. Die Unterscheidung von Männern und Frauen spielt in vielen biblischen Texten eine Rolle, weil sie in der Lebenswelt Israels eine Rolle spielt. In *dieser* Geschichte spielt sie keine Rolle – im Blick auf die Kinder nicht, im Blick auf das Gottesreich nicht. Und so ist auch das womöglich ein wichtiger Paragraph der Einübung in die Sprachlehre des Gottesreichs, als die ich unseren Bibelarbeitstext *zumindest auch* lesen möchte.

Noch einmal zur Schlusssequenz unserer Szene:

Und er nahm die Kinder in die Arme, lobte Gott und legte ihnen die Hände auf.

So haben wir den Vers in der Kirchentagsübersetzung verdeutscht. In der Lutherbibel steht an dieser Stelle:

Und er herzte sie und legte die Hände auf sie und segnete sie.

Wie so oft, ist es nicht so, dass die eine Übersetzung falsch oder gar die andere *die* richtige wäre. Es ist aber immerhin auffällig, dass im griechischen Text das In-die-Arme-Nehmen und das Auflegen der Hände mit dem Objekt „sie" (nämlich die Kinder) verbunden ist, während das Wort *kateulògei* (er segnete oder lobte, noch näher beim griechischen Wort: er sagte es gut) kein Objekt hat. Das Lob- oder Segenswort steht also in bestimmter Hinsicht für sich; es bezieht sich nicht unmittelbar auf die Kinder. Sie sind, folgt man dieser Spur, nicht die Objekte eines Segens, vielmehr wird eine segnende *Handlung* (das Auflegen der Hände) getragen von einem Segens*wort,* welches sich an Gott richtet. *Nachdem* Jesus – so möchte ich die Sprachhandlungen des Textes möglichst genau aufnehmen, die

Kinder in die Arme genommen hat und *indem* er ihnen die Hände auflegt, segnet er Gott.

Gott segnen? Das ist eine für viele ganz ungewöhnliche Vorstellung. Doch die Bibel Alten und Neuen Testaments spricht nicht nur davon, dass Gott Menschen segnet und Menschen Menschen segnen, sondern ebenso auch davon, dass Menschen Gott segnen. Der an Gott zurückgegebene Segen ist Ausdruck des Danks für das, was Gott gegeben hat. So verstanden, ist der Segen keine magische Handlung, sondern der Ausdruck der Freude und des Dankes für das, was Gott gegeben hat und Menschen annehmen dürfen und sollen. In dieser Hinsicht bedeutet, Gott zu segnen, auch: Gott zu loben. Jesus lobt Gott, indem er die Kinder annimmt. Am Ende der vorangehenden Kinderszene im Haus in Kapernaum ist dieser Zusammenhang auf andere Weise ins Spiel gebracht. Ich lese noch einmal Mk 9,37, den Vers, in dem das für beide Kinderszenen zentrale Wort „annehmen" viermal vorkommt:

„Wer eines von solchen Kindern um meines Namens willen annimmt, nimmt mich an, und wer mich annimmt, nimmt nicht mich an, sondern den, der mich gesandt hat."

In unterschiedlicher Weise richten beide Szenen am Ende den Blick auf Gott. Um *Theo*logie, um Gotteslehre also geht es und nicht um – so ist „unser" Text in manchen Bibeln überschrieben – „Jesus, den Kinderfreund". Süßliche *Jesusbilder* verstellen den Blick auf die Kinderszenen des Evangeliums ebenso wie kitschige *Kinderbilder*. Die biblische Geschichte selbst ist weder süßlich noch kitschig. Sie handelt von großen Erwartungen und nicht minder großem Zorn, von Kindern als den Letzten der gesellschaftlichen Rangskala, und sie handelt von liebevoller Zuwendung und vom Lob Gottes. Sie überspielt damit keineswegs die sozialen Fragen, aber sie lässt der Deklassierung der kleinen und klein gemachten Menschen nicht das letzte Wort. Das letzte gesprochene *Wort* des Textes ist das Gotteslob Jesu, das die Szene abschließende *Tun* ist die Handauflegung, die die Annahme der Kinder sinnfällig macht.

Doppeldeutlich

Die nicht mehr als vier Verse „unseres" Textes enthalten eine Szene, die auf den ersten Blick deutlich scheint, die aber auf den zweiten und dritten Blick alles andere als eindeutig, sondern mehrdeutig ist und gerade *so* mehr *deutlich* wird. Die Sprachlehre des Gottesreichs, in die uns diese Verse einführen können, zu erlernen, wird dabei schwer und leicht zugleich. Wer eine fremde Sprache lernen will, wird gut daran tun, eine ganze Reihe von Regeln einzuüben. Die Unterscheidung der Zeiten gehört ebenso dazu wie die von Einzahl und Mehrzahl, die der Fälle, der Geschlechter und die von Aktiv und Passiv. Fast alle diese klaren Regeln werden in „unserem" Text und im Blick auf das Gottesreich, auf das er verweist, fraglich. Da werden

Objekte zu Subjekten, da kann ein Nominativ als Akkusativ und ein Akkusativ als Nominativ verstanden werden, da bleibt die Frage nach dem Geschlecht der Menschen ohne klare Auskunft, da gibt es nur noch die Gegenwart, das *Heute* als Zeit. In *Else Lasker-Schülers* 1937 in Zürich erschienenem Buch „Das Hebräerland" finden sich die schlichten Zeilen:

In den höheren Regionen,
Wo der Herr und seine Engel wohnen,
Finden sich kraft Gotteskraft
Nicht Paragraphen, die bestrafen.

Vielleicht darf man das Fehlen der Paragraphen auch auf die Grammatik des Gottesreichs beziehen. Die Sprache des Gottesreichs ist die Sprache des Paradieses. Es ist keine Objekt- und keine Herrschaftssprache, es ist, wie *Walter Benjamin* (Gesammelte Schriften I/3, 1238) einmal notierte, „integrale Prosa, die die Fesseln der Schrift gesprengt hat und von allen Menschen verstanden wird (wie die Sprache der Vögel von Sonntagskindern)".

Zum Abschluss dieser Bibelarbeit noch einmal „unser" Text. Wenn Sie ihn *jetzt* hören, wird er womöglich zugleich näher und ferner rücken. Manches, was zunächst unverständlich schien, mag sich erschlossen haben. Anderes, was zunächst ganz deutlich schien, zeigt sich verschlungener, *mehr-deutlicher.* Spuren vorangehender und folgender Worte und Szenen des Evangeliums führen zu diesem Text, und er selbst legt Spuren – zu weiteren biblischen Worten, zu anderen Kinderszenen – damals und jetzt – und er legt im Wort und im Tun Spuren des Gottesreichs und Spuren zum Gottesreich. Wenn dein Kind dich morgen nach dem Reich Gottes fragt, dann erzähle ihm Geschichten, z. B. diese:

Einige Leute brachten Kinder zu Jesus, damit er sie berühre. Doch die Jüngerinnen und Jünger wiesen sie streng zurück. Als Jesus das sah, wurde er zornig und sagte zu ihnen: „Lasst die Kinder zu mir kommen, hindert sie nicht daran! Denn für solche wie sie ist das Gottesreich da. Amen, wahrhaftig, ich sage euch: Wer das Gottesreich nicht annimmt wie ein Kind, wird nicht hineinkommen. Und er nahm die Kinder in die Arme, lobte Gott und legte ihnen die Hände auf.

Hören auf das, was Israel gesagt ist – hören auf das, was in Israel gesagt ist

Bibelarbeit über 5. Mose 6*

Der Text und seine Zeiten und Orte bei diesem Kirchentag

An den meisten Orten des Kirchentags – und so auch heute Morgen in dieser Halle – ist 5. Mose 6 der Bibelarbeitstext dieses Samstags, das Kapitel, in dem die Kirchentagslosung steht. In den Bibelarbeiten der „Arbeitsgemeinschaft Juden und Christen" des Kirchentags war 5. Mose 6 der Text für gestern, während es dort heute – am Schabbat – um den Text aus Markus 10 geht. Diese Umkehrung hängt mit der ganz besonderen Bedeutung des Kapitels 5. Mose 6 zusammen und vor allem seines 4. Verses, des *Schma' Jisra'el* – des „Höre Israel!" Christinnen und Christen sollten sich *vor* der Auslegung dieses Textes seine unvergleichliche Bedeutung für das Judentum und für das Leben einzelner Jüdinnen und Juden vor Augen führen. Die umgekehrte Reihenfolge der beiden Bibelarbeitstexte in der Arbeitsgemeinschaft Juden und Christen ist Ausdruck dieser besonderen Bedeutung. Ich möchte deshalb erzählen, wie es zu ihr kam und was daran deutlich wird.

Als wir Anfang 2004 im Präsidium des Kirchentags die Worte „Wenn dein Kind dich morgen fragt …" aus 5. Mose 6,20 als Losung wählten, war uns wichtig, dass sie nicht ohne ihren biblischen Zusammenhang bleiben. Sie haben ihre Bedeutung in der Geschichte und den Geschichten Israels; *Israels* grundlegende Erfahrungen sind es, die zu erzählen sind, *wenn dein Kind dich morgen fragt.* So sehr der unvollständige Satz, den das Kirchentagsleitwort nennt, zu verschiedenen Fortsetzungen reizt (ich habe mich in den Bibelarbeiten gestern und vorgestern an solchen *möglichen* Fortsetzungen versucht), so sehr bedarf es der Aufmerksamkeit für das, was nach biblischem Wort auf die Frage des Kindes zu antworten *ist*. Darum wollten wir den Losungssatz nicht nur in seinem engsten Zusammenhang in den Eröffnungsgottesdiensten vorkommen lassen, sondern auch seinen größeren Zusammenhang in der Bibel bedenken. Darum haben die Worte aus 5. Mose 6 bei diesem Kirchentag mehrere Orte, in der „Losung", in den Eröffnungsgottesdiensten und dann auch in ihrem Zusammenhang in einer Bibelarbeit. Die Wahrnehmung von 5. Mose 6 als Basistext jüdischer Identität fand ihren Ausdruck auch in der Entscheidung, ihm in einer Bibelarbeit am Samstag, d. h. im biblischen und jüdischen Kalender am *Schabbat*,

---

* Bibelarbeit beim 30. Deutschen Evangelischen Kirchentag in Hannover, 28. Mai 2005.

seinen Ort zu geben. Ich dachte mir, dass die jüdischen Mitglieder der Arbeitsgemeinschaft Juden und Christen, die seit vielen Jahren in den Veranstaltungen der AG entscheidend mitwirken und weit darüber hinaus die Kirchentage bereichern, das begrüßen würden. Aber ich musste lernen, dass das gut Gemeinte keineswegs schon gut ist. Es gab nämlich zunächst heftigen Unmut über die Wahl des Textes überhaupt. Da war das Empfinden, hier werde Jüdinnen und Juden ihr Ur-Eigenstes weggenommen, indem eben der Text, der wie kein anderer jüdische Identität trägt, christlich vereinnahmt werde. Dass wir das nicht *wollen*, ist kein hinreichendes Argument gegen das Empfinden, wir *täten* es. Die Debatten waren entsprechend emotional, und „emotional" heißt hier gerade nicht „unsachlich". Denn Emotionen – Empfindungen, Verletzungen, Ängste – gehören in diesem Fall zur Sache selbst. Das Empfinden speist sich aus Erfahrungen – bösen Erfahrungen aus vielen Jahrhunderten und in vielen Formen, in denen Christen Juden enteigneten, die Kirche als das „wahre Israel" ausgaben und jüdischen Menschen absprachen, ihre eigene „Schrift" recht zu verstehen.

Was bedeutete das für die Bibelarbeiten der AG Juden und Christen bei diesem Kirchentag? Darüber gab es ernste Diskussionen. Eines ihrer Ergebnisse war die Bitte an jüdische Menschen, auf dem Kirchentag in Bibelarbeiten und Vorträgen darzustellen, was das *Schma' Jisra'el* und das ganze Kapitel 5. Mose 6 für ihr Jüdin- und Jude-Sein bedeutet. Aber eben das ist in einer bei einem Kirchentag erforderlichen Weise für eben die Menschen, deren Beitrag uns in der Arbeitsgemeinschaft unverzichtbar war, an einem Schabbat nicht möglich. Denn für Jüdinnen und Juden gehört zu den Geboten, Bestimmungen und Rechtssätzen, die Adonaj, Gott für sie geboten hat (so beginnt ja 5. Mose 6), auch das gerade im vorangehenden Kapitel im Wortlaut der „Zehn Gebote" noch einmal wiederholte Schabbatgebot. Nicht alle Jüdinnen und Juden halten es gleichermaßen ein, für manche aber ist am Schabbat z.B. der Gebrauch eines Mikrophons ausgeschlossen. Wir begegnen damit übrigens einem wichtigen Element des Bibelarbeitstextes und einem wichtigen Element der Kinderfrage, die uns zur Losung wurde. Das Kind nämlich fragt (V. 20) nach der Bedeutung der Weisungen, Bestimmungen und Rechtssätze, nach dem Grund der Einhaltung von Lebensregeln und dabei auch dem ganz konkreten Tun und Unterlassen. Dass es sich dabei nicht nur um äußerliche Zeremonialgesetze handelt, wie christliche Theologen oft abwertend dekretierten, wird uns noch beschäftigen. Den Bibelarbeitstext für den heutigen Samstag ernst nehmen heißt darum auch ernst zu nehmen, dass gesetzestreu lebende Jüdinnen und Juden an eben diesem Schabbat ein großes Auditorium nicht hören lassen können, was dieser Text und seine Lebensregeln für sie bedeuten. Das ist der Grund, warum in den Bibelarbeiten der AG Juden und Christen dieser Text gestern zur Sprache kam und heute der Markustext.

Ich habe Ihnen das so ausführlich erzählt, weil die Frage nach dem angemessenen Umgehen mit diesem Text auf einem Evangelischen Kirchentag zur Sache des Textes selbst gehört. Um diese Sache soll es nun auch weiter gehen. Ich lese in der Kirchentagsübersetzung den Anfang des Kapitels, das wie fast das ganze 5. Mosebuch Rede des Mose an das Volk Israel ist:

Tun und Hören

Dies ist das Gebotene, die Bestimmungen und Rechtssätze, die Adonaj, Gott für euch, geboten hat, dass ich sie euch lehre. In dem Land, in das ihr hinüberzieht, es einzunehmen, sollt ihr euch danach richten. Auf diese Weise sollst du Adonaj, deine Gottheit, achten, indem du dich Zeit deines Lebens an all ihre Bestimmungen und Gebote hältst, die ich dir gebe, du, deine Kinder und deine Enkelkinder. So wirst du lange leben. Hören sollst du, Israel, und achtsam sein, damit du danach handeln kannst, dir zum Besten und um ganz viele Nachkommen zu haben, so wie Adonaj, die Gottheit eurer Mütter und Väter, es dir versprochen hat – ein Land, das von Milch und Honig überfließt.

Israel, das Judentum ruht auf vier Säulen: auf Gott, auf der Tora und ihren Geboten, auf dem Volk Israel und auf dem Land Israel. Alle vier stehen im Zentrum von 5. Mose 6, alle vier stehen dabei in engster Verbindung. Mose sagt dem *Volk* Israel, was *Gott* zu ihm gesprochen hat. Die *Gebote* sind der Inhalt der Rede, und das *Land*, in das in der erzählten Zeit des Textes Israel gehen wird, ist das Land Israel. In der Zeit, in der der Text spielt, befindet sich das Volk noch nicht im eigenen Land; als der große Textzusammenhang komponiert wurde, in dem die Worte jetzt stehen, hatte Israel das Land wohl schon verloren und war jedenfalls nicht mehr Herr im eigenen Land. Der Besitz des Landes war für Israel nichts Naturgegebenes; im Unterschied zu anderen Völkern wusste Israel, dass es nicht *immer schon* in diesem Lande war. Heimat ist in der Bibel nicht das Land, in dem man immer schon war, sondern das Land, in das man kam und in das man kommen wird. Das Thema des Landes hängt mit dem Thema der Gebote eng zusammen. Das Land ist Gabe und Aufgabe, es kann gewonnen, aber auch verspielt werden. Wir werden darauf zurückkommen, denn es wird in 5. Mose 6 noch eine Rolle spielen. Die Einleitung des Kapitels mündet ein in das zentrale Wort, das *Schma' Jisra'el*, das „Höre Israel!" Ich lese zunächst die beiden Verse; die Übersetzung und das Verstehen vor allem des 4. Verses wird bald unsere besondere Aufmerksamkeit fordern:

Höre Israel! Adonaj ist für uns Gott, einzig und allein Adonaj ist Gott. So liebe denn Adonaj, Gott für dich, mit Herz und Verstand, mit jedem Atemzug, mit all deiner Kraft.

„Höre Israel!" – *Schma' Jisra'el!* Oft spricht man im Blick auf diese und die folgenden Worten vom „Glaubensbekenntnis Israels". Richtig daran ist, dass sie Israels Glauben wie kaum andere tragen; richtig ist auch, dass Jüdinnen und Juden mit ihnen in entscheidenden Momenten ihres Lebens ihren Glauben zum Ausdruck bringen. Das *Schma'* wird der erste hebräische Text sein, den jüdische Kinder lernen, das *Schma'* wird am Sterbebett gebetet, mit dem *Schma' Jisra'el* auf den Lippen gingen jüdische Märtyrer in den Tod. Und doch trifft die Bezeichnung „Glaubensbekenntnis" nicht wirklich zu. Das Besondere des *Schma'* nämlich ist zunächst die Sprachform. Ein „Glaubensbekenntnis" wird ja in aller Regel mit dem „ich" der Bekennenden selbst einsetzen. „Ich glaube an Gott den Vater", so beginnt das Apostolische Glaubensbekenntnis. In 5. Mose 6,4 aber spricht zunächst kein „ich" oder „wir" der Bekennenden, vielmehr werden die, die ihr Leben auf diese Worte gründen, selbst angeredet. Das Wort *Schma'* ist ein Imperativ: „Höre!" *Schma' Jisra'el!* Wann immer Jüdinnen und Juden das *Schma'* sagen, *sagen* sie, was ihnen zu *hören* aufgetragen ist. Subjekt des, wenn man bei diesem Wort bleiben wollte, „Bekenntnisses" ist, vermittelt durch das Wort des Mose, Gott selbst. Angeredet ist Israel. Angeredet sind nicht alle Menschen, angeredet sind nicht Menschen anderer Völker, angeredet sind nicht – und vor allem *das* müssen wir im Wortsinn *wahr*nehmen – *wir*, wir Christinnen und Christen nicht, wir Deutschen nicht. Das wahr zu nehmen, beantwortet aber noch nicht die Frage, welche Konsequenzen dieses Wahrnehmen für uns hat. Da scheinen zunächst mehrere Interpretationsweisen auf, die je auf ihre Weise den Weg zu diesem Text (und zum Alten Testament, der hebräischen Bibel überhaupt) *verstellen.*

Höre, *Israel!*

Eine Möglichkeit ist die der Ersetzung. Einst war, so begründeten christliche Theologen diese Aneignung, Israel Adressat der Worte. Aber dann habe Israel Gottes Erwählung verspielt. Das Neue Testament sei an die Stelle des Alten, die Kirche sei an die Stelle Israels, die Christen seien an die Stelle der Juden getreten, und so gelte Gottes Wort fortan der Kirche, der christlichen Gemeinde als dem „wahren Israel". Diese Auffassung ist keineswegs überwunden, aber sie ist – Gott sei Dank – in vielen Gemeinden und Kirchen in unserem Land, bei den Kirchentagen und auch in vielen Theologischen Fakultäten nicht mehr mehrheitsfähig. Noch immer begegnet man ihr, noch immer maßen Christen sich an, Israel beerbt zu haben (als ob Israel tot wäre), Israels Stelle einzunehmen (als wäre das Neue Testament die Ersetzung des Alten und nicht der Weg, auf dem Menschen aus den Völkern zu Israels Gott gelangen können) oder Israel zu überbieten (als enthielte Israels Glaube nur einen rudimentären Anteil der biblischen Wahrheit). Noch immer bedarf es der Erinnerung an die bösen Folgen, die diese Beerbungs-, Ersetzungs- und Überbietungstheorien hatten, Folgen, die nicht zwangsläufig und gradlinig auf den millionenfachen Mord an Menschen Israels hinausliefen, ohne die dieser Völkermord aber schwerlich möglich geworden wäre. Über diese Zusammenhänge nachzudenken und dabei den Anteil der Theologie in all ihren Fächern, der Bibelauslegung wie der Kirchengeschichte, der Dogmatik wie der Predigtlehre, selbstkritisch zu benennen, bleibt die Aufgabe christlicher Theologie in Wissenschaft und Praxis. Doch es bleibt ebenso festzuhalten, dass es in der Theologie in Wissenschaft und Praxis in den letzten Jahrzehnten zu einer erkennbaren Neubesinnung gekommen ist. Heute sind – ich möchte es wiederholen – die Beerbungs-, Ersetzungs- und Überbietungstheorien in den skizzierten Formen in vielen Gemeinden, Kirchen und Fakultäten nicht mehr mehrheitsfähig. Fast alle Synoden der evangelischen Kirchen in Deutschland haben sie inzwischen in bindenden Beschlüssen als falsch abgewiesen. Diese Einsichten können das Geschehene nicht ungeschehen machen. Die von diesen Einsichten her erforderliche Revision (die Neubetrachtung und Neubewertung) sehr vieler theologischer Themen und Thesen ist längst nicht abgeschlossen. Denn es geht nicht darum, einige alte Lehrsätze durch neue zu ersetzen, sondern ganz neu nach dem Verhältnis von Altem und Neuem Testament, Text und Interpretation, Kirche und Israel, Bibel und Kirche, Versöhnung und Differenz, Wahrheit und Verschiedenheit zu fragen. Der in all diesen und manchen weiteren Fragen notwendige Lernprozess hat aber eingesetzt, und es waren Jüdinnen und Juden, die trotz und wegen ihrer Erfahrungen mit Kirche und Christentum zu dialogischem Lehren und Lernen bereit und Christinnen und Christen zu solchem Lernen und Lehren verholfen haben – nicht zuletzt seit nun mehr als vierzig Jahren in der Arbeitsgemeinschaft Juden und Christen beim Deutschen Evangelischen Kirchentag. Es gibt keinen Grund, in dieser Hinsicht durchschlagende Erfolge zu feiern; es gibt aber auch keinen Grund, bloße Folgenlosigkeit zu diagnostizieren.

Eine *zweite*, sanftere Form der Aneignung der an Israel adressierten Worte besteht nicht in der Enteignung, sondern in der Universalisierung. Zwar, so argumentiert man da, seien die Worte an Israel gerichtet, doch in ihnen offenbare sich Gott als die *eine* Gottheit der ganzen Welt gegenüber allen Menschen. Es gebe nur *einen* Gott, den Christen, Juden und Muslime lediglich unter verschiedenen Namen und in verschiedenen Formen verehren und glauben. Der Kern eines Textes wie 5. Mose 6 sei also in den Teilen zu erkennen, in denen es nicht um die besonderen Erfahrungen und die besonderen Frömmigkeitsformen Israels gehe, sondern um das Hören *aller* Menschen auf den *einen* Gott. Das Problem solcher Universalisierung ist nun aber, dass auf diese Weise eben die besonderen Erfahrungen, auf denen das „Höre Israel!" beruht, und die besonderen Formen, in denen Israel diese Erfahrungen festhält und über die Generationen weitergibt, zum bloßen Beiwerk werden. Pointiert gesagt: Eine in dieser Weise erfolgende Lektüre des Textes macht ihn universal verstehbar, beseitigt aber zugleich den Text selbst. Das „Hören" bleibt beim bloßen „dass", jedes konkrete „was" des zu Hörenden schnurrt zu einer allgemeinen Monotheismusformel zusammen und letztlich zur nichtssagenden Vorstellung von irgendeinem höheren Wesen.

Die Verlegenheit, weder einem Hören auf 5. Mose 6 zustimmen zu wollen, das Israel *sein* Hören wegnimmt, noch einem Hören, in dem alle konkreten Erfahrungen getilgt sind, die Israels Erfahrungen sind, führt nicht selten zu einer dritten Weise des Umgangs mit einem solchen Text, nämlich des dezidierten *Nicht*-Umgangs. Man will Israel seine Glaubensurkunden belassen, sie weder sich aneignen noch sie ins Allgemeine aufheben, und so möchte man sich als Christenmensch von einem solchen Text lieber gar nichts sagen lassen. Doch so sympathisch der Zugriffsverzicht ist, er stellt sich nicht dem Tatbestand, dass 5. Mose 6 ein wichtiger Teil des Alten Testaments und so der ganzen christlichen Bibel ist. Kann es da Texte geben, die sozusagen mit einem Warnschild „Nur für Juden!" zu versehen wären? Und würde ein solches Warnschild nicht unter der Hand zu einem Apartheids-Schild werden? Vor allem aber: *Welche* Texte der Bibel müssen dann christlichem Zugriff entzogen werden? Gewiss nicht das *Schma' Jisra'el* allein, sondern letztlich alle Texte der „Schrift", die an Israel adressiert sind. Und welche Texte des Alten Testaments wären es nicht? Mehr noch: Auch die Schriften des Neuen Testaments sind von jüdischen Menschen oder für jüdische Menschen verfasst. Kein Verfasser einer neutestamentlichen Schrift war „Christ". Also dann auch das Neue Testament: „Allein für Juden!"? Wir sehen, in welche Aporien ein gut gemeinter Zugriffsverzicht führt.

Alle neutestamentlichen Schriften sind jüdische Schriften – das Neue Testament als ganzes Buch aber wurde mit dem Alten zusammen zur christlichen Bibel. Werfen wir darum einen kurzen Blick auf das *Schma' Jisra'el*, das „Höre Israel!" im *Neuen* Testament. Die Evangelisten Markus, Matthäus und Lukas erzählen jeweils von einer Diskussion zwischen Jesus und einem anderen jüdischen Lehrer über die Frage, welches das Hauptgebot sei. Die drei Erzählungen haben je ihre besonderen Akzente, aber sie stimmen in einem entscheidenden Punkt überein, nämlich darin, dass sie in dieser Frage den völligen Einklang zwischen Jesus und den anderen Gesetzeskundigen festhalten. Gemeinsam wird das Gebot der Gottesliebe zusammen mit dem Gebot der Nächstenliebe als Hauptgebot zitiert. Bei Matthäus und Markus ist es Jesus, der die zentralen Sätze aus der „Schrift", nämlich aus 5. Mose 6 und aus 3. Mose 19 zitiert; in der Fassung bei Lukas tut dies der andere Schriftgelehrte. Gerade diese Variation macht die Übereinstimmung umso deutlicher. Mk 12,29 lässt Jesus das Tora-Zitat (in griechischem Text) mit dem *Schma' Jisra'el*, dem „Höre Israel!", beginnen:

Höre Israel! Adonaj, unsere Gottheit ist eine einzige. So liebe denn Adonaj, Gott für dich, aus deinem ganzen Herzen, aus deinem ganzen Leben, aus deinem ganzen Verstand und aus deiner ganzen Kraft.

Wer sich auf das Wort Jesu beziehen will, wird in der Frage nach dem Hauptgebot also gerade so auf das *Schma' Jisra'el* gewiesen, auf das, was Israel hören soll. Und auch der andere Teil des Hauptgebots, die Forderung der Nächstenliebe, besteht im Munde Jesu in einem Satz aus der Tora des Mose, dem „Liebe deinen Nächsten wie dich selbst!" oder, wie man auch übersetzen kann: „Liebe deinen Mitmenschen, denn er ist wie du!" Gerade hier wird es ganz deutlich: Das Neue Testament führt nicht aus dem Alten heraus, sondern in das Alte hinein.

Das „Höre Israel!" im *Neuen* Testament ist für Christinnen und Christen bedeutsam. Allerdings stellt sich im Neuen Testament die Frage nach einer nichtjüdischen Wahrnehmung der an Israel gerichteten Worte gerade nicht. Wenn Jesus mit anderen Gesetzeskundigen über die Frage nach dem Hauptgebot diskutiert, dann diskutieren Juden miteinander, Menschen, die sich im „Höre Israel!" selbstverständlich angesprochen wissen. Aber was heißt das für mich, der ich kein Jude bin, nicht Israel zugehöre, Israel nicht enteignen und nicht berauben und mir doch von den an Israel adressierten Worten etwas sagen lassen möchte? Wie also könnte eine christliche Wahrnehmung des *Schma' Jisra'el*, des „Höre Israel!" aussehen? Wenn die Alternative darin besteht, entweder Jüdinnen und Juden der an sie adressierten Worte der hebräischen Bibel zu berauben oder die christliche Bibel um zentrale ihrer Worte zu berauben, kann es allein darum gehen, die Alternative selbst zu überwinden. Ich möchte darum *wahr* nehmen, dass das „Höre Israel" Israel gesagt ist und mir als einem Menschen aus den Völkern von dem, was Israel gesagt ist, und dem, was *in* Israel gesagt ist, auch etwas sagen lassen. Das „Höre Israel!" wird so für mich zu einem „Höre Israel zu!". Und was kann ich mir sagen lassen von dem, was Israel gesagt ist? Dafür bedarf es der Aufmerksamkeit für das, was Israel gesagt ist. Folgen wir darum 5. Mose 6 selbst.

Israels Gott allein

Auf das „Höre Israel!", die Aufforderung *an* Israel, folgt das, *was* Israel hören soll – und das enthält ein „*uns*" („Adonaj ist für uns Gott"), welches die Angeredeten ins Sprechen einschließt, bevor die Rede dann wieder in die zweite Person der Aufforderung übergeht. Der Satz, den Israel hören und dann sprechen soll, enthält im Hebräischen nur vier Worte – vier Worte ohne ein Verb. Gäbe man sie in ihrer bloßen Abfolge wieder, käme man auf die Wortreihe: *Adonaj – unser Gott – Adonaj – einer*. Da das noch keinen deutschen Satz ergibt, muss man in der Übersetzung mindestens ein „ist", mindestens *ein* „ist" hinzufügen. An der Frage, wo und wie oft man es hinzufügt, entscheidet sich das Verständnis der Aussage selbst. Es gibt vier Grundmöglichkeiten (*Frank Crüsemann* hat sie in den als Sonderheft der Zeitschrift „Junge Kirche" erschienenen „Exegetischen Skizzen" zu diesem Kirchentag präzise ausgeführt). Sie seien gleich auch hier knapp dargestellt, weil in ihnen die Grundaussage über Israels Auffassung des Gottseins Gottes verschiedene und je für sich markante Konturen zeigt.

Doch zuvor empfiehlt sich eine für jede mögliche Übersetzung wichtige Beobachtung. Es geht in den Worten um *Gott*; das *Wort* „Gott" kommt in der Wortverbindung „unser Gott, unsere Gottheit" auch vor, aber davor und danach hat Gott einen Eigennamen. Da geht es eben nicht um „jenes höhere Wesen, das wir verehren", sondern um die eine und einzige Gottheit, die Israels Gott ist und die einen unverwechselbaren Eigennamen und mit ihm eine unverwechselbare Identität hat. Dieser Name wird in der hebräischen Bibel mit den vier Konsonanten j-h-w-h geschrieben, aber seit biblischer Zeit nicht ausgesprochen, um Gott nicht herzuzitieren, nicht über Gott zu verfügen. Gesprochen wird der Name entweder durch das Ersatzwort „der Name" (*ha-Schem*) oder (dem folgt die Kirchentagsübersetzung) durch die – anders als das deutsche Wort „Herr" – allein Gott vorbehaltene und wie ein Name gebrauchte Majestätsbezeichnung *Adonaj*. Gott hat also einen Namen. Aber Gott hat kein Geschlecht. Schrift und Sprache fordern zuweilen ein grammatisches Geschlecht, der Gottesname wird im Hebräischen grammatisch maskulin konstruiert, aber gerade darum und dagegen halten mehrere biblische Texte entschieden fest, dass Gott kein Mann ist. Auch wenn das nicht immer leicht durchzuhalten ist, empfiehlt es sich deshalb, im deutschen Ausdruck Gott keinen Mann sein zu lassen. Deshalb rede ich zuweilen von der Gottheit. Dass es sich nicht um ein abstraktes höheres Wesen handelt, sondern um Israels einen und einzigen Gott mit dem ausgesprochenen Namen *Adonaj*, darf dabei nie in den Hintergrund treten. Wie aber soll man den Satz – die vier hebräischen *Worte*, welche die vier hebräischen *Buchstaben* des Gottesnamens entfalten – genau verstehen und übersetzen?

„Adonaj, unser Gott, ist *ein* Adonaj." Das ist *eine* Möglichkeit, aus den vier Nomina des hebräischen Verses einen deutschen Satz zu machen. Sie ist vor allem religionsgeschichtlich verortet und sieht den Satz als Bekenntnis zur inneren Einheit des Israelgottes an. Nicht um die Frage, ob Israels Gott der eine und einzige Gott der Welt sei, ginge es dann, sondern darum, dass es (ich nenne einige alttestamentliche Formulierungen) da nicht einen „Adonaj von Dan" und einen anderen von Teman oder einen weiteren von Samaria gebe, sondern dass sich in diesen verschiedenen lokalen Ausprägungen die *eine* Gottheit Israels zeige. Vergleichbar wären in der katholischen Kirche verschieden ausgeprägte Marienverehrungen (die Muttergottes von Lourdes, unsere liebe Frau vom Berge Karmel, die schwarze Madonna von Tschenstochau und weitere Verehrungsnamen und -formen), bei denen es sich dennoch stets um die eine Maria handelt. Eine erste Bedeutung des Satzes, den Israel zuerst hören soll, könnte also auf eine solche innere Einheit Gottes zielen.

„Adonaj ist unser Gott, Adonaj allein." Das ist eine *zweite* Möglichkeit, die vier Worte als Satz und als Aussage zu verstehen. Hier liegt das Entscheidende in der exklusiven Beziehung Israels zu dieser Gottheit als der *für Israel* einzigen. Ob es für andere Völker andere Gottheiten gibt, wäre dann nicht das Thema, sondern die Alleinverehrung dieser Gottheit durch Israel. Israel soll, wie es in den „Zehn Geboten" steht, keine anderen Götter haben: „Adonaj ins Angesicht, Adonaj zuwider". So verstanden, setzt das Gebot der Alleinverehrung die Möglichkeit der Verehrung anderer Gottheiten und damit deren Existenz sogar voraus. Doch es ginge nicht um eine *Theorie* über den Polytheismus oder verschiedene Formen des Monotheismus, sondern um die *Praxis* der alleinigen Verehrung dieser einen Gottheit.

„Adonaj, unser Gott, Adonaj ist einzig." In dieser Übersetzung zeigt sich eine *dritte* Weise des Verstehens der Einzigkeit Gottes. Erst sie macht den Satz zum monotheistischen Bekenntnis. Aus dieser im Judentum vertretenen Ausschließlichkeit der Anerkennung Adonajs *als* der einzigen und einen Gottheit resultiert die strikte Ablehnung der Gottheiten eines antiken

Pantheons, aber auch die kritische Anfrage an die Trinität, die christliche Dreifaltigkeit, die in jüdischer (und muslimischer) Perspektive wie eine Mehrzahl von Göttern erscheinen kann. Christliche Bibellektüre, Dogmatik und Gebetpraxis sollten sich dieser Kritik stellen, mögliche Missverständnisse aufklären, aber bleibende Differenzen nicht überspielen.

Die Kirchentagsübersetzung plädiert für eine *vierte* Verstehensmöglichkeit, eine, die die vier nominalen Worte des hebräischen Satzes in zwei deutsche Sätze auflöst: „Adonaj ist für uns Gott, einzig und allein Adonaj ist Gott." In dieser Verstehensmöglichkeit werden die beiden zentralen Aspekte des Satzes hörbar. Der erste Teil drückt die unverwechselbare Beziehung Israels zu Adonaj aus, der zweite die Einzigkeit Adonajs als der einen Gottheit. Damit geht es in dem Satz, den Israel hören soll, um Israels besondere und unersetzbare Beziehung zu Adonaj *und* es geht darum, dass Menschen, die nicht nur an *eine*, sondern an *die* eine Gottheit glauben, nur an Israels Gott glauben können. Der Satz hat somit, von Menschen *wahr* genommen, die nicht zum Volk Israel gehören, eine doppelte Richtung. Er öffnet das Bekenntnis für Menschen über Israel hinaus, und er verweist Menschen, die an den *einen* Gott glauben, auf Israel zurück. Niemand anders als Israels Gott ist Gott. Wer Gottes Wort hören will, muss hören, was Israel gesagt ist. *So* gehört 5. Mose 6 und mit ihm das „Höre Israel!" zur ganzen christlichen Bibel, nicht als Gegensatz und nicht als Vorstufe des Neuen Testaments, sondern als Teil der „Schrift", auf der das Neue Testament aufruht, auf die es verweist, die es erneuert und interpretiert und in die es Menschen aus den Völkern einführt. Die Worte können uns als Christen und Christinnen dann etwas sagen, wenn wir sie wahr nehmen als das, was Israel gesagt ist und von dem wir uns dann auch etwas sagen lassen können.

Was folgt aus dem Hören, was folgt aus der Anerkennung Adonajs, der Gottheit Israels, als der einen und einzigen Gottheit? Hören wir, was für die Angeredeten darauf und daraus folgt.

So liebe denn Adonaj, Gott für dich, mit Herz und Verstand, mit jedem Atemzug, mit all deiner Kraft.

Diese Weisungen sind – grammatisch und sachlich – die Folge des „Höre Israel!" Gott zu lieben – im Denken und Fühlen, mit Körper und Seele, mit aller Intensität – ist keine menschliche Hervorbringung, die als Projektion eigener Wünsche und eigener Defizite Gott erzeugt, sondern die Folge des Angeredet-Seins durch Gott selbst. Unbedingt gefordert ist das Hören, alles andere folgt dem Hören und aus dem Hören. Dennoch bleibt die Beziehung zu Gott nicht auf das Hören beschränkt. Aus dem Hören wird eine ganzheitliche Beziehung: „mit Herz und Verstand, mit jedem Atemzug, mit all deiner Kraft". Sie ist so eine persönliche, eine innere Beziehung, aber sie bedarf eben darum auch der Er-Innerung. Die Erinnerung bedarf der Formen, damit sie nicht zur flüchtigen Erinnerung wird. Darum geht es in der Fortsetzung.

Hören und beherzigen

Die Worte, die ich dir heute gebiete, sollen dir am Herzen liegen. So schärfe sie deinen Kindern ein und sprich davon, ob du nun in deinem Hause sitzt oder auf die Straße gehst, wenn du dich hinlegst und wenn du aufstehst. Du sollst sie dir zum Zeichen auf die Hand binden und sie sollen ein Schmuckstück zwischen deinen Augen sein. Und schreibe sie auf die Türpfosten deines Hauses und auf deine Tore.

Hier ist zum zweiten und nicht zum letzten Mal von den Kindern die Rede, von den Kindern im Sinne der Heranwachsenden und im Sinne der Angehörigen der je folgenden Generation. Es geht in mehrfachem Wortsinn um *Tradition* – um die *Weitergabe*, um das *Weiterzugebende* und um die *Formen*, in denen es weitergegeben wird. Auf den gerade gelesenen Worten fußen mehrere jüdische Traditionen. Da ist der sehr alte Brauch, die Worte in 5. Mose 6,4–9 zusammen mit Worten aus 5. Mose 11 aufzuschreiben und sie in einer Kapsel (der *Mesusa*) an der Tür anzubringen. Da ist ferner der Brauch, diese Worte gemeinsam mit weiteren aus dem 2. und 5. Mosebuch in Lederkapseln (den *Tefillin*) beim Gebet an der Stirn und am Arm in der Höhe des Herzens zu tragen. Und auch die Weisung, diese Worte zu sagen: „wenn du dich hinlegst und wenn du aufstehst", wird im Judentum wörtlich befolgt, indem das *Schma' Jisra'el* im Morgen- und im Abendgebet gesprochen wird. Mit der Frage, wann man das *Schma'* sagen solle, beginnt der Talmud, das große, vielbändige Werk der rabbinischen Diskussionen über die Worte der „Schrift" und ihre je neue Gültigkeit von Generation zu Generation. So werden diese Worte buchstäblich befestigt und beherzigt und ihr Gedächtnis wird bewahrt und tradiert. Das wird in der Schreibweise des zentralen V.4 noch einmal graphisch-sinnfällig zum Ausdruck gebracht. Da sind nämlich zwei Buchstaben größer geschrieben: der letzte Buchstabe des ersten Wortes (das *'Ajin* des Wortes *Schma'*) und der letzte Buchstabe des letzten Wortes (das *Dalet* des Wortes *'ächad* – einzig). Die beiden so herausgehobenen Buchstaben lassen sich als ein weiteres Wort lesen, nämlich als *'ed* – Zeuge oder als *'ad* – auf Dauer. All das lässt die Worte des *Schma' Jisra'el* als *dauerhaftes Zeugnis* jüdischer Identität sinnfällig werden.

Nochmals: Zeiten und Orte

Diese Worte des *Schma' Jisra'el* sind damit herausgehoben, aber sie sind damit nicht isoliert vom Zusammenhang, in dem sie stehen. Wo immer diese Worte gesprochen werden, wird auch die Situation wiederholt, wieder geholt, in der sie zuerst gesagt sind. Es ist eine Schwellensituation. Noch ist Israel in der Wüste; der Exodus, die Befreiung aus dem Sklavenhaus, ist geschehen, doch noch ist Israel nicht im Lande. Dieser Ort des Textes kommt in den folgenden Worten ins Bild. Es ist ein Ort des „schon" und „noch nicht", und das Land, das im Blick ist, ist für spätere jüdische Leserinnen und Hörer ein Ort des erfahrenen „nicht mehr", des erhofften „bald wieder" und dann des gelebten „jetzt wieder". Hören wir V. 10–18:

Wenn nun Adonaj, deine Gottheit, dich in das Land bringt und es dir gibt, wie sie es den Familien deiner Vorfahren, Abrahams, Isaaks und Jakobs zugesagt hat, – große und schöne Städte, die du nicht gebaut, Häuser, gefüllt mit Gütern, die du nicht eingebracht, Zisternen, die du nicht ausgehauen, Weinberge und Oliven-haine, die du nicht angelegt hast – wenn du nun isst und satt wirst: hüte dich davor, Adonaj zu vergessen. Gott hat dich aus Ägypten, dem Land der Sklavenarbeit, be-freit. Adonaj, deine Gottheit, sollst du achten, für sie arbeiten und bei ihrem Namen schwören. Lauft nicht anderen Gottheiten nach, Göttern oder Göttinnen der Völ-ker, die euch umgeben! Ist doch Adonaj eine eifersüchtige Gottheit, Gott für dich in deiner Mitte. Auf dass nur nicht das Wutschnauben Adonajs, eurer Gottheit, entbrenne und dich aus dem Land reißt. Reizt nicht Adonaj, eure Gottheit, wie ihr sie bei Massa gereizt habt. Haltet euch genau an die Gebote Adonajs, eurer Gott-heit, an die Weisungen und Bestimmungen, die sie dir geboten hat. Tu, was recht und gut ist in den Augen Adonajs, dir zum Besten. So kommst du in das gute Land und nimmst es ein, wie es Adonaj, deine Gottheit, deinen Vätern und Müttern durch einen Schwur zugesagt hat. Und kannst alle verdrängen, die dir feind sind, wie Adonaj versprochen hat.

Wenn man diese Worte heute hört, ist eine Beklommenheit angesichts der andauernden Konflikte um das Land unvermeidlich. Die biblischen Texte, die von der gewaltsamen Vertreibung der Vorbewohner handeln und sie ins Recht setzen, gehören zu den von vielen als besonders problema-tisch empfundenen Worten der Bibel. Dass sich die Ansiedlung Israels im Lande Kanaan historisch-faktisch keineswegs so kriegerisch und gewalt-sam vollzog, wie manche Bibeltexte es darstellen, ist wichtig zu betonen, doch kaum geeignet, das Erschrecken vor der Darstellung zu mindern. Tat-sächlich gibt es Texte, die das Modell der Vertreibung der Vorbewohner ver-treten, und 5. Mose 6 gehört zu ihnen. Diese Sicht ist aber keineswegs *die* biblische. Denn es gibt daneben und dagegen auch Modelle einer fried-lichen Koexistenz, Texte, in denen immer wieder von Friedensschlüssen und Bündnissen mit den Menschen Kanaans die Rede ist. Es gibt Zeiten, in denen alles auf die Bewahrung der eigenen Identität in Abgrenzung von anderen Kulturen und Religionen ankommt; es gibt Zeiten, in denen alles darauf ankommt, mit Menschen anderer Völker, Sprachen, Kulturen und Religionen friedlich zusammen zu leben. Viele Zeiten sind von beiden Not-wendigkeiten bestimmt. Das Alte Testament enthält darum beide Linien; es auf die Gewaltlinie zu reduzieren, wäre nur die *halbe* Wahrheit und so eine *ganze* Lüge. Und doch gibt es auch die Gewaltlinie. Man sollte sie nicht moralisch abwerten, ohne sich daran zu erinnern, dass kaum ein Volk ohne Gewalt in das Land gekommen ist, in dem es jetzt lebt. Waren denn etwa die Franken, Sachsen und Teutonen „immer schon" in deutschen Landen? Wie fand die europäische Besiedlung Nord- und Südamerikas statt? Auch das orientalische Altertum ist von Völkerwanderungen und Eroberungen bestimmt. Die Philister (von ihnen rührt letztlich der Name *Palästina* her) kamen erobernd aus dem westlichen Mittelmeer, die Nachbarvölker Israels aus den östlichen Wüsten. Kein Volk ist so etwas wie der „natürliche" Besitzer eines Landes. Die, die angeblich „immer schon" in einem Land wohnen, sind meist die, deren Einwanderung lediglich einige Zeit früher erfolgte. *Hans Magnus Enzensberger* hat das einmal anschaulich am Beispiel einer Zugfahrt beschrieben. Da kommt man in ein schon ziemlich besetztes Abteil und wird von denen, die da „immer schon" saßen, wie ein feindlicher Eindringling beäugt. Man sucht etwas verlegen einen noch freien Platz. Wenn dann an der nächsten Station wieder ein „Neuer" kommt, gehört man selbst zu denen, die da „immer schon" saßen und beäugt vereint mit den anderen den „Eindringling". Eine Grundschullehrerin erzählt von einem Gespräch in der Klasse über „die Ausländer". Die Hausnamen einiger Schülerinnen und Schüler, die massiv auf einem „Deutschland den Deutschen" bestehen, lauten etwa Kowalski, Koslowski oder Matuschak. Es ist ja nur gut, dass sie sich längst und fraglos als „Deutsche" fühlen. Aber ebenso gut ist es, wenn nun auch Kinder namens Özdemir oder Alija sich als „Deutsche" fühlen dürfen, wenn sie es wollen. Obwohl oder gerade weil ihre Eltern oder Großeltern, wenn ihr Kind sie fragt, zu erzählen hätten, dass sie nicht immer in diesem Land lebten …

Israel weiß und erzählt, dass es nicht immer im Lande war. Die Erzählung beschönigt nichts. Sie besteht freilich darauf, dass Gott dem Volk Israel das Land zugesprochen hat. Die Landgabe an Israel ist nicht nur Teil einer Selbstdefinition Israels, sie ist Teil der für Juden *und Christen* gemeinsam verbindlichen „Schrift". Alles zu tun, um Jüdinnen und Juden das Leben im Israelland zu ermöglichen, ist darum Christenpflicht. Die Bibel dekretiert freilich nicht, in welcher Weise dieses Leben politisch zu gestalten ist. Sie untersagt weder eine multikulturelle Gesellschaft noch einen Staatenbund, weder das friedliche Nebeneinander zweier Völker noch eine Konföderation nach der Weise der EG oder in anderen Modellen. Das zu regeln, ist Sache der Politik, und es ist ratsam, politische Entscheidungen nicht sogleich auf die Ebene religiöser Wahrheiten zu heben. Das Leben des Volkes Israel im Lande Israel jedoch kann nicht zur Disposition gestellt werden. Wo dies geschieht, ist die Bibel selbst und der auf ihr gründende jüdische *und* christliche Glaube zur Disposition gestellt.

Es gibt da einen weiteren Aspekt, der mit der Generationenfrage zu tun bekommt. Ich lese noch einmal die Zwischenbemerkung im Text. Da geht es um die: „große(n) und schöne(n) Städte(n), die du nicht gebaut, Häuser(n), gefüllt mit Gütern, die du nicht eingebracht, Zisternen, die du nicht ausgehauen, Weinberge(n) und Olivenhaine(n), die du nicht angelegt hast".

Ich lebe in einer Stadt, die ich nicht selbst gebaut habe, sie ist gefüllt mit Gütern, die ich nicht selbst eingebracht habe, ich esse Brot, das ich nicht selbst gebacken, und trinke Wein, den ich nicht selbst gekeltert habe, lese Bücher, die ich nicht selbst geschrieben habe und die oft von weit her kommen, lebe in einem Volk mit einer Geschichte, deren gute und deren schreckliche Seiten mir in die Wiege gelegt sind. Wie arm wären wir alle, wenn wir allein von dem *leben* müssten, was wir selbst geschaffen haben? Wir leben im Fluss der Generationen und haben unsere Mühe mit den Gesteinsbrocken, die dieser Fluss mit sich trägt und weiterträgt. Die Doppelgesichtigkeit der Tradition ist ihr unaufhebbarer Teil. Davon ist zu erzählen, wo immer Traditionen in Erzählungen verflüssigt werden. Davon ist zu erzählen, „wenn dein Kind dich morgen fragt". Wovon ist den Kindern Israels zu erzählen? Folgen wir dem Text:

Wenn dein Kind dich morgen fragt: „Was sind das für Weisungen, Bestimmungen und Rechtssätze, die Adonaj, unsere Gottheit, euch gegeben hat?" Dann sollst du ihm antworten. „Sklavinnen und Sklaven Pharaos waren wir in Ägypten, doch Adonaj führte uns aus Ägypten mit starker Hand heraus. Adonaj vollbrachte in Ägypten vor unseren Augen an Pharao und seinen Leuten große, schreckliche Zeichen und Wundertaten. Uns aber führte Gott von dort heraus, um uns herzubringen und das Land zu geben, wie es unseren Vätern und Müttern durch einen Schwur zugesagt war. Adonaj gebot uns, all diese Bestimmungen zu befolgen, damit wir so wie heute Zeit unseres Lebens Adonaj, unsere Gottheit, achten, uns zum Besten. Gerechtigkeit werden wir tun und erfahren, indem wir vor Adonaj, unserer Gottheit, all das Gebotene befolgen, wie sie es uns geboten hat."

Der biblische Text bezieht sich auf das Fragen des *Kindes*, auf die Fragen der je nächsten Generation. Er lehrt die *Eltern*, was sie antworten sollen. Die Antwort soll – das ist zuerst zu betonen – im Erzählen bestehen. Die Kinder fragen nach dem Grund dafür, dass die Generationen vor ihnen ihr Leben in bestimmter Weise führen, bestimmte Bräuche einhalten, sich – durchaus auch im Unterschied zu anderen Menschen ihrer Umgebung – an bestimmte Gebote halten. Auf die Frage nach dem „warum" sollen die Eltern nicht erklären, das sei nun einmal so, das gehöre sich eben so, das sei schon immer so gewesen. Nein: sie sollen *erzählen*, warum es so wurde. Wieder geht es nicht um das bloße „dass" des Erzählens, sondern auch und mehr noch um das, *was* erzählt wird. Erzählt wird die Geschichte des Exodus, des Auszugs aus dem Sklavenhaus, erzählt wird die Geschichte der Befreiung. Die Geschichte der *Befreiung* ist die Antwort auf die Frage nach der Geltung der *Gebote*. Ebenso ist es in den „Zehn Geboten", den grundlegenden Geboten für ein Leben aus und in Freiheit, die freilich immer auch die Freiheit der Anderen ist. Bindung und Freiheit sind darum keine Gegensätze.

Erinnerte Befreiung – befreite Erinnerung

Bindung und Freiheit sind keine Gegensätze; dazu kommt noch etwas: In der Antwort reden die Eltern von der geschehenen Befreiung, indem sie von *ihrer* Befreiung reden: „Sklavinnen und Sklaven Pharaos waren *wir* in Ägypten, doch Adonaj führte *uns* aus Ägypten mit starker Hand heraus." Die in 5. Mose 6 vorausgesetzte Szene bezieht sich mindestens auch auf

Eltern, die nicht mehr selbst in Ägypten waren. Als das 5. Mosebuch verfasst wurde, lag der Auszug aus Ägypten bereits viele Generationen zurück. Dennoch sagen die Eltern „wir" und „uns". Sie taten und tun es auch da, wo zwischen den Erzählenden und dem Erzählten Jahrhunderte, ja inzwischen mehr als drei Jahrtausende liegen und die Tradition mehr als 100 Generationen umgreift. Die Zeit der Erzählung ist nicht das „*Es war einmal*" des Märchens, sondern das *Heute* ihrer je neuen Aktualität. In der Mischna, dem ältesten Teil des Talmud, heißt es (*Pesachim* X,5), jede Generation habe vom Exodus so zu erzählen, als sei sie selbst aus Ägypten ausgezogen. Und wieder ist es darum zu tun, dass solches Erzählen nicht auf wenige, womöglich zufällige Gelegenheiten beschränkt bleibt. Darum gibt es Zeiten und Inszenierungen des Erzählens. Von einer solchen Inszenierung in der Form eines Rollenspiels will ich erzählen:

In jedem Jahr wird in jüdischen Familien am Päsach-Fest des Auszugs aus Ägypten gedacht. Die Päsach-Haggada ist das auf alte Traditionen zurückgehende, bis heute die Feier leitende Text- und Regiebuch. Sie enthält die Worte und Handlungen, mit denen am Vorabend des Festes der Exodus in jedem Jahr vergegenwärtigt wird. Wiederum leitet eine Kinderfrage die Erinnerung ein. Das jüngste Mitglied der Tischgesellschaft fragt: „Was unterscheidet diese Nacht von allen (anderen) Nächten?" Die Besonderheit dieser Nacht zeigt sich zunächst an bestimmten Bräuchen. Man isst ein besonderes Kraut, tunkt Speisen besonders ein, sitzt in besonderer Weise. Die Frage wird mit einer Erzählung beantwortet, mit eben den Worten aus 5. Mose 6, die wir gerade gehört haben: „Sklavinnen und Sklaven Pharaos waren wir in Ägypten, doch Adonaj führte uns aus Ägypten mit starker Hand heraus." Etwas später spielt die Kinderfrage aus 5. Mose 6 noch einmal eine große Rolle in der Haggada. Weil in der Tora die Pflicht, auf die Frage des Kindes mit der Erzählung der Befreiungsgeschichte zu antworten, viermal vorkommt (neben 5. Mose 6 an drei Stellen des 2. Mosebuches [12,26; 13,8; 13,14]), wird der Text der „Schrift" in der Erinnerungsfeier auf vierfache Weise re-inszeniert. Das geschieht so, dass das vierfache Vorkommen des Motivs auf vier Typen von Kindern bezogen wird, die im Fragen und Antworten eine *Rolle* spielen und dabei je *ihre* Rolle *spielen*. Im Spiel gibt es die Rolle des verständigen Kindes (*chakam*), die des aufsässigen (*rascha'*), die des braven (*tam*) und die des Kindes, das noch nicht versteht, Fragen zu stellen. Die Rollen lassen sich verschieden besetzen. Vielleicht gibt es da das eher verständige, das eher renitente, das brave und das noch sehr kleine Kind; womöglich mag aber gerade das eher sanfte Kind gern einmal die Rolle des Bösewichts *spielen*. Ich war als eher kleingeratenes Kind zu Karneval gern mit der Cowboypistole bewaffnet, und bei den Verkleidungsspielen des jüdischen Purimfestes, an dem die im Esterbuch erzählte Rettung Israels karnevalesk inszeniert wird, ist die Rolle des bösen Haman besonders beliebt. Das Rollenspiel in der Päsach-Haggada setzt die genannten Bibelstellen in Szene. Das verständige Kind fragt mit 5. Mose 6,20: „Was sind das für Weisungen, Bestimmungen und Rechtssätze, die Adonaj, unsere Gottheit, euch gegeben hat?" Indem es das *euch* und das *uns* aus dem Schriftwort aufnimmt, zeigt es zugleich das Interesse an dem, was ihm (noch) unbekannt ist, und das eigene Dazu-Gehören-Wollen. Wenn das Kind so fragt, wird es in der Antwort mit allen einschlägigen Weisungen vertraut gemacht. Anders fragt das aufsässige Kind. In seiner Rolle verkörpert es das Nicht-dazu-Gehören. Es verneint die Grundlage des Spiels und gehört doch zum Spiel dazu. Sein Rollentext lautet (mit 2. Mose 12,26): „Was soll euch dieser Dienst?" Wer nur so fragt, d. h. das *euch* nicht mit dem *uns* zusammenbringt, schließt sich von dem gemeinschafsstiftenden und jetzt erinnerten und vergegenwärtigten Auszug aus Ägypten aus und zieht so selbst aus der Gemeinschaft aus. Ihm antwortet man daher schroff, indem in der Antwort nun nicht vom *wir* die Rede ist, sondern (mit 2. Mose 13,8) von einem ausschließlichen *ich*: „Darum hat Adonaj das an mir getan, als ich aus Ägypten auszog." Die Haggada fügt hinzu: „Mir, nicht ihm. Wäre er dort gewesen, er wäre nicht befreit worden." Das brave Kind fragt angesichts der ihm seltsam vorkommenden Worte und Bräuche schlicht: „Was ist das?" Ihm antwortet man (mit 2. Mose 13,14) ganz elementar: „Mit starker Hand hat uns Adonaj aus Ägypten, aus dem Sklavinnen- und Sklavenhaus herausgeführt." Bei dem Kind, das noch nicht zu fragen gelernt hat, geht die Erzählung der Mutter der Frage voraus. Mit ihm, so die Haggada, sollst du (im hebräischen Text ein *feminines* „du") das Gespräch eröffnen und ihm (abermals mit 2. Mose 13,8) sagen: „Darum hat Adonaj das an mir getan, als ich aus Ägypten auszog." Es ist dasselbe Schriftwort, das die Antwort auf das sich in seiner Rolle aus der Gemeinschaft ausschließende Kind bildet. Doch hier hat das *ich* in der Antwort keinen ausschließenden Charakter. Es ist vielmehr die elementare Erzählung, in der das *ich* der erzählenden Mutter sich selbst – viele Generationen nach dem Exodusgeschehen – mit diesem Geschehen identifiziert. Sie spricht so, als sei sie selbst aus Ägypten ausgezogen.

Das Rollenspiel der Haggada ist ein theologisch-didaktisches Lehrstück der Weitergabe von Tradition. Es ist zugleich ein Lehrstück dafür, wie sich die genaueste Wahrnehmung der Worte der Schrift mit einem spielerischen Umgang mit der Tradition und ihrer Einübung verbindet. Tradition und Offenheit, Erinnerung und Gegenwart, Nacherzählen und Weitererzählen sind ebenso wenig Gegensätze wie Freiheit und Bindung.

Und was haben *wir* zu erzählen, wir Christinnen und Christen in Deutschland, wenn unsere Kinder uns nach den Bestimmungen und Weisungen fragen, die *wir* einhalten? Haben wir denn solche Bestimmungen und Rechtssätze und verstehen wir sie als Gabe Gottes, die uns zur Aufgabe geworden ist? Es *gäbe* da viel zu erzählen. In diesem Monat liegt das Ende der Nazi-Diktatur 60 Jahre zurück. Mai 45 – Katastrophe oder Befreiung? Welche Normen folgen für uns aus der Befreiung, die wir nicht selbst bewirkt haben und unsere Eltern und Großeltern auch nicht? Es gab Zeiten, in denen z. B. so erzählt werden konnte: Wenn dein Kind dich morgen fragt: „Was sind das für Bestimmungen und Rechtssätze, die allen Menschen, die aus politischen Gründen verfolgt werden, in unserem Land Asyl garantieren?", so kannst du ihm antworten: „Asylsuchende kamen aus

Deutschland, als in diesem Land Menschen verfolgt wurden. Andere haben den Verfolgten Asyl gewährt. „Als wenige Jahre nach dem Ende der Diktatur das Grundgesetz der Bundesrepublik Deutschland formuliert wurde, gehörten zu dessen „Vätern und Müttern" Menschen, die ganz persönlich erzählen konnten: „Asylsuchende waren wir selbst." Und auch die, die es nicht selbst waren, ließen sich mit einbeziehen in die Erinnerung und haben sie zu einer damals sehr weitherzigen Asylgesetzgebung veranlasst. Die Erzähltradition, das durchs Erzählen und Weitererzählen gestiftete „wir" hat nicht auf Dauer gehalten, und wohl auch deshalb hat auch die Asylgesetzgebung nicht auf Dauer gehalten. Ökonomische Fragen haben die Menschenrechtsfragen verdrängt. Wie klingt heute der Satz aus 5. Mose 6: „Was sind das für Weisungen, Bestimmungen und Rechtssätze, die Adonaj, unsere Gottheit, euch gegeben hat?" Heute könnte eine böse Karikatur von 5. Mose 6,20 so klingen: Wenn dein Kind dich morgen fragt: „Was sind das für Überweisungen, Börsenstimmungen und Zinssätze, die der Markt, unsere Gottheit, euch geboten hat?", dann sollst du ihm nichts erzählen, sondern ihm vorrechnen, was sich rechnet. Damit die Tradition nicht auf die Transaktion und das Erzählen nicht aufs Zählen reduziert wird, bedarf es der Elternbelehrung noch vor den Kinderfragen. Wir Eltern sollten uns darum *heute* überlegen, was wir zu sagen haben, wenn unsere Kinder uns *morgen* fragen.

Israel zuhören!

Die Frage und die Antwort aus 5. Mose 6 geben viel Anlass uns zu fragen, ob *wir* etwas und was wir dann zu erzählen haben. Doch all das, was uns da einfiele, darf nicht an die Stelle dessen treten, was in 5. Mose 6 erzählt *wird*. Aber nun stelle ich mir den Einwand vor, *wir* (wir Deutsche, wir Christen, wir Menschen des 21. Jahrhunderts) seien doch nicht Sklaven Pharaos gewesen, *uns* habe doch Gott nicht mit starker Hand aus Ägypten herausgeführt. Damit sind wir wieder bei der Anfangsfrage nach den Adressatinnen und Adressaten angekommen. Sollten *wir* diesen Bibeltext lieber *umgehen*? Wie sollen wir mit ihm *umgehen*, ohne uns an Israels Stelle zu setzen oder die Geschichte, die er erzählt, ins Allgemeine der Bekundungen aufzulösen, nach denen wir uns alle irgendwie versklavt fühlen und alle irgendwie in der Wüste waren? Wieder lautet meine Antwort: Wir können uns etwas sagen lassen, indem wir auf das hören, was Israel gesagt ist und was *in* Israel gesagt ist. Das „Höre Israel!" (das nehme ich neben vielem anderen dankbar aus der genannten Auslegung von *Frank Crüsemann* auf) heißt für uns zuerst: Höre Israel zu! Dann gibt es womöglich Anknüpfungen und weiteres Erzählen, in denen unsere ganz persönlichen Antworten zur Sprache kommen und auch die, die heute deutsche Antworten sein können, oder auch Antworten, die bei diesem Kirchentag formuliert, ausprobiert, diskutiert wurden. All diese produktiven Formen des Weiterdenkens sollen jedoch eins niemals tun: Sie sollen das „Höre Israel!" nicht ersetzen wollen. 5. Mose 6 als Bibelarbeitstext auf einem Deutschen Evangelischen Kirchentag lässt für uns das „Höre Israel" zuerst und zuletzt zur Aufforderung werden: Höre Israel zu, höre, was Israel gesagt ist und was in Israel gesagt ist! Höre zu und erzähle von dem, was du dir von diesem Zuhören sagen lässt und was du weitersagen willst, wenn dein Kind dich morgen fragt.

LebensMittel

Exegetische Skizze über 1. Könige 17,1–16*

DIE NACHBARSCHAFT DES TODES [1]

Mit dem für das Feierabendmahl des Kirchentags ausgewählten Text beginnen in der Bibel die Elijageschichten. Es sind elementare, archaische Geschichten, Geschichten auf Leben und Tod. Auf den ersten Blick laden sie kaum zum Feiern ein, und Feierabendgeschichten sind es noch weniger. Und doch vergegenwärtigen sie mindestens drei zentrale Aspekte des Abendmahls, indem sie (1.) daran erinnern, dass das Abendmahl in der Nachbarschaft des Todes Jesu seinen Ort hat und doch dem Tod nicht das letzte Wort lässt, indem sie (2.) ins Gedächtnis rufen, dass es beim Abendmahl um die elementaren LebensMittel geht, ums Sattwerden nicht vom Brot allein und doch auch vom Brot, und indem sie (3.) leib- und laibhaftig werden lassen, dass manche LebensMittel beim Teilen nicht abnehmen, sondern wachsen. So gibt es in der MitTeilung dieses Elijatextes doch etwas zu feiern, freilich durch die Härte der Erzählung – und der weiteren danach – hindurch und gerade nicht in der Verdrängung ihrer Todesnähe.

Folgen wir dem Text abschnittsweise. Eine Bemerkung zur Komposition der Elijageschichten und so auch dieser ersten empfiehlt sich vorab. Viel spricht dafür, dass einzelne Geschichten dieses Gottesmanns viel älter sind als der Erzählrahmen, in dem sie jetzt in den Königebüchern stehen.[2] Viel spricht auch dafür, dass manche Überlieferungen zunächst mit Elischa verbunden waren und später (auch) auf Elija übertragen wurden.[3] Damit hängt es zusammen, dass mehrere Motive in 1. Kön 17ff. lose verbunden scheinen, dass es kleinere Ungereimtheiten der Erzähllogik und (auch in „unserem" Text) Leerstellen gibt. Es gibt zahlreiche Versuche, aus den jetzt vorliegenden Texten die ursprünglichen Elijaüberlieferungen und verschiedene Stufen ihrer Bearbeitung und ihres Zusammenwachsens zu rekonstruieren. Ohne diese Forschungsansätze und -methoden ins Unrecht zu setzen, sei hier das Augenmerk auf die wohlkomponierte Einheit der Erzählungen gerichtet.[4] Erst der Text in seiner biblischen Endgestalt bündelt die Themen und Fragen, für die die Elijafigur steht.[5] Auch davon wird in den einzelnen Abschnitten zu berichten sein.

---

* Text für das Feierabendmahl beim Deutschen Evangelischen Kirchentag in Hannover 2005. Erstveröffentlichung in: Junge Kirche 66 (0/2005); Sonderheft für den Kirchentag, 14–20.

Elija, der Tischbiter, der in Gilead ansässig geworden war, sagte zu König Ahab: „So wahr Adonaj, die Gottheit Israels lebt, vor der und für die ich stehe: Es wird in diesen Jahren keinen Tau und keinen Regen geben – außer auf mein Wort hin."

Dieser erste Vers in 1. Kön 17 ist der Beginn der Elijageschichten überhaupt. Elija tritt hier zum ersten Mal auf, und er tut es mit diesem Machtwort, mit dem er sich dem König[6] Ahab entgegenstellt. Elia wird mit seinem Herkunftsort und dessen Gebiet[7] vorgestellt, eine Qualifizierung seiner Rolle als „Gottesmann" (so dann in 17,18.24) oder als „der Prophet" (so 18,36, dazu ganz am Ende des [christlichen Kanons des] Alten Testaments in Mal 3 [V.23f.], einem Bibelarbeitstext des Kirchentags) erfolgt hier auffälligerweise nicht. Ahab muss den Leserinnen und Hörern der biblischen Geschichte(n) in ihrem Zusammenhang nicht vorgestellt werden. Von ihm (874–853 König über das Nordreich Israel) ist im Kapitel zuvor die Rede. Dort (16,29–34) finden sich mehrere für die folgende Geschichte und ihre Konflikt- und Verbindungslinien wichtige Notizen. Ahab erscheint nach den Beurteilungskriterien der Königebücher in schlechtestem Licht. Er habe nicht nur an der „Sünde Jerobeams", d. h. dem Verstoß gegen die bildlose Alleinverehrung des Israelgottes einzig im Jerusalemer Tempel, festgehalten, sondern darüber hinaus in seiner Hauptstadt Samaria dem kanaanäischen Gott Ba'al Tempel und Altar errichtet, zudem die Göttin Aschera oder einen mit ihr verbundenen Kultbaum verehrt und Isebel, die Tochter des Königs Etba'al von Sidon, geheiratet. Diese Isebel wird in der Folge zur Hauptgegenspielerin Elijas (1. Kön 19,2ff.; 21,4ff.; ihr grausames Ende schildert 2. Kön 9,30ff.[8]). Im Erzählzusammenhang ist sie aber auch Gegenfigur der in „unserer" Geschichte handelnden Witwe aus Sarepta, dem Ort, der ausdrücklich (V.9) mit der phönikischen Metropole Sidon verbunden wird, dem Heimatort der Isebel. Die namenlose Witwe in 1. Kön 17 steht daher ebenso in Opposition zu der in diesem Kapitel nicht genannten (doch mit gemeinten) Königin, wie Elija in Opposition zu Ahab steht und – hinter und in diesem Grundkonflikt – Israels Gott Adonaj[9] in strikter und kompromissloser Opposition zum Gott Ba'al. Dieser Gott wird in „unserer" Geschichte nicht genannt, und doch bildet der Gegensatz Adonaj – Ba'al ihren Hintergrund. Auf der Textebene zeigt sich das in einer vielsagenden Wendung in V.1. Elija sagt hier sein eigenes Wort, und er bindet die Dauer der Trockenheit an *sein* Wort. Dass er zuvor von Gott einen entsprechenden Auftrag empfangen habe, steht da nicht. Die dabei übliche Wendung „So spricht Adonaj" findet sich in V.14, nicht aber in V.1. Dennoch weist sich Elija als bevollmächtigter Sprecher Gottes aus, indem er sagt, er stehe vor und für[10] Adonaj. Die Formulierung ist in dreifacher Weise transparent auf den die Geschichte leitenden Grundkonflikt. Elia tritt als Bevollmächtigter Adonajs auf. Ob er darin von Gott selbst gedeckt ist, muss sich zeigen. Die Wendung, er stehe *vor* Adonaj, besagt, dass Elija diesem und nur diesem Gott dient. Die Wendung, er *stehe* vor Adonaj, bildet einen subtilen Gegensatz zu 1. Kön 16,31, wo es (genau übersetzt) heißt, Ahab habe sich vor Ba'al *niedergebeugt*. Der Gegensatz zeitigt seine „Moral": Der Dienst für Israels Gott widerspricht nicht dem aufrechten Gang eines Menschen, sondern ermöglicht ihn.

Doch um welchen Gegensatz geht es in der – in Kap. 17 hintergründigen, in Kap. 18 dann offen zutage tretenden – Alternative: Adonaj oder Ba'al? Es geht um den Konflikt zweier Religionssysteme, wie er sich aus der Sicht der *einen* Seite darstellt. Die Bibel stellt die Religion Kanaans nicht unparteiisch dar. Es geht ihr um Israels Identität, nicht um ein objektives Urteil über eine andere Religion oder deren Selbstverständnis. Vor allem aber geht es um die Ideologie eines Königs, dem der Dienst für Ba'al zum Machtinstrument in den religiösen, sozialen und ethnischen Konflikten im Nordreich Israel wird. Religions- und Konfessionsfragen können (damals wie heute) von Machtfragen nicht säuberlich geschieden werden. Wo sich Religion mit Macht verbündet, steht daher anderes auf der Tagesordnung als da, wo Religion ein LebensMittel ist. Was Elija Ahab und seinem Haus mitzuteilen hat, ist darum etwas anders als das, was die Witwe aus Sarepta mit Elija zu teilen hat. Elija stemmt sich mit aller Gewalt gegen die Preisgabe der Identität Israels an das königliche Machtkalkül. Die arme Witwe, die mit Elija ihr Letztes teilt, muss sich nicht zu Israels Glauben bekehren. Die Behauptung des je Eigenen und das gemeinsame Leben mit den je Anderen, Konflikt und Konvivenz, Stichworte des Abendmahls und seiner Geschichte und Gegenwart, sind so auch Stichworte „unserer" Geschichte. Nicht *ob* Abgrenzung oder Toleranz richtig ist, sondern *was wann* richtig ist, wird darum zur Frage. Von Elija zu lernen ist das unerbittliche *Nein* gegenüber den Mächtigen. Elijas striktes *Entweder-oder* bleibt freilich, wie sich zeigen wird, nicht ohne Korrektur.

Mit diesen Differenzierungen muss nun noch einmal gefragt werden, was im Ba'al-Konzept Elijas striktes *Nein* hervorruft. Es ist ein mythisches Konzept, welches den Rhythmus der Natur in der Götterwelt abbildet. Ba'al steht für Regen und Fruchtbarkeit. In der Sommerdürre „stirbt" Ba'al, an seiner Stelle herrscht der Todesgott Mot, bis Ba'al mit dem Regen wieder auf(er)steht. Im kanaanäischen Pantheon [11] sind auch weitere Lebensbereiche auf die Gottheiten verteilt. Es gibt die Meeres- und die Sonnengottheit, die Göttin der Liebe und des Kriegs, den Pestgott, die Gottheiten der Gestirne und über allen den Göttervater El und seine Gemahlin Aschera. Gegen die Aufteilung der Wirklichkeit auf verschiedene Gottheiten beharrt Elija einzig auf Israels Gott Adonaj. Israels Gott ist weder Mann noch Frau, weder Kriegs- noch Liebes-, weder Fruchtbarkeits- noch Todesgottheit – oder Adonaj ist das alles in einem. Adonaj geht in der Natur, in der Welt nicht auf, ist in keinem Bild darstellbar, menschlicher Verfügung nicht unterworfen.

Wenn nicht im Auftrag, so doch im Namen dieser einen und einzigen Gottheit, mehr noch: beim Leben Adonajs sagt Elija eine tödliche Dürre für das ganze Land an. Damit beansprucht er den entscheidenden Bereich des von Ahab propagierten Gottes Ba'al für Israels Gott. Denn nicht weniger sagt Elija an, als dass der im mythologischen Ba'al-Zyklus grundgelegte und für das Leben im Land unabdingbare Rhythmus von Sommertrockenheit und Winterregen versiegt. Regen bedeutet Fruchtbarkeit und Leben, das Ausbleiben von Regen und (um den Wassermangel total zu machen) sogar Tau bedeutet Tod. In der Form des Mythos: Der sterbende Ba'al wird nicht auferstehen, der Tod(esgott) wird herrschen. Die Macht des Israelgottes wird sich, geht es nach Elija, zuerst als Todesmacht bewahrheiten. Geht es nach Elija? Ja und nein – lesen wir weiter.

ÜBER DEN FLUSS UND IN DIE WÄLDER

Da erging das Wort Adonajs an Elija. „Geh weg von hier, wende dich nach Osten und verstecke dich am Bach Krit oberhalb des Jordans! Da kannst du aus dem Bach trinken – und die Raben habe ich dazu bestimmt, dich zu versorgen." Darauf ging er und machte es ganz nach dem Wort Adonajs: er ging und blieb am Bach Krit oberhalb des Jordans. Und die Raben brachten ihm Brot und Fleisch am Morgen und Brot und Fleisch am Abend und aus dem Bach konnte er trinken. Nach einiger Zeit aber, da trocknete der Bach aus, weil der Regen im Land ausblieb.

Kaum hat Elija sein Donnerwort gesprochen, wird er von Gott beiseite genommen. Geht es um die Rettung des Oppositionellen, Rettung vor der Dürre und der Verfolgung, oder drückt sich darin eine Distanzierung Gottes von Elijas eigenmächtigem Wort aus – oder beides? Nicht nur hier erlaubt der Text mehr als *eine* Leseweise. Wo der Bach Krit liegt, an dem Elija Zuflucht findet, wissen wir nicht. Der Text setzt ihn in eine (nicht ganz klare[12]) geographische Beziehung zum Jordan. Wichtiger als die topo*gra*phische Angabe dürfte auch hier die topo*logische* sein. Der Jordan ist in Israels Geschichte(n) der Fluss der Grenze und der Grenzüberschreitungen.[13] Womöglich muss Elija über den Jordan gehen, um nicht „über den Jordan zu gehen". Dafür, dass es für den Kritiker am Krit nicht kritisch wird, sorgt Gott. Das Trinkwasser liefert der Bach, und für Elijas Nahrung stellt Gott Raben bereit.

Gottes Engel brauchen keine Flügel – zuweilen mögen es aber auch Engel mit rabenschwarzen Flügeln sein. So ist Elija versorgt – eine Weile jedenfalls. Denn dann wird auch der Bach von der Dürre ausgetrocknet und es bedarf einer neuen Vorhersehung Gottes. Die aber erfolgt:

IN EINEM ANDEREN LAND

Da erging das Wort Adonajs an ihn: „Auf, geh nach Sarepta bei Sidon und bleib dort! Genau dort habe ich eine Frau, eine Witwe dazu bestimmt, dich zu versorgen."

Genau dort – im sidonischen Sarepta nämlich, in Isebels und Ba'als Kernland – hat Adonaj für Elija Grenzen überschreitend Versorgung bereitet. Elija verlässt Israel, Gott bedient sich einer ausländischen Frau, die für

Elijas Versorgung bestimmt wird, wie (die Worte von V. 4 sind in V. 9 wiederholt) die Raben dazu bestimmt wurden. Aber die Frau, die Witwe von Sarepta, ist weit mehr als ein bloßes Instrument. Von ihrem Tun wird alles abhängen.

HABEN UND NICHTHABEN

Da machte er sich auf den Weg nach Sarepta. Und als er zum Stadttor kam, da war dort eine Frau, eine Witwe beim Holzsammeln. Die sprach er an: „Hole mir doch ein wenig Wasser im Krug, damit ich trinken kann!" Sie ging, um es zu holen. Da sprach er zu ihr: „Hole mir doch ein bisschen Brot, das du zur Hand hast!" Sie sagte: „So wahr Adonaj, deine Gottheit, lebt: Ich habe nichts da außer einer Hand voll Mehl im Topf und ein wenig Öl im Krug. So steht's mit mir: Ich lese noch ein paar Holzstücke auf, dann gehe ich hinein und mache es zurecht, für mich und meinen Sohn, und dann essen wir – und dann sterben wir." Da sagte Elija zu ihr: „Hab keine Angst! Geh hinein, mache es ganz nach deinem Wort! Nur bereite dort zuerst für mich einen kleinen Brotfladen und bring ihn mir heraus! Für dich und für deinen Sohn sollst du danach etwas machen. Denn so spricht Adonaj, die Gottheit Israels: ‚Das Mehl im Topf geht nicht zu Ende und das Öl im Krug nimmt nicht ab bis zu dem Tag, da Adonaj es auf den Erdboden regnen lässt.'"

Elija trifft auf die Witwe sogleich beim Eingang der Stadt. Er spricht sie an und bittet um Wasser. Elija hatte in Gottes Namen das Ausbleiben von Regen und Tau gekündet und leidet nun selbst unter dem Wassermangel. Wie selbstverständlich erfüllt die Witwe die elementare Bitte. Aber warum vermag sie es so einfach? Gibt es im Gebiet von Sidon Wasser, wenn es im nah benachbarten Israel so lange nicht geregnet hat? Zeigt sich an einer solchen Stelle, dass hier verschiedene Erzählmotive lose verbunden sind? Wenn dieser Ort nicht von der Dürre heimgesucht ist, geht die im Anschluss deutlich werdende Not der Witwe kaum auf diese zurück, sondern ist Ausweis ihrer Armut, ihrer sozialen Not. Umso mehr fällt ins Auge, dass diese arme, vom Tode bedrohte Frau wie selbstverständlich dem Fremden beisteht. „Wieder einmal geschieht, was so typisch ist: Es sind die Ärmsten oder selbst Fremde, die als erste Armen und Fremden helfen (vgl. z. B. 1. Mose 19; Ri 19)."[14] Die Witwe wird und kann Elija das Wasser reichen – in mehr als einer Bedeutung. Elija aber verlangt mehr, er bittet sie um ein Stück Brot. Erst daraufhin gibt die Witwe ihren LAGEBERICHT. Mit eben der Schwurformel, mit der Elija sein eigenes Wort gegen Ahab geschleudert hatte (V. 1[15]), beim Leben Adonajs, sagt sie, wie es um sie steht. Dass sie Adonaj als Elijas Gott („deine Gottheit") nennt und kennt, verwundert. Der Text enthält hier eine Leerstelle. Soll man sie füllen und nach einer Erklärung suchen? Hatte die sidonische Frau den Propheten Adonajs an seinem Äußeren erkannt? Hatte Adonaj sie zuvor informiert, als sie zu ihrem Auftrag bestimmt wurde? Wir wissen es nicht, denn der Text sagt es nicht. Leerstellen einer Erzählung haben ihre Bedeutung, aber die Bedeutung wird meist gerade nicht wahrgenommen, wo man sie zu schließen sucht.

In der eigentümlichen Formulierung jedenfalls bekräftigt die sidonische Frau ihre *tödliche* Armut beim *Leben* Adonajs. Nun muss sich zeigen, wie diese Gottheit ihre Macht bis zum Letzten als Macht über Leben und Tod bewahrheiten wird – als Macht des Todes oder als Kraft zum Leben, zum Leben auch im fremden Land, Isebels Land. An eben dieser Stelle wird deutlich, dass diese Alternative am Tun der armen, ausländischen Frau hängt. Elija mutet ihr viel zu. Zu viel? Er verlangt von ihr nicht weniger, als dass sie von dem zum Überleben zu Wenigen, das sie noch hat, nicht nur ihm etwas abgibt, sondern ihm auch noch zuerst ein Essen bereitet. Die ungeheure Zumutung freilich versieht er mit einem für die Ohren der armen Frau noch ungeheureren Zuspruch. Ein weiteres Mal spricht Elija im Namen der Gottheit Israels. Diesmal bezieht er sich auf ein Gotteswort. Doch abermals ist nicht deutlich, ob und inwieweit er Gottes Wort weiter gibt und ob und wo er selbst spricht. Denn im Gotteswort ist auffälligerweise von Adonaj zugleich in dritter Person die Rede.[16] Wieder gehen Gottes Wort und Prophetenwort eine kaum aufzulösende Verbindung ein. Ob Elija das Wort Gottes übernommen oder ob er sich übernommen hat, muss sich zeigen. Eins aber ist deutlich: Nachdem Elija zuvor Adonajs Stärke gegen Ba'als Anspruch in tödlicher Macht angesagt hatte, beansprucht er nun die Macht Adonajs als Kraft zum Leben. Der WETTERUMSCHWUNG soll an eben dieser Stelle erfolgen, noch bevor Adonaj es regnen lassen wird. (Aufs Große und Ganze bezogen wird er erst später kommen – nach dem berühmten Kampf auf dem Karmel, 18,1.41 ff.). An *dieser* Stelle hängt nun alles vom Tun der Witwe ab. Wird sie gegen den nüchternen LAGEBERICHT, der ihr und ihrem Sohn den Tod bestimmt, der Verheißung der ihr ebenso bekannten wie fremden Gottheit Israels Vertrauen schenken? Wird sie dem ungeheuren Anspruch Elijas folgen, nicht nur das letzte Mahl zu teilen, sondern dazu noch zuerst dem Fremden und dann erst sich und ihrem Sohn das letzte bisschen zu bereiten?

Das Ende von etwas

Da ging sie und machte es ganz nach Elijas Wort. Und sie hatte zu essen – sie und er und ihr Haus – täglich. Das Mehl im Topf ging nicht zu Ende und das Öl im Krug nahm nicht ab ganz nach dem Wort Adonajs, geredet durch Elija.

Verblüffend selbstverständlich tut die Witwe, was Elija gesagt hatte. Und ebenso verblüffend selbstverständlich tritt ein, was Elija ihr versprochen hatte. Die Witwe und ihr Sohn (ihr Haus[17]) und Elija haben zu essen, weil sie ihr letztes Essen zu teilen bereit war. Das tägliche Brot nimmt beim Teilen nicht ab, sondern zu. Von gebratenen Tauben und anderem Luxus eines Schlaraffenlandes ist nichts zu sehen, nicht einmal vom Fleisch, das Elija zuvor von den Raben bekam. Es bleibt bei den einfachen, elementaren Lebensmitteln: Mehl und Öl, aber diese einfachen, elementaren Lebensmittel bleiben.

In V.15 gibt es im hebräischen Text etwas zu beobachten, das über ein verzwicktes grammatisches Problem hinaus auf eine grundsätzliche Perspektive der Erzählung führen kann, nämlich die *gender*-Frage. Der überlieferte schriftliche Text enthält hier eine grammatische Regelwidrigkeit, indem auf die feminine 3. Pers. (*sie hatte zu essen*) unmittelbar ein maskulines Personalpronomen (*er*) und dann eine wieder feminin konnotierte Wortverbindung (*und ihr Haus*) folgen. Die Masoreten, die alten jüdischen Gelehrten, die den Text sicherten und überlieferten, empfehlen daher, den Text anders zu *lesen* als er *geschrieben* ist. An Stelle des Schrifttextes (*K^{e}tiv*) bieten sie als Lesetext (*Q^{e}re*): „sie und er und ihr Haus".[18] Aber auch dann bleibt der Text grammatisch sperrig. Denn nun trennt das Wort *er* die zusammengehörigen Worte: *sie und ihr Haus*. So oder so – der Text bleibt ungereimt. Soll man versuchen, auf verschiedenen methodischen Wegen einen ursprünglichen Text zu rekonstruieren?[19] Oder soll man die Ungereimtheit als Hinweis darauf wahrnehmen, dass beim gemeinsamen Essen und Zu-essen-Haben die Frage, wer zuerst kommt, nicht zum Ziel führt? Sie und er, er und sie – das „und" ist wichtiger als die Reihenfolge, die – so oder so – nicht aufgeht. So gelesen, enthält gerade der ungereimte Text eine kleine, doch beachtenswerte Korrektur an Elijas *Entweder-oder*-Haltung. Elija hatte darauf bestanden, dass er zuerst etwas zu essen bekomme. Die Witwe folgt dem. Ob aus Respekt vor dem machtvollen Wort oder aus selbstverständlicher Gastfreundschaft, bleibt offen. Alle in diesem kleinen, nun interkulturellen und interreligiösen Haus haben zu essen. Darauf kommt es an, nicht darauf, wer zuerst kommt. Elijas Stärke beruht auf dem *Entweder-oder*. Im Kampf gegen Ahab und sein Haus gibt es keinen Mittelweg und keinen Kompromiss. Den Versuch des Volkes, es sozusagen Adonaj *und* Ba'al recht zu machen, wird er (18,21) sarkastisch ein „Hinken auf beiden Seiten" oder ein „Hinken auf zwei Krücken"[20] nennen. Elija kämpft für die Identität Israels und Adonajs als der einen und einzigen Gottheit Israels. Doch die Stärke der Verweigerung jeder Aufweichung des *Entweder-oder* kann auch zur Schwäche werden. Es gibt Situationen, die mehr als *eine* Wahrheit, mehr als *eine* Identität zulassen, womöglich fordern. *Was* ist *wann* dran?

Enthält diese Frage auch eine *gender*-Perspektive? „Unser" Text gibt dafür Anhaltspunkte, aber er sperrt sich gegen rasche Clichés. Da ist nicht einfach der Mann der kompromisslose Kämpfer für die *eine* Wahrheit und die Frau die Bewahrerin des Lebens auch des Anderen. Denn es gibt da neben dem Mann Elija auch den anderen Mann, den „auf beiden Seiten hinkenden" Ahab, und es gibt neben der Frau aus Sarepta auch die andere Frau, die wie Elija unerbittliche Kämpferin Isebel.[21] Und doch ist es kein Zufall, dass in „unserer" Geschichte die Frau nicht nur für die elementare Bewahrung Leben steht, sondern darüber hinaus Elija zeigt, dass es nicht darauf ankommt, stets der Erste zu sein, sondern darauf, dass die elementaren LebensMittel geteilt werden, auf dass *alle* zu essen haben, wenn und weil und solange *sie* zu essen hat. Und noch etwas: Das solidarische Handeln der Frau führt, in dieser Deutlichkeit eben erst ganz am Ende, Elijas

Wort und Gottes Wort zusammen. [22] *Sie* bewirkt, dass Elija den Mund nicht zu voll genommen hatte. Und *sie* bewirkt, das sich Adonajs Macht als Kraft zum Leben bewahrheitet.

Der Bibeltext für das Feierabendmahl endet hier, das Kapitel endet hier nicht, und in den Elijageschichten folgen noch dramatische Fortsetzungen. [23] Bleiben wir für diesmal bei der einen Geschichte und fragen (in knappen Stichworten) nach ihrer Bedeutung beim Kirchentag 2005.

IN UNSERER ZEIT

Die Geschichte aus 1. Kön 17 vermag dem Feierabendmahl eine besondere Gestalt zu geben. Es ist eine Geschichte vom Teilen der elementaren LebensMittel, eine Geschichte, die auf ihre Weise mit den Überschriften der drei großen Themenbereiche des Kirchentags zu tun bekommt: Wie können wir glauben? Wie wollen wir leben? Wie sollen wir handeln? Es ist aber auch eine Geschichte, die vor den schwierigen Fragen nicht Halt macht. Wie steht es mit der Wahrheit? Gibt es die *eine* Wahrheit? Menschen, die sich im Besitz der Wahrheit wähnen, sind meist nicht die sympathischsten. Viel hängt davon ab, in welchem Ton die Frage: „Was ist Wahrheit?" gestellt wird. Zynisch – wie Pilatus sie stellt (Joh 18,38)? Achselzuckend ratlos – wie manche sie heute stellen, wenn sie nicht in der Abwehrhaltung gegen jeden vorgeblichen Wahrheits*besitz* bereits auf die *Frage* nach der Wahrheit verzichten wollen? Oder so, dass allein die immer wieder und immer neu zu stellende *Frage* nach der Wahrheit davor schützen kann, Wahrheit als *Besitz* auszugeben? Und immer wieder die Frage: Was ist wann dran? Elija steht für den kompromisslosen Kampf für die Bewahrung der Einheit und Einzigkeit Gottes. An diesen Kampf Elijas stellen sich wiederum Fragen. Bereits „unsere" Geschichte enthält kleine, aber deutliche Korrekturen an Elija, dem einsamen Kämpfer. Im Kanon der Schrift sind die Elijageschichten aufgehoben, aber es gibt daneben, dagegen und zuletzt zusammen mit ihnen auch andere, gewaltlose Konzepte. Wenn die Stimme Elijas die einzige der Schrift wäre, würde es gefährlich. Würde sie aus der Schrift verschwinden, wäre es nicht weniger gefährlich. Der Text für das Feierabendmahl bringt das strikte *Entweder-oder* zum Ausdruck, wo es um die Macht geht. Wo es um das Leben geht, kommt gegen das *Entweder-oder* ein *Zugleich* und ein *Zusammen* zu Wort und mehr noch zur Tat.

„Wenn dein Kind dich morgen fragt …" Der Bezug zur Losung des Kirchentags erschließt sich für „unsere" Geschichte nicht auf den ersten Blick. Auf den zweiten oder dritten womöglich doch. Im ersten Teil von 1. Kön 17 spielt das Kind, der Sohn der Witwe, nur eine Rolle am Rande. Das ändert sich in der Fortsetzung des Kapitels. Wenn ich die Geschichte weiterspinne, kann ich mir eine Frage dieses Kindes durchaus vorstellen. Wenn es einst gefragt haben wird: „Warum habe ich, warum haben wir damals überlebt?", wird es auch auf diese Frage mehr als eine Antwort gegeben haben. „Weil ich damals auf das Wort des Propheten und das Wort der Gottheit Israels gehört habe." Das wäre eine Antwort. „Weil ich damals", so könnte die Mutter aber auch antworten, „mit einem Fremden unseren letzten Bissen geteilt habe." Das Beste an diesen beiden Antworten ist, dass sie einander nicht ausschließen, sondern einander bedingen.

1 Die Abschnitte dieser exegetischen Skizze sind mit Titeln von Romanen, Erzählungen und Reportagen von *Ernest Hemingway* überschrieben. Sie sind (wie auch einige weitere Hemingway-Titel im Text) in KAPITÄLCHEN gesetzt. Titel dieses Autors sind überraschend geeignet, Elemente dieser und der folgenden Elijageschichte(n) zu kennzeichnen. Gerade eine *gender*-Perspektive wird die Elijageschichten als Männergeschichten wahrnehmen (dazu am Beispiel von 1. Kön 19 *J. Ebach/M. Schibilsky*, Wie einer wieder auf die eigenen Füße kommt, in: Predigtstudien, hg. v. *V. Drehsen* u.a., VI/1, Stuttgart/Zürich 2001, 177–189). Elija ist DER KÄMPFER, der männliche einsame, gewaltige und auch gewalttätige Streiter für Wahrheit und Recht. Ein Hemingway-Titel allerdings ginge, wie gerade diese Elijageschichte zeigen wird, ganz fehl, nämlich: MÄNNER OHNE FRAUEN.
2 Ein Überblick über die Forschungsgeschichte bei *S. Otto*, Jehu, Elia und Elisa. Die Erzählung von der Jehu-Revolution und die Komposition der Elia-Elisa-Erzählungen, BWANT 152, Stuttgart u.a. 2001, bes. 11 ff.; *K. Grünwaldt*, Elia zeitgeistlich – eine kleine Forschungsgeschichte, in: *ders.* / *H. Schroeter* (Hg.), Was suchst du hier, Elia? Ein hermeneutisches Arbeitsbuch, Hermeneutica 4, Rheinbach-Merzbach 1995, 17–26; zur literaturgeschichtlichen Analyse von 1. Kön 17,1–16 *W. Thiel*, Könige, Biblischer Kommentar AT, IX/2,1, Neukirchen-Vluyn 2000, 15–62 (hier auch umfangreiche Einzeluntersuchungen und zahlreiche Literaturhinweise).
3 Das gilt u.a. für die Beziehungen zwischen 1. Kön 17 und 2. Kön 4.
4 Zu den methodischen Grundentscheidungen *F. Crüsemann*, Elia – die Entdeckung der Einheit Gottes, KT 154, Gütersloh 1997, bes. 14–19; *R. L. Cohn*, The Literary Logic of 1 Kings 17–19, JBL 101 (1982) 333–350; *E. Blum*, Der Prophet und das Verderben Israels: Eine ganzheitliche, historisch-kritische Lektüre von 1 Regum XVII–XIX, VT 47 (1997) 277–292. Zu einem fächerübergreifenden theologischen Verstehen des Kapitels verweise ich ferner auf *M. L. Frettlöh / E. N. Warns / F. Crüsemann*, „Und er aß und sie auch … Tag um Tag": Elia und die Witwe von Zarpat. Bibelarbeit zu 1. Kön. 17, in: Gefüllte Krüge. Dokumentation zum Abschluß der Ökumenischen Dekade „Kirchen in Solidarität mit den Frauen (1988–1998)" in der Evangelischen Kirche von Westfalen, hg. von der Evangelischen Frauenhilfe in Westfalen e.V. / Westfälischen Arbeitsstelle Mission, Ökumene und kirchliche Weltverantwortung, Soest / Dortmund 1999, 79–90.

5 Das Grundthema ist (mit Crüsemanns [s. o. Anm. 4] Überschrift) „die Entdeckung der Einheit Gottes". Das Elijathema verbindet sich darin mit dem Zentralthema von 5. Mose 6, einem der Bibelarbeitstexte des Kirchentags, dem auch die Losung entnommen ist.

6 Das Wort „König" ist in der Übersetzung hinzugefügt, damit beim Hören der Erzählung ohne ihren Kontext die Figuren erkennbar werden.

7 Die Übersetzung versucht den überlieferten hebräischen Text wiederzugeben. Möglicherweise liegt eine Verschreibung vor und der ursprüngliche Wortlaut hieß: Elija, der Tischbiter aus Tischbe in Gilead. Dazu im einzelnen *Thiel*, BK (s. o. Anm. 2), 17.

8 Die Kritik an der machtvollen und gewalttätigen Königin (neben 1. Kön 17–19 dazu bes. 1. Kön 22) schließt Entsetzen und Trauer über dieses Ende nicht aus, dazu *U. Bail*, Der Fall Isebel(s) oder: Ein Fenstersturz, eine abwesende Leiche und ein Zitat, in: Hedwig-Jahnow-Forschungsprojekt (Hg.), Körperkonzepte im Ersten Testament. Aspekte einer Feministischen Anthropologie, Stuttgart 2003, 80–93.

9 Der Eigenname Gottes wird im hebräischen Bibeltext mit den Konsonanten j-h-w-h *geschrieben*, doch seit biblischer Zeit nicht *ausgesprochen*. Er wird in der Kirchentagsübersetzung mit einer jüdischen Aussprachetradition als *Adonaj* wiedergegeben, einer Gott allein vorbehaltenen Anrede als höchste Autorität.

10 Diese Doppelübersetzung der hebr. Wendung „stehen vor" soll die verschiedenen mitklingenden Verstehensweisen eröffnen

11 Die kanaanäische Religion ist vor allem durch die Texte aus Ugarit bekannt. Ob und wie weit vor allem die ugaritischen Mythen die Wirklichkeit der kanaanäischen Religion(en) im Israel des 9. Jh. bezeichnen, bleibt in vieler Hinsicht offen (eine Darstellung der Lage im 9. Jh. bei *R. Albertz*, Religionsgeschichte Israels in alttestamentlicher Zeit, Bd. 1, GAT 8/1, Göttingen 1992, bes. 226 ff.). Auch darum sollte die *theo*logische Sicht der biblischen Texte nicht mit dem Selbstverständnis kanaanäischer Religion in eins gesetzt werden.

12 Die recht wörtlich mit „gegenüber dem Jordan" wiederzugebende hebr. Formulierung lässt mehrere Möglichkeiten zu: diesseits des Jordan, jenseits des Jordan oder oberhalb, d. h. auf der Gebirgshöhe über dem Jordan.

13 Dazu bes. Jos 4 f., aber auch Ri 12, bes. V. 5 f. (zur letztgenannten Geschichte *U. Bail*, Ein Wort als Grenze: Schibbolet. Bemerkungen zu Ri 12,1–7, in: *F. Crüsemann* u. a. [Hg.], Dem Tod nicht glauben. FS Luise Schottroff, Gütersloh 2004, 293–311).

14 *Crüsemann*, Elia (s. o. Anm. 4), 36.

15 Auch die Formulierung: „keinen … außer" aus V.1 ist in V.12 („nichts außer") im hebr. Text wörtlich wiederholt. Solche Querbezüge verbinden die verschiedenen Teile des Textes zu *einer* Geschichte.

16 Hier macht Elija zudem deutlich, dass *Adonaj* über den Regen gebietet. Nach V.1 allein könnte sich Elija selbst als den eigentlichen Regenmacher betrachten.

17 So der überlieferte Text. Sollte ursprünglich statt vom Haus (hebr. *bet*) vom Sohn (hebr. *ben*) die Rede gewesen sein?

18 Die Kirchentagsübersetzung folgt diesem Lesevorschlag.

19 Dazu ausführlich *Thiel*, BK (s. o. Anm. 2), 20 f.

20 Zu diesem Verständnis der schwierigen Formulierung *W. Thiel*, Könige, BK IX/2,2, Neukirchen-Vluyn 2002, 145–148.

21 Die oppositionelle Gleichgestimmtheit beider kommt bes. in 19,2 zum Ausdruck.

22 Wieder ist der Text durch eine Reihe von Querbezügen verknüpft; etwa durch das mehrfache Vorkommen des Wortes „Wort" (V. 1.5.8.13.15.16) und dabei vor allem der Wendung „ganz nach (dem) Wort" (5.13.15.16). Eine besondere Gestalt hat das Wort in V. 14. Das Gotteswort in Elijas Mund ist rhythmisch-poetisch gestaltet (die Übersetzung vermag das kaum wiederzugeben).

23 Auch für die folgenden Elijageschichten bieten sich Hemingway-Titel an, etwa: TOD AM NACHMITTAG / EIN TAG WARTEN / EINE EINFACHE FRAGE / AUFKLÄRUNG EINER STORY / REISE IN DEN SIEG / DER SIEGER GEHT LEER AUS / OBEN BEIM OLD-TIMER (letzteres bezogen auf Elijas Himmelfahrt und seine Rolle in der jüdischen Überlieferung als Grenzgänger zwischen dieser und der kommenden Welt).

Jeremia und Chananja

Über wahre und falsche Propheten*

> „Es ist geboten", sagte Jirmijah leise vor sich hin,
> „auch der Unsicherheit noch unsicher zu sein."
>
> *Franz Werfel*

Wahrheit und Leben

Um den Propheten Jeremia geht es in der diesjährigen Bibelwoche der katholischen und evangelischen Gemeinden in Altenbochum und Laer. Wie kaum eine andere Gestalt der hebräischen Bibel, des Alten Testaments, begegnet uns Jeremia als unverwechselbarer, individueller Mensch. Er kommt in der Bibel selbst nicht nur als Träger einer Rolle in den Blick und zu Wort, nicht nur als Künder von Gottesworten, sondern mehr als andere Propheten (darin wohl nur seinem Zeitgenossen Hesekiel vergleichbar) zugleich als angefochtener Mensch, als einer, der an seiner Aufgabe leidet, einer, dem es schwer fällt, die böse Wahrheit sagen zu müssen, wo doch alle anderen und er selbst dazu lieber Gutes und Heilvolles für Könige und Volk hören und sagen wollen. Die Bibel zeichnet im Buch des Propheten Jeremia diesen Konflikt, und Franz Werfel hat ihn in seinem eindrucksvollen Roman „Jeremias. Höret die Stimme" nach- und weitergezeichnet. In einem dramatischen und anrührenden Gespräch zwischen dem Propheten und dem König Zidkia ist es bei Werfel der König, der das so schwer Tragbare benennt. Wieder einmal muss Jeremia dem König als Gottes Wort und Wille Unheil ansagen, und er beharrt darauf, eben das sagen zu müssen, weil es die Wahrheit sei.

*„Hätte ich meinen König, der die Wahrheit von mir forderte, anlügen sollen?"
erstaunte Jirmijah.*
Des Königs verzerrtes Lachen ging in einen Wortschwall über.
*„Ist Lüge nur, was mundet", rief er, „ist Wahrheit nur, was würgt!? Dies ist dein
elender Irrtum, der du die Mischung des Lebens nicht erkennst!"* (482)

Die schmerzliche Wahrheit ist selten willkommen und kaum mehrheitsfähig. Das ist der Grund dafür, dass Politiker so oft nicht die Wahrheit sagen. Sie tun es ja nicht deshalb, weil Politikerinnen und Politiker nun einmal unredliche Menschen wären, sondern weil die meisten nicht die wäh-

---

* Vortrag am 2.3.2005 im Rahmen der Ökumenischen Bibelwoche der Gemeinden in Bochum-Altenbochum und Bochum-Laer „Höret die Stimme!" Jeremia – Prophet in schwerer Zeit.

len, die ihnen die oft bittere Wahrheit sagen, sondern die, die ihnen sagen, was sie gern hören möchten. Das Volk in der Demokratie verhält sich da nicht anders als die Herrscher früherer Zeiten, und seit alters macht man gern die Boten für die Botschaft verantwortlich. Es ist schwer, die bittere Wahrheit zu hören, und ebenso schwer ist es, die bittere Wahrheit zu sagen, vor allem dann, wenn man doch selbst nichts lieber hätte als eine freundlichere, bessere Wahrheit. „Ist Lüge nur, was mundet … ist Wahrheit nur, was würgt!?", fragt der König den Propheten. Wer sagt denn, dass immer die Recht haben, die Böses künden? Wer sagt denn, dass nicht auch in der Ansage der Katastrophen und des Untergangs Lüge stecken kann? Wer sagt denn, dass die Schwarzseher die kritischeren und ehrlicheren Menschen sind? Und kann nicht auch die Ansage des Unheils Unheil bewirken, Kräfte lähmen, Menschen entmutigen? Gibt es nicht auch eine negative *selffullfilling prophecy*, eine sich selbst erfüllende *Unheils*prophezeiung? Ist es etwa hilfreich, einem Menschen, dem vieles im Leben nicht gelungen ist, bei jedem Versuch, es nun besser zu machen, zu sagen: „Du schaffst es ja doch nicht!"? Und ist es redlich, wenn er es dann auch diesmal nicht geschafft hat, mit einem „Da siehst du, wie Recht ich hatte!" auftrumpfend die eigene Wahrheitsliebe zu bekunden? Gibt es denn nicht auch die fromme Lüge, die schonend *verpackte* und eben nicht *nackte* Wahrheit? „Dies ist dein elender Irrtum, der du die Mischung des Lebens nicht erkennst!", schleudert der König in Werfels „Jeremias" dem auf die Pflicht zur bösen Wahrheit pochenden Propheten entgegen. Ich sage für mich rundheraus, dass mir an dieser Stelle des Romans (und an manchen anderen) der König sympathischer ist als der Prophet.

Die Frage, wie Wahrheit und Leben zusammengehen, wird uns noch beschäftigen. Aber zunächst müssen wir das Problem mit der Wahrheit selbst noch weiter zuspitzen. Denn bisher habe ich davon gesprochen, dass jemand die Wahrheit kennt und sich dennoch und deshalb fragen muss, ob die Kündung der reinen Wahrheit menschen- und lebensfreundlich ist. Aber das mindestens ebenso große Problem besteht ja darin, dass oft gar nicht ausgemacht ist, was denn die Wahrheit sei.

Nun könnte man ja einwenden, bei den Propheten der Bibel sei das immerhin klar, denn was sie als Wahrheit zu künden hatten, sei doch das, was Gott ihnen selbst als Wort und Wahrheit eingegeben habe. Nun wissen wir, dass es wahre und falsche Propheten gab (und gibt), und in dieser Linie könnten wir dann annehmen, ein wahrer Prophet sei einer, der treulich das sagt, was er als Gottes Wort vernommen hat, während ein falscher Prophet einer sei, der das eigene Wort oder das anderer Auftraggeber in trügerischer Absicht als Gotteswort ausgibt. Aber Sie ahnen es vermutlich bereits: So einfach ist das leider nicht mit der Unterscheidung der Geister, der Unterscheidung der wahren und der falschen Propheten. Schauen wir genauer hin, tun wir das vor allem im Blick auf Jeremia und seinen prophetischen Gegenspieler Chananja. Im 28. Kapitel des Jeremiabuches treffen die beiden in einer dramatischen Szene mit ihren unterschiedlichen Wahrheitsansprüchen in Wort und Tat aufeinander; in Werfels Roman sind sie fast ein

Leben lang als feindliche Brüder in Szene gesetzt. Wahrheitsanspruch steht gegen Wahrheitsanspruch, Prophet gegen Prophet. Doch bevor wir uns dieser vertrackt spiegelbildlichen Konstellation stellen, empfiehlt sich zunächst der Blick auf eine Vor-Frage, die Frage nämlich: Was ist eigentlich ein Prophet?

Was ist ein Prophet?

Als Propheten bezeichnet man in der Umgangssprache jemanden, der die Zukunft vorhersagt. Ob sich dann auch einstellt, was der Prophet vorausgesagt hat, steht freilich auf einem anderen Blatt. Und deshalb sagt man auf eine Frage, die die ungewisse Zukunft betrifft, zuweilen: „Ich bin doch kein Prophet!" Früher war gern von den „Wetterpropheten" die Rede. Dass deren Prognosen nicht immer stimmen, haben wir alle schon erfahren. Je genauer übrigens durch Satelliten und andere technische Hilfen die Wetterprognosen in den letzten Jahren geworden sind, desto seltener hört man noch das Wort „Wetterpropheten"; das Auftreten der „Kachelmanns" hat sich von der Prophetie zur technisch unterfütterten Unterhaltungsshow gewandelt. Der Sprachgebrauch, wonach die Aufgabe des Propheten (es gibt im Alten Testament übrigens auch bedeutende Prophet*innen*) das Voraussagen ist, geht auf die Propheten Israels zurück, aber er tut es nicht angemessen. Denn der Prophet ist nicht so sehr der, der die Zukunft *voraus*sagt, sondern der, der offen *heraus*sagt, was ist und was daraus folgen wird. Der Prophet ist darum weniger ein Prognostiker der Zukunft, sondern ein Diagnostiker der Gegenwart – der Gegenwart freilich auch und gerade im Lichte ihrer zukünftigen Entwicklung. Das öffentliche Auftreten der Propheten Israels gleicht weniger dem der Orakelpriester und der anderen Mantiker der Antike, die das zukünftig bestimmte Schicksal im Vogelflug, in der Leberschau oder in weiteren Techniken der Vorzeichendeutung vorhersagten, ihr Auftreten gleicht – in gegenwärtigen Kategorien ausgedrückt – eher der Inszenierung eines Straßentheaters. Wir werden im Jeremiabuch einer solchen Szene gestalteter, von Haltungen und Handlungen begleiteter Worte begegnen. Das Erscheinungsbild der Propheten war offenbar ganz und gar nicht das kluger alter Männer, die erfahrungsgesättigte zukunftsweisende Worte in gemessener Sprache kündeten, sondern das von Außenseitern, Spinnern, Demonstranten – mit einem aus dem Jiddischen auch in unseren Wortschatz eingeflossenen hebräischen Wort: von Meschuggenen. Tatsächlich ähnelt das Spruch- und Aktionsrepertoire der Propheten zuweilen denen einer heutigen politischen Demonstration oder eines Happenings. Ich gebe Ihnen ein paar Beispiele:

Da macht sich *Jesaja* ein Plakat, auf das er in kurzen gereimten Sätzen das böse Ende der bisherigen Politik schreibt. Derselbe Jesaja erscheint in der Öffentlichkeit eine Zeit lang mit höchst auffallender Kleidung – nämlich nahezu nackt. Und auch bekleidete Propheten wirkten gezielt „unbürgerlich", indem sie mit archaischer Fellkleidung auftraten. Da spielt Hesekiel auf einer Kleinkunstbühne, in der ein Backblech eine eherne Mauer darstellt und ein Ziegelstein die Stadt Jerusalem, eine böse Szene, in der er selbst magisch-theatralisch – eben prophetisch – die Stadt belagert. In einer anderen Szene rasiert sich derselbe Hesekiel Kopfhaar und Bart, vollführt mit den Haaren seltsame und bedrückende Symbolhandlungen – verbrennt sie, wirft sie in die Luft, zerhackt sie mit dem Schwert. Kein Prophet, wie wir ihn aus Michelangelos oder Raffaels Bilder kennen, kein weiser alter bärtiger Seher, sondern ein heulender Derwisch und Skinhead dazu. Die Szene setzt die Zukunft ins Bild und bringt sie auf den Begriff. Hesekiel zeigt haarscharf: Der Bart ist ab, nichts geht mehr, *no future!*

Schon in ältester Zeit schienen die Propheten durch ein eigentümliches Verhalten aufzufallen. Als Saul einmal in eine Prophetengruppe gerät und, von ihnen gleichsam angesteckt, in einen wilden, ekstatischen Tanz verfällt, bei dem er sich vermutlich ziemlich bzw. eben *unziemlich* entblößt, kommentiert man das mit dem in 1. Sam 10 überlieferten und später zum Sprichwort gewordenen Satz: „Ist Saul auch unter den Propheten?" Zu den Propheten zu gehören, ist an dieser Stelle für König Saul kein Ehrentitel; Prophet sein heißt, sich wild und unzivilisiert, ja unwürdig zu verhalten. Ein anderes Beispiel: als der Prophet Elischa zum General Jehu kommt, um ihn zum künftigen König zu salben, fragen die Offizierskollegen: „Warum ist dieser Verrückte (im hebräischen Bibeltext steht hier nun wörtlich: *ha-meschugga*, dieser „Meschuggene") zu dir gekommen?" Und Jehu, der sich vor seinen Militärkollegen nicht lächerlich machen will, antwortet: „Ihr kennt doch den Mann und sein Geschwätz!" (2. Kön 9,11).

Kurz: Propheten waren nicht (jedenfalls nicht *nur*) seriöse Künder von Gottesworten, sondern auch witzige, zuweilen sarkastische Gestalter dieser Worte. Dass die Inszenierung eines solchen prophetisch-kritischen Straßentheaters nicht allen und vor allem den Herrschenden und ihren Gefolgsleuten nicht gefiel, versteht sich (damals wie heute). Und dass viele und vor allem die Nutznießer der bestehenden Zustände für solche Auftritte bestenfalls das Urteil „meschugge" zur Hand haben, versteht sich ebenso (damals wie heute).

Als meschugge konnte auch Jeremia gelten. In Jer 29 lesen wir von der Beschwerde eines Mannes namens Schemaja, der zu den im Jahre 597 in der ersten Deportation nach Babylonien Exilierten gehörte. Dieser Schemaja beklagt sich in einem Brief nach Jerusalem beim dortigen Priester Zefanja über einen Propheten, der seinerseits einen Brief an die Verbannten geschickt hatte, in dem er ihnen einschärfte, sie würden noch lange im Exil bleiben und – das war manchen noch schwerer erträglich – sie sollten den Frieden der Stadt Babylon suchen (in der Lutherbibel stehen hier die berühmt gewordenen Worte: Suchet der Stadt Bestes! Davon wird morgen die Rede sein). So etwas wollte man im Exil ebenso wenig hören wie irgendwelche Zweifel daran aufkommen lassen, dass das Exil kurz währen, das babylonische Joch bald abgeschüttelt sein und in Jerusalem und Juda bald wieder alles zum Besten stehen werde. Der Schreiber des Briefes, der Anlass zu dieser Intervention gab, war niemand anderes als Jeremia. Dabei ist es aufschlussreich, mit welchem Vorwurf sich Schemaja an den Jerusalemer

Priester wendet. Der habe, so heißt es, seine Aufgabe nicht wahrgenommen, „jeden Verrückten und Propheten" zu kontrollieren. Jeremia, ein Meschuggener, einer, der unter priesterlich-amtliches Kuratel zu stellen ist, damit aus dem harmlosen Meschuggenen kein gemeingefährlicher Irrer wird. Die Intervention hat Erfolg: Jeremia wird, wie der Münsteraner katholische Alttestamentler *Erich Zenger* einmal in gezielt aktualisierender Formulierung schrieb: „bei der ‚Glaubenskongregation' in Jerusalem" angezeigt, dass er „in Block und Halseisen" gelegt werde.

Nun, ob ein Prophet wie Jeremia als ein meschuggener Spinner anzusehen ist oder als Künder der Wahrheit, das war in Jerusalem im 6. Jahrhundert vor unserer Zeitrechnung vermutlich ebenso umstritten wie im 20. und 21. Jahrhundert nach Christi Geburt etwa die Frage, ob Josef Beuys ein Spinner oder einer der größten Künstler des letzten Jahrhunderts oder ob Jacques Derrida einer der bedeutendsten Philosophen der Gegenwart oder ein Scharlatan gewesen sei. Die Urteile können sich durchaus wandeln. Aus einem Underground-Sponti, der sich nicht zu benehmen wisse, konnte ein angesehener Außenminister und hochgeschätzter Diplomat werden, und aus einem allenfalls als „sonderbarer Heiliger" apostrophierten indischen Demonstranten wurde zunächst der gefährlichste Staatsfeind des britischen Weltreichs und dann ein Heiliger der Welt.

Prophet gegen Prophet

Nun sind wir noch immer bei der Frage nach der Wahrheit, d.h. in unserem Fall der Frage nach der Möglichkeit, wahre und falsche Propheten zu erkennen und zu unterscheiden. Gerade weil der Blick auf das Auftreten von Propheten diese Gestalten vielleicht ein wenig aus der göttlichen Sphäre auf die Erde herabgeholt hat und dabei *auch* auf die Bretter, die die Welt bedeuten, wird die Frage nach der Wahrheit ihrer Botschaft und deren Inszenierung nicht leichter. Denn was ist, wenn zwei Propheten auftreten, der eine das schiere Gegenteil des anderen kündet, beide das, was sie ansagen, als Wort Gottes ansagen und beide sich in ihren symbolischen Handlungen, ihrem Inszenierungsrepertoire ebenso spiegelbildlich gleichen? Eben eine solche Szene schildern das 27. und vor allem das 28. Kapitel des Jeremiabuches.

Machen wir uns kurz die historische und politische Situation klar, in der die Szene spielt. Im Jahre 597 hatten babylonische Truppen Jerusalem erobert, aus dem Tempel heilige Geräte als Beute nach Babylon verschleppt, einen Teil der Oberschicht des Landes ins Exil deportiert und dem Land schwere Tributlasten auferlegt. Noch aber gab es einen König in Jerusalem, noch stand der Tempel, in dem Israels Gott verehrt wurde. In den Jahren nach dieser ersten Eroberung und vor der zehn Jahre später erfolgenden zweiten, die dann zur Katastrophe des Untergangs von Staat, Stadt und Tempel wurde, muss man sich die Lage in Jerusalem dramatisch-kritisch und von größten Gegensätzen erfüllt vorstellen. Da gab es die, die darauf setzten, bald werde das Joch des babylonischen Königs Nebukadnezar abgeschüttelt sein, bald werden die Tempelgeräte und die Verschleppten zurückgekehrt und bald werde alles wieder wie früher sein und besser und größer als früher. Als prophetischer Sprecher dieser Hoffnungen tritt Chananja auf. Und da gab es andere, die davon überzeugt waren, dass einzig ein Sich-Schicken ins Los der Abhängigkeit von Babylonien das Überleben sichern werde. Als prophetischer Sprecher dieser Nüchternheit tritt Jeremia auf.

Politische Gruppen und Parteien stehen gegeneinander, jede hat ihre Propheten, jede kann sich auf die Erfahrungen der Vergangenheit berufen. Musste nicht einer wie Jeremia in den Augen der anderen erscheinen wie ein Agent der Babylonier? Hatte nicht der große Jesaja die Unverletzlichkeit Jerusalems verheißen, gewarnt vor jedem Versuch, sich mit der Großmacht (damals waren es die Assyrer) gut zu stellen? Konnte denn heute Lüge sein, was damals Wahrheit war? Ist nicht Gottes Wort untrüglich und Gottes Parteinahme für den Zion unverbrüchlich? Wir werden noch auf diese bedrängende Frage an die Wahrheit *Gottes* zurückkommen.

In dieser Lage macht sich, so lesen wir in Jer 27, der Prophet Jeremia auf Gottes Geheiß ein hölzernes Joch, ein (so Werfel mit dem alten Wort) Kummet, und bindet sich dieses Rinderjoch mit Stricken auf den eigenen Nacken. Wie ein unters Joch gebundener Ochse geht der Prophet umher und symbolisiert so das Joch Nebukadnezars, unter das Juda und Jerusalem gezwungen sind. Und mehr noch. Der Prophet verkündet als Wort Gottes nicht nur, dass die Lage jetzt nun einmal so sei, er sagt als Gottes eigenes Wort an, Israels Gott selbst habe das Land in die Gewalt Nebukadnezars gegeben und Nebukadnezar als seinen „Knecht", als den von ihm beauftragten Diener erwählt. Nebukadnezar ein Gottesknecht, der König Babels mit dem Ehrentitel Davids – ungeheuerlich ist dieses Wort und überaus anstößig die symbolische Aktion, die es ins Bild setzt. Mit dem Rinderjoch auf dem Nacken tritt Jeremia in die Öffentlichkeit und sagt diese Worte, die in Jer 27,4–22 stehen und aus denen (in der Fassung der Einheitsübersetzung) einige Abschnitte zitiert sein sollen:

„... *So spricht der Herr der Heere, der Gott Israels: Sagt so zu euren Gebietern: Ich bin es, der die Erde erschaffen hat samt den Menschen und den Tieren, die auf der Erde leben, durch meine gewaltige Kraft und meinen hoch erhobenen Arm, und ich gebe sie, wem ich will. Jetzt gebe ich alle diese Länder in die Hand meines Knechtes, des Königs Nebukadnezzar von Babel; selbst die Tiere des Feldes mache ich ihm dienstbar. Alle Völker sollen ihm untertan sein, ihm, seinem Sohn und seinem Enkel, bis auch für sein eigenes Land die Zeit kommt, dass große Völker und mächtige Könige es knechten. Will aber ein Volk oder Reich dem König Nebukadnezzar von Babel nicht untertan sein und seinen Nacken nicht unter das Joch des Königs von Babel beugen, so werde ich dieses Volk mit Schwert, Hunger und Pest heimsuchen – Spruch des Herrn –, bis ich es seiner Hand ausgeliefert habe. Ihr aber, hört nicht auf eure Propheten, Wahrsager, Träumer, Zeichendeuter und Zauberer, wenn sie zu euch sagen: Ihr werdet dem König von Babel nicht untertan sein. Denn sie lügen, wenn sie euch weissagen, und damit vertreiben sie euch aus eurer Heimat;*

denn ich verstoße euch, sodass ihr zugrunde geht. Das Volk aber, das seinen Nacken unter das Joch des Königs von Babel beugt und ihm untertan ist, lasse ich ungestört auf seinem heimatlichen Boden – Spruch des Herrn –; es kann ihn bebauen und auf ihm wohnen. Auch zu Zidkija, dem König von Juda, redete ich ganz in diesem Sinn: Beugt euren Nacken unter das Joch des Königs von Babel und seid ihm und seinem Volk untertan; dann bleibt ihr am Leben. (...) Zu den Priestern und dem ganzen Volk sagte ich: So spricht der Herr: Hört nicht auf die Reden eurer Propheten, die euch weissagen: Die Geräte des Hauses des Herrn werden aus Babel zurückgebracht werden, und zwar bald. Denn was sie euch weissagen, ist Lüge. Hört nicht auf sie! Seid dem König von Babel untertan; dann bleibt ihr am Leben.

Jeremias gewaltige Rede bleibt nicht ohne Widerspruch. Gegen Jeremias Gotteswort stellt der Prophet Chananja sein Gotteswort (Jer 28,2–4):

So spricht der Herr der Heere, der Gott Israels: Ich zerbreche das Joch des Königs von Babel. Noch zwei Jahre und ich bringe alle Geräte des Hauses des Herrn, die Nebukadnezzar, der König von Babel, von diesem Ort weggenommen und nach Babel gebracht hat, wieder an diesen Ort zurück. Auch Jojachin, den Sohn Jojakims, den König von Juda, samt allen Verschleppten aus Juda, die nach Babel gebracht wurden, führe ich an diesen Ort zurück – Spruch des Herrn –; denn ich zerbreche das Joch des Königs von Babel.

Jeremia will nicht Recht behalten.

Gotteswort steht gegen Gotteswort. Und wie reagiert Jeremia? Als Chananja seinen Gottesspruch gekündet und die baldige Wende zum Guten verheißen hat, sagt Jeremia (ich lese wieder aus der Einheitsübersetzung):

Ganz recht! Mag der Herr so tun. Der Herr erfülle deine Worte, die du verkündet hast, und bringe die Geräte des Hauses zurück an diesen Ort.

Das ist nicht offenkundig falsch übersetzt, aber es trifft den Ton nicht, den ich hier lese und höre. „Ganz recht!", lässt diese Übersetzung Jeremia sagen. Im hebräischen Urtext sagt er ein Wort, das Sie alle kennen und dass Sie, z. B. wenn Sie selbst dieses Wort sagen, kaum als fast wegwerfend klingendes „Ganz recht!" verstehen wollen. Das erste Wort, das Jeremia auf Chananjas Heilsbotschaft sagt, ist das Wort „Amen!". Jeremia sagt sein „Amen" zu Chananjas Wünschen. Geradezu beschwörend, betend sagt Jeremia – so möchte ich für diesmal verdeutschen (V. 7):

Ja und Amen! So und nicht anders wolle Adonaj tun! Gott selbst wolle deine Worte in Kraft setzen, die du prophezeit hast, er wolle die Geräte des Hauses Adonajs und die ganze Exilantenschaft aus Babel zurück bringen an diesen Gott eigenen Ort!

Nichts lieber will Jeremia also, als dass er selbst im Unrecht wäre, nichts sehnlicher wünscht er, als dass das Unheil, das er künden musste, *nicht* eintrifft. Wir stoßen hier auf ein wichtiges Kriterium der Unterscheidung wahrer und falscher Propheten – ein *Kriterium*, kein *Rezept*. Ich versuche es zunächst recht allgemein zu formulieren; wir werden dem am Beispiel Jeremias weiter nachgehen müssen. Der Prophet, der Heil ansagt, mithin das verkündet, was seine Adressaten und nicht zuletzt er selbst sich wünschen, ist unter den Verdacht zu stellen, dass er den Wunschtraum mit der Wahrheit verwechselt. Darum ist Jeremias „Ja und Amen" zu Chananjas *Wünschen* kein „Ja und Amen" zu Chananjas *Wahrheitsanspruch*.

Aber was hülfe es, wenn Jeremia darauf beharren würde, sein Unheilswort sei das echte Wort Gottes und Chananjas Heilswort ein vorgetäuschtes? Chananja würde umgekehrt das Gleiche sagen, und so bliebe es dabei: Wahrheitsanspruch stünde gegen Wahrheitsanspruch, Gotteswort gegen Gotteswort. Und so bekundet Jeremia nicht autoritativ, sein Wort sei das wahre und Chananjas das falsche, sondern bringt in den aktuellen Konflikt – fast zögernd und allemal nicht als Rezept untrüglicher Wahrheitskennung – eine *Erfahrung* ein (V. 8 f.):

Die Propheten, die vor mir und vor dir gelebt haben, weissagten Krieg, Unheil und Pest gegen viele Länder und mächtige Reiche. Der Prophet aber, der Heil weissagt ...

Ich breche hier für einen Moment ab und frage Sie, was Sie jetzt erwarten. Sagt Jeremia, der Prophet, der Heil weissage, sei ein falscher Prophet? Nein, das sagt er nicht. Denn er will ja gerade nicht, dass die Verheißung heilvoller, friedlicher Verhältnisse ein für alle Male als Lüge dastünde. Er will ja selbst nichts lieber, als dass Chananjas Wünsche sich erfüllen. Wie also geht der Satz Jeremias weiter? Er geht in gewisser Weise gar nicht weiter, er bricht im Satzbau ab und geht über in eine grundsätzliche Erwägung:

Der Prophet aber, der Heil weissagt – – – an der Erfüllung des prophetischen Wortes erkennt man den Propheten, den Adonaj wirklich gesandt hat.

Jeremia vertagt also den Wahrheitserweis. Man wird sehen, ob Chananjas Prophezeiung ein Wunschtraum bleibt oder ein erfüllter Traum wird. Aber was hilft das in der aktuellen Situation? Sollen die Zuhörenden nach Hause gehen und sagen, man könne schließlich nicht wissen, wer Recht habe, und müsse erst einmal in Ruhe abwarten, was die kommenden Zeiten bestätigen und was nicht? Spätere Historiker mögen das alles vor Augen haben und abgewogen beurteilen können. Aber hilft das in der bedrängenden Lage, wenn es hier und heute um die Frage geht, ob man sich ins Joch Babels schicken solle oder sich gewaltsam gegen dieses Joch auflehnen solle? Nein, das hilft ebenso wenig, wie wenn die beiden Propheten sich fortdauernd ihre jeweiligen Wahrheiten und je eigenen Gottesworte vorhalten würden. Das Wort muss jetzt zur Tat werden. Und zu einer solchen Tat schreitet Chananja. Nicht zögerlich, unsicher, skeptisch wie

Jeremia agiert er, sondern machtvoll und konkret. Denn er bleibt nicht beim Gegen*wort*, er dokumentiert seinen Widerspruch mit einer symbolischen Gegen*aktion* gegen Jeremias symbolisch-konkretes unters Joch Gebeugt-Sein. Ich lese, wie Franz Werfel Chananjas Aktion schildert – den biblischen Text ver-dichtend und doch dicht bei ihm bleibend (418 f.):

Seine Züge spannten sich feurig, als habe die Raunung Adonais in ihn geschlagen. Er trat rasch zu Jirmijah und nahm ihm, ehe dieser sich's versah, das Kummet von den Schultern. Dann hielt er das morsche gebogene Holz hoch vor die Augen des Volkes. Sein Gesicht wurde vor Anstrengung dunkelrot. Die Adern und Sehnen am Halse traten wuchtig hervor. Der gepflegte und wohlgesalbte Mann glich einem Simson, der Säulen knickt. Das wurmstichige Joch krachte, splitterte und zerbrach endlich in wie Stücke. Chananjah hatte mit dieser Tat nicht nur ein bedeutsames Sinnzeichen, sondern ein Wunder der Kraft vollbracht. Mit atemloser Stimme jubelte er auf:
„Zerbrechen werde ich so … in zwei Jahren … das Joch Nebukadnezars, Königs von Babel … vom Halse der Völker … Spruch Zebaoths …"
Auch Chananjahs Gemeinde jubelte auf. Ihr Prophet hatte in dieser Tat mehr getan als nur geweissagt. Er hatte die Zukunft vorverwirklicht und ihr, nicht ohne die Hilfe des Herrn, die Richtung gewiesen. Das zerbrochene Joch war als unwiderstehliche Fortwirkung in den Weltlauf geworfen.

Und wie reagiert Jeremia jetzt? Es geschieht etwas Erstaunliches. Noch einmal zitiere ich aus Werfels Roman (419):

Auch Jirmijah fühlte ein seltsames Wohlsein. Sein Herz war Chananjah immer geneigt gewesen, wenn er ihm auch niemals trauen durfte. Ach, wie namenlos war er jetzt bereit, Chananjah zu trauen, da dessen Hand ihm die abscheuliche Last abgenommen hatte. Mit Körper und Seele genoß er die Erleichterung.

Jeremia ist erleichtert, er ist körperlich erleichtert, weil ihm das Kummet, das schwere hölzerne Rinderjoch, vom Nacken genommen ist, und er ist auch in der Seele erleichtert, denn ihm selbst erscheint die machtvolle Aktion des Gegenspielers wie eine Bekräftigung, das sein, Jeremias, Unheilswort nicht das letzte Wort hatte. In der Bibel heißt es an dieser Stelle lapidar: „Der Prophet Jeremia ging seines Weges." Franz Werfel ver-dichtet die Innenseite (419):

Dann ging er froh seines Weges, obgleich er als Künder vor den Menschen eine Niederlage erlebt hatte. Er segnete diese Niederlage. Mochte sie doch gottgerecht voll- und endgültig sein.

Scheidung der Geister

Jeremia also geht seines Weges. Folgen wir Werfel, so geht er *froh* seines Weges. Doch die Geschichte ist nicht zu Ende, denn es ergeht ein neues

Gotteswort an Jeremia. Ich übersetze den hebräischen Wortlaut möglichst genau (V.13):

Geh und sprich zu Chananja. So spricht Adonaj: Ein Joch aus Holz hast du zerbrochen, du hast an seiner Stelle ein Joch aus Eisen gemacht.

„Du hast ein Joch aus Eisen gemacht"? Eine merkwürdige Formulierung. Wer ist das „du"? Es gibt einen Vorschlag zur Textänderung, man solle mit der alten griechischen Übersetzung statt des „du hast gemacht" ein „ich habe gemacht" lesen. Dann hätte Gott selbst an Stelle des hölzernen Jochs ein eisernes gemacht. Die Fortsetzung geht tatsächlich in diese Richtung. Gott selbst sagt: „Ein eisernes Joch habe ich auf den Nacken all dieser Völker gelegt; sie müssen Nebukadnezar, dem König von Babel, untertan sein." Und doch gibt es guten Grund, beim überlieferten „du" zu bleiben. Ich verstehe das so, dass Chananja selbst jenes eiserne Joch gemacht hat, indem er in seiner symbolischen Aktion das hölzerne zerbrach. Denn die Illusion, man könne das Joch Babels zerbrechen, macht dieses Joch noch härter, die Täuschung über das Unheil macht das Unheil noch größer. Chananjas Verwechslung von Wunsch und Wirklichkeit ist ja nicht nur eine fromme Lüge, sondern bewirkt als Täuschung über die Realität, dass alles noch schlimmer wird. Darum lese ich mit dem hebräischen Text: „Ein Joch aus Holz hast du zerbrochen, *du* hast an seiner Stelle ein Joch aus Eisen gemacht."

Jeremia kündet – damit schließt das dramatische Kapitel Jer 28 – Chananja den baldigen Tod an, und dieser Tod tritt dann ein. Im Nachhinein mag man darin erkennen, wer der wahre und wer der falsche Prophet war, aber in der je aktuellen Situation hilft das ebenso wenig, wie wenn die Politiker der einen Partei die Niederlage der anderen als gewiss vorhersagen und die der anderen die ebenso gewisse Niederlage der einen. So bleibt es je heute bei der Unmöglichkeit, mit absoluter Gewissheit wahr und falsch, echtes Gotteswort und trügerisches zu unterscheiden. Ein Rezept gibt es da nicht, aber es gibt Kriterien. Ein erstes wäre dies:

Wenn ein Prophet Heil ansagt, ist Skepsis geboten. Nicht mehr, aber auch nicht weniger.

Ich will dieses Kriterium ein wenig erläutern und tue das mit gegenwärtigen Beispielen. Stellen Sie sich vor, sie hörten zwei unterschiedliche Vorhersagen von „Wetterpropheten". Die eine warnte vor einem rasch kommenden Hochwasser, die andere sähe ein solches Hochwasser nicht kommen. Beide Prognosen wären wissenschaftlich abgesichert, beide klängen seriös. Was würden Sie tun? Abwarten, welche Vorhersage sich am Ende als die wahre erweisen wird und welche als die falsche? Bewohner höher gelegener Häuser könnten das tun, aber wer nah am Ufer wohnt, wird das kaum abwarten wollen. Und was wird der oder die tun? Ich denke, sie wären gut beraten, zunächst einmal die bedrohliche Ansage für die wahre zu halten und die entsprechenden Vorkehrungen zu treffen. Allgemeiner gesagt: Wenn ich nicht entscheiden kann, was richtig und was falsch ist, werde ich abwägen, welche *Folgen* die Bewahrheitung oder die Falsifizierung der einen und welche Folgen die Bewahrheitung oder die Falsifizierung der anderen Vorhersage haben werden. Ich werde also die Folgeabschätzung an die Stelle der Wahrheitsüberprüfung stellen und ihr entsprechend handeln.

Ein zweites Beispiel: Wenn die einen sagen, die Atomkraftwerke seien sicher, und die anderen, deren Sicherheit könne nicht garantiert werden, dann werde ich mir klar machen, dass der eine Irrtum viel schlimmere Folgen hätte als der andere, und werde im Zweifelsfall die „Unheilsansage" für wahr halten. Ob sie stimmt, kann ich nicht wissen, denn ich will ausschließen, eines Tages zu sehen, dass sie gestimmt hat, und danach werde ich meine Entscheidung ausrichten. Im Zweifelsfall für den Unheilspropheten. Das lehrt die Erfahrung – Jeremias und unsere.

Allerdings kann ich schwerlich stets so handeln. Wenn ich aus der Tatsache, dass es viele Autounfälle gibt und dass auch Busse und Bahnen nicht zuverlässig sind, lieber zu Hause bleibe, wird mein Leben eng und ich könnte z. B. diesen Vortrag nicht halten. Wenn ich mir dann auch noch klar mache, dass die meisten Unfälle im Hause geschehen, werde ich handlungs- und zuletzt lebensunfähig. Lassen wir also jenes „im Zweifel für den Unheilspropheten" auf wenige Fälle begrenzen. Für diese aber soll es gelten. Auch das zweite Kriterium der Unterscheidung wahrer und falscher Prophetie taugt nicht zum flächendeckenden Rezept. Ein wichtiges Kriterium ist es gleichwohl:

Wenn ein Prophet sagt, was er selbst und andere gern hören wollen, ist Skepsis geboten.

Ich versuche ein drittes Kriterium zu formulieren:

Wenn ein Prophet Unheil ansagt, sind wir gut beraten, auf ihn zu hören. Aber es gibt da ein wichtiges Zusatzkriterium. Denn wenn er selbst ins Unheil verliebt ist, so sagte er mit seinem Unheilswort ja auch nur das, was er gern hätte. Darum gilt für den Unheilspropheten etwas ganz Entscheidendes. Er muss sagen, was er zu sagen hat. Aber eins darf ein Unheilsprophet niemals: Recht behalten wollen.

Vielleicht – vielleicht auch nicht

Eine Sachlage müssen wir dabei noch einmal besonders in den Blick nehmen. Sie ist vielleicht die schwierigste in der Frage nach den wahren und den falschen Propheten. Jeremia und Chananja sagen ihre Worte als Gottesworte. Beide leiten ihre Worte ein mit der altehrwürdigen Formel, die den Propheten als Gottesboten ausweist: „So hat Adonaj gesprochen" (oder, vielleicht besser wiedergegeben: „So spricht Adonaj jetzt in verpflichtender Weise"). Wie sollen wir das verstehen? Hat da *einer* ein echtes Gotteswort und der andere behauptet nur, eins zu haben? Im Nachhinein kann man das vielleicht sagen, so wie der biblische Bericht im Nachhinein sagt, Gott habe zu Jeremia gesagt, was der dann als Gotteswort kündet, während es bei Chananja nur heißt, er habe *gesagt*: „So hat Adonaj gesprochen". Im Nachhinein kann man das so unterscheiden, doch nicht in der Situation, in der der eine und der andere mit je ihrem „So hat Adonaj gesprochen" Wahrheit beanspruchen. Das Problem, das hier aufscheint, rührt an die Frage nach den prophetischen Worten überhaupt. Sind die Propheten bloße Sprachrohre Gottes, geben sie nur weiter, was ihnen – in welcher Weise auch immer – in göttlicher Raunung eingegeben ist?

Bei der Lektüre des Jeremias-Romans von Franz Werfel fiel mir auf, wie genau beschreibend und zugleich wie behutsam wägend der Autor mit dieser Frage umgeht. In langen Passagen schildert Werfel, wie Jeremia mit Hilfe seines Schülers Baruch die an ihn ergangenen Gottesworte aufschrieb. Ich lese einen längeren Abschnitt aus dem Roman (309 f.). Werfel schildert, dass Jeremia, der von der Gemeinschaft Gemiedene, der „Ausgesonderte", bei dieser Arbeit Qualen litt:

Sie hingen mit dem unerbittlichen Versuch des Ausgesonderten zusammen, wahrhaftig zu sein und dem Göttlichen nichts hinzuzufügen oder wegzunehmen. Damit aber war es folgendermaßen bestellt:
Wenn das Wort sich im Geiste des Künders bildete, wie Wasser im durchlässigen Gestein, wenn dann die Ausschaltung über seinen eigenen Verstand und Willen kam und die Wünsche des bösen Triebs die göttliche Einraunung nicht trübten oder fälschten, dann war für die Spanne dieser beinahe nicht mehr irdischen Möglichkeit das Wort rein und wahr. Doch schon während einer längeren Künderrede vermochte es sich kaum auf solcher Höhe zu halten. Denn menschliche Nebengedanken durchdrangen es wie dumpfes Hundegebell, die hochmütigen und gehässigen Wallungen des Herzens fraßen wie Lauge an seiner Reinheit und Wahrheit. Es mochte dann oft geschehen, daß einer, der seine Kündung als echter Prophet Adonais begann, dieselbe Kündung als falscher Prophet beendete.
Die menschliche Rede ist verweslich wie alles Leben. Sie verwandelt sich schon im Munde des Redenden. Jeder einfache Bericht wird auf seinem Weg von Mund zu Mund zum Gerücht, das am Ziele völlig entstellt ist. Auch Adonais Wort im Geiste der Künder braucht die menschliche Sprache, um gehört zu werden. Es muß niedersteigen in die verwesliche Unreinheit dessen, was auf Erden mehr zur Verhüllung als zur Enthüllung der Wahrheit taugt. Darum sehnt sich das dem Menschen geliehene Wort Gottes mit schmerzlichster Kraft, sich dem Menschen wie der zu entziehen.
Daß Gottes Wort sich ihm entziehen wollte, das erkannte Jirmijah jetzt, als er mit verzweifelter Anstrengung daran arbeitete, es durch die Schrift festzuhalten. Er ließ nicht nach. Er schärfte seine Erinnerung wie ein Messer, mit dem er die Schwärze der Zeit verschnitt. Jedes Gesicht und jede Raunung, die an ihn ergangen war, machte er in immer erneuertem Angriff stellig. Manches musste Baruch sieben- und zehnmal niederschreiben, bis für Jirmijahs Sinn das menschliche Wort dem göttlichen nahe genug gekommen war. Im Gebiete des Dunklen und Undeutlichen strebte er nach dem schärfsten Licht, so daß er oft erschöpft sich in den Winkel legen mußte und schweigen.

Werfel zeichnet hier nicht nur einen entscheidenden Schritt vom Prophetenwort zum Prophetenbuch nach, er nähert sich auch dem schwierigen
Thema der Unterscheidung von Gotteswort und Menschenwort. Auf eine
eigentümliche, ebenso verdrehte wie präzise Weise zeigt er nicht nur,
warum sich das Gotteswort im Menschenmund wandelt, sondern auch,
wie durch Menschenarbeit das Menschenwort wieder zu Gottes Wort werden muss und es so schwer nur werden kann. Nicht leichter macht es Werfel sich und uns mit der Unterscheidung des wahren und des falschen Propheten. Jeremia hatte den Tod Chananjas angesagt und Chananja stirbt in
eben dem angesagten Zeitraum. Der Autor lässt die beiden Antagonisten
am Todeslager Chananjas noch einmal zueinander kommen. Ich lese
wiederum einen kleinen Abschnitt (436 f.):

*Jirmijah, der in seinem Leben so oft an Sterbebetten gestanden war, legte seine
Hand auf die Stirn des Leidenden. Sehr bald entspannte sich Chananjahs Gesicht.
Die Schmerzen waren linder geworden.*
„Nun kann ich dir endlich die Wahrheit sagen, mein Bruder", raunte der Kranke.
*„Um Jirmijah zu betrügen, habe ich den Herrn betrogen ... Denn sein Wort war
nicht in mir ..."*

Ich gestehe: Als ich an diese Zeilen kam, war ich ein wenig enttäuscht.
Ach, dachte ich, nun macht es sich Werfel am Ende doch zu leicht. Chananja
entlarvt sich selbst auf dem Sterbebett als Lügner, Betrüger und falscher
Prophet. Das Menschliche, Allzumenschliche kommt in eindrucksvoller
Weise in dieser Sterbe- und zugleich eigentümlichen Versöhnungsszene
zum Ausdruck, aber eben diese Entlarvung erschien mir doch als eine zu
wohlfeile Lösung der Frage nach wahrer und falscher Prophetie. Aber
gleich der nächste Satz belehrte mich eines Besseren. Werfel lässt Jeremia
auf Chananjas Selbstentlarvung reagieren:

*Jirmijah neigte sich milde über ihn: „Sein Wort war in dir, Chananjah, als du
gekündet über Ägypten ..."*
Die Züge des Sterbenden verschoben sich zu einem sonderbaren Lächeln:
„Vielleicht ... vielleicht auch nicht ..."

Die Szene geht weiter und am Ende behält der Versuch Chananjas, Jeremia zu übertrumpfen, das Hauptgewicht. Doch es bleiben die eigentümlichen Worte: „vielleicht ... vielleicht auch nicht."
Werfels Chananjah gesteht, er habe sich die Worte Gottes zunächst er-
zwingen wollen und habe dann gesehen: „Es ging auch ohne ihn ... Es ging
besser ohne ihn." (437) So wäre denn dieser falsche Prophet ein falscher,
weil er auf eigene Rechnung gesprochen und gehandelt hat. So mag es
gewesen sein, aber aus der bloßen Tatsache, dass ein Prophetenwort sich
am Ende als ein falsches herausstellt, zu schließen, dass es ein Wort auf des
Propheten eigene Rechnung war, greift womöglich zu kurz. Denn es könnte immerhin sein (und eine bemerkenswerte Erzählung in 1. Kön 22 schil-

dert eben das), dass auch die falschen Propheten künden, was Gott ihnen zu künden eingegeben hat. Es könnte ja sein, dass Gott will, dass die, die das Gotteswort hören, Lüge hören, weil Gott sie betören *will*. Diese vertrackte Möglichkeit, auch den falschen Propheten nicht das echte (sozusagen echt=falsche) Gotteswort abzusprechen, ist keine am Schreibtisch ausgedachte Spitzfindigkeit, vielmehr ist es in der erwähnten Geschichte um den Propheten Micha ben Jimla in 1. Kön 22 eben so. Das ist gewiss ein Grenzfall, ein Verstehensversuch, der die Frage nach wahr und falsch gleichsam in den Himmel zurückverweist.

Und in den anderen Fällen? Sagen Propheten – auch und gerade die wahren – immer nur das, was ihnen in eben diesem Wortlaut von Gott eingegeben wurde? Wären dann all die poetischen Formen der Prophetensprüche, all die Wortspiele und Anspielungen, all die literarischen Querverweise zwischen den prophetischen Büchern bereits in Gottes Raunungen wortwörtlich und buchstäblich vorgebildet? Das ist kaum anzunehmen, wollte man nicht zuletzt die ganze Bibel für ein fertig vom Himmel gefallenes Buch ansehen. Aber gibt es denn womöglich in den Prophetensprüchen so etwas wie ein ursprüngliches Gotteswort zu erkennen und von den menschlichen Zutaten zu unterscheiden? Es gibt Versuche solchen Unterscheidens. Dem Propheten sei ein Wort von Gott eingegeben worden, welches die schiere Ankündigung von etwas enthalten habe, und der Prophet habe dann seinerseits diesem Wort eine Begründung hinzugefügt und ihm einen passenden Adressaten gesucht. So wollte man in den Prophetensprüchen Gotteswort und Menschenwort unterscheiden. Doch solche Versuche lassen sich am Text kaum bewähren. Zudem würden sie letztlich die Frage wahrer und falscher Prophetie kaum lösen, denn Jeremia und Chananja unterscheiden sich ja in den schieren Ankündigungen und nicht erst in Begründungen und Adressierungen.

Was bleibt außer der uns wenig helfenden Bekundung, nur ein wahrer Prophet könne zwischen wahren und falschen Propheten unterscheiden? Was bleibt, sind die genannten Kriterien – nicht mehr und nicht weniger. Ich nenne sie noch einmal:

Wenn ein Prophet Heil ansagt, ist Skepsis geboten. Nicht mehr, aber auch nicht weniger.
Wenn ein Prophet sagt, was er selbst und andere gern hören wollen, ist Skepsis geboten.
Wenn ein Prophet Unheil ansagt, sind wir gut beraten, auf ihn zu hören. Aber es gibt da ein wichtiges Zusatzkriterium. Denn wenn er selbst ins Unheil verliebt ist, so sagte er mit seinem Unheilswort ja auch nur das, was er gern hätte. Darum gilt für den Unheilspropheten ein ganz entscheidendes weiteres Kriterium. Er (oder sie) muss sagen, was sie (oder er) zu sagen hat. Aber eines darf ein Unheilsprophet auf keinen Fall: Recht behalten *wollen*.

Nun könnte man ja einen weiteren Maßstab hinzufügen, einen, der wenigstens im Nachhinein in Anschlag zu bringen wäre. Ob ein Prophet ein wahrer Prophet war, so könnte man konstatieren, das wird sich später zeigen, wenn sichtbar wird, ob sein Wort eintraf oder nicht. Während alle zuvor genannten Kriterien einen mehr oder weniger großen Unsicherheitsfaktor aufweisen, wäre das immerhin ein deutliches Indiz. Allerdings bleiben da mindestens zwei Tücken. Zum einen ist nämlich die genannte Kategorie des „Im Nachhinein" nicht so präzise, wie sie sein sollte, um als untrügliche Prüfinstanz zu gelten. Wenn Jeremia ansagt, Chananja werde binnen Jahresfrist sterben, und wenn Chananja dann im selben Jahr stirbt, dann kann man sagen, dass Jeremias Wort eintraf. Aber was ist mit den prophetischen Heils- und Unheilsansagen, die kein so präzises „Mindesthaltbarkeitsdatum" aufweisen? Ich möchte das mit einem biblischen Beispiel verdeutlichen, das uns bald zum Jeremia-Chananja-Gegensatz zurückführen wird.

Was ist wahr, was ist falsch? Oder: Was *wird* wahr, was *wird* falsch?

Etwas mehr als hundert Jahre vor deren Konflikt war Jerusalem schon einmal belagert worden. Auch da gab es Ratgeber, die sich lieber mit den Feinden (damals den Assyrern) arrangieren als untergehen wollten. In dieser Situation trat ein Prophet auf, niemand anderer als der große Jesaja. Jesaja (so erzählen es die „Jesajalegenden" in Jes 36–39 und zudem mit geringen Abweichungen die Kapitel 2. Kön 18–20) stellte sich all diesen politischen Winkelzügen entgegen und verhieß die von Gott garantierte Unversehrtheit Jerusalems: „… in diese Stadt wird er nicht eindringen – Spruch Adonajs. Ich werde diese Stadt beschützen und retten, um meinetwillen und um meines Knechtes David willen." (Jes 37,34f.) Die Legende berichtet dann weiter, wie der Pestengel Gottes im assyrischen Heerlager wütete und 185000 Assyrer tötete. Ich will Ihnen nicht unterschlagen, dass der Text hier, wörtlich übersetzt, den womöglich ältesten Kalauer der Weltliteratur aufbietet. Gottes Engel geht tötend durchs assyrische Heerlager, und dann heißt es: „Und als sie am Morgen aufwachten, siehe, da waren sie alle tot." Der Assyrerkönig bricht die Belagerung ab und kehrt in sein Land zurück – Jerusalem ist gerettet.

Uns soll an dieser Stelle nicht weiter beschäftigen, was an diesem Bericht Legende ist und wie die historischen Tatsachen eher gewesen sein mögen. Erwähnt sei jedoch, dass es gute Gründe für die Annahme gibt, dass diese Jesajageschichten in eben der Zeit verfasst wurden, als es – 100 Jahre später – eine in vielem vergleichbare Situation gab. Es könnte sein, dass man gerade in dieser Zeit *so* an Jesaja erinnerte, um Jeremia zu treffen. Jeremia musste ja im Lichte dieses Jesaja als treuloser, als geschichts- und gottvergessener Agent der Feindesmacht erscheinen, als einer, der auf Gottes feierlich verbürgten Beistand für Stadt und davidisches Königtum nichts gab und stattdessen das Geschäft der Feinde betrieb. Gerade wenn es so war, zeigt sich das große Problem von Wahrheit und Lüge in noch einmal schärferem Licht. Es gäbe da zwei Positionen. Die eine bezöge sich auf den großen wahren Propheten Jesaja und beharrte auf dessen Wahrheit. Wenn Jesaja die Wahrheit gesagt hat, dann, so würde sie argumentieren, kann Jeremia nicht die Wahrheit sagen. Entweder Gott garantiert das Heil von Stadt und Königtum oder er tut es nicht. Was wäre das für ein Gott, der sein eigenes Wort verriete, nur weil inzwischen Zeit vergangen ist und weil es jetzt um die Babylonier und nicht um die Assyrer geht. Chananja ist der legitime Erbe Jesajas, und wenn Jesaja ein wahrer Prophet ist, dann ist Chananja auch einer und Jeremia ist ein falscher Prophet.

Und dann gäbe es die andere Position. Sie würde sagen: Das Problem besteht nicht in der Frage: Was *ist* wahr und was *ist* falsch?, sondern in der Frage: Wann *wird* Wahrheit zu Lüge? Z. B. dann, so wäre zu antworten, wenn jemand eine alte Wahrheit in neuer Lage bloß wiederholt und nicht wahr haben will, dass die neue Situation die alte Wahrheit zur Lüge umschlagen ließe. Chananja redet wie Jesaja – das stimmt, aber Chananja ist nicht der legitime *Erbe* Jesajas, sondern (wie Martin Buber es einmal formuliert hat) Jesajas *Papagei*. Hütet euch, so wäre aus dieser Position einzuschärfen, vor allem, was sich als ewige Wahrheit ausgibt.

Ich neige, wie Sie gewiss bemerkt haben, dieser zweiten Position zu. Dabei gehe ich noch einen Schritt weiter. Denn der kritische Vorbehalt gegen jede vorgeblich ewige Wahrheit bezieht sich auch auf Gott selbst. Wenn Gott seine Worte stets wahr gemacht hätte, wäre es mehr als einmal um Menschen geschehen, nicht selten um alle Menschen. Das beginnt im Paradies. Wenn ihr von den Früchten dieses Baums esst, werdet ihr mit dem Tode bestraft! So hatte Gott zu Adam gesprochen. Bekanntlich aßen Adam und seine Frau von diesen Früchten und Gott bestrafte sie nicht mit dem Tode. Eines der ersten Gottesworte an Menschen erwiese sich im Lichte eines einfachen wahr/falsch-Schemas als Unwahrheit, als Lüge. Die Schlange im Paradies hatte hingegen die Wahrheit gesagt. Allein, das ist es eben …

Und weiter: Als Gott sah, dass das Volk Israel sich in der Wüste ein goldenes Stierbild verfertigt hatte, um einen Gott zum Anfassen zu haben, schwor er, er werde ganz Israel auslöschen. Da wirft sich Mose in die Bresche und (das ist jedenfalls eine Verstehensmöglichkeit des hebräischen Textes) entbindet Gott von der furchtbaren Alternative, entweder die Unwahrheit gesagt zu haben oder die Wahrheit auf Leichenbergen erweisen zu müssen.

Ein weiteres Beispiel: Ich lese die nach der Überschrift ersten Verse des Buches des Propheten Zefanja:

Ich raffe alles vom Erdboden weg, ich raffe es weg – Spruch Adonajs.
Mensch und Vieh raffe ich weg, die Vögel des Himmels raffe ich weg
und die Fische im Meer und ich rotte die Menschen auf der Erde aus –
Spruch Adonajs.

Wenn Gott das wahr gemacht hätte, dann gäbe es uns nicht mehr und dann gäbe es auch kein Buch des Propheten Zefanja. Darum – das sage ich ein drittes Mal, weil es mir so wichtig ist – darf der Unheilsprophet eins auf keinen Fall wollen, nämlich Recht behalten. Dem Propheten Jona fiel es schwer, das zu verstehen, und noch schwerer, es zu akzeptieren. Gott hatte ihm befohlen, der bösen Stadt Ninive den binnen 40 Tagen – ohne jedes Wenn und Aber – gewissen Untergang anzusagen. Jona wusste wohl schon, warum er diesem Auftrag entgehen wollte, aber – sie kennen die Geschichte – er entrann ihm nicht. Jona schleudert schließlich seine Unheilsansage heraus, und das gänzlich Unerwartete geschieht. Ninive kehrt um. Und dann bereut die Gottheit das Böse, das sie Ninive anzutun beschlossen hatte, und auf Ninives Umkehr hin kehrt auch Gott um und vernichtet die Stadt nicht. Kein leichtes Amt für einen Propheten, der das Böse anzusagen hat und dem Gott selbst in den Rücken fällt und ihn zum falschen Propheten macht. Wer will denn Prophet einer Gottheit sein, die nicht tut, was sie sagt?

Vielleicht verstehen wir jetzt Jeremias „Amen" auf Chananjas Wort hin noch besser. Jeremia hat begriffen, was Jona begreifen soll. Es geht zuletzt nicht um die Frage, ob der *Prophet* am Ende Recht behält. Es geht nicht um die Wahrheit im Sinne eines wahr/falsch-Schemas. Das hebt die Frage nach der Wahrheit nicht auf.

Im Johannesevangelium (14,6) steht die berühmte Stelle, in der Jesus von sich sagt: „Ich bin der Weg, die Wahrheit und das Leben." Da steht die Wahrheit im Zentrum. Aber sie ist umgeben, vielleicht sogar beschützt von den beiden anderen Worten. Es geht um eine Wahrheit, die auf dem Weg ist und die auf das Leben zielt. Mit den wahren und den falschen Propheten ist es nicht anders. Und ganz am Ende – das zeigt das Jeremiabuch der Bibel und das zeigt auf eindrucksvolle Weise Franz Werfels „Jeremias" – darf man dann auch die Frage stellen, ob nicht Jeremias Unheilsprophezeiung zuletzt weniger vor allem darin wahre Prophetie ist, dass eintritt, was Jeremia kündete, als vielmehr darin, dass nur dieses Unheil am Ende den Weg zum *Leben* zeigt. Aber davon wird in dieser Bibelwoche noch die Rede sein.

„Recht ströme wie Wasser"

Beobachtungen und Überlegungen zu Amos 5,23f.*

Lass mich in Ruhe mit dem Lärm deiner Lieder!
den Klang deiner Harfen will ich nicht hören.
Es wälze sich heran wie Wasser das Recht
und Gerechtigkeit wie ein starker Strom.[1]

Diese Sätze des Amosbuches, die auf Israels Propheten Amos im 8. Jh.
v. Chr. zurückgehen, enthalten eine scharfe Kritik an Gottesdienst und Kult.
Sie wird, im Kontext gelesen, noch härter: „Sucht mich, damit ihr lebt!",
spricht Gott selbst im Munde des Amos und weiter: „Aber sucht nicht Bet-
El, und geht nicht nach Gilgal, und nach Beerscheba zieht nicht hinüber ...
(5,4f.) Eine strikte Absage also an die großen kultischen Begehungen an den
anerkannten Orten, an denen Israel der Gabe des Landes gedachte! „Ich
hasse, ich verachte eure Feste! Ich kann eure Versammlungen nicht riechen.
Auch wenn ihr mir Brandopfer darbringt, gefallen mir eure Opfergaben
nicht, und euer Mastkälberopfer sehe ich nicht an." So heißt es (5,21f.)
unmittelbar vor „unseren" Versen. Dagegen steht die Forderung, das *Recht*
möge strömen, sich heranwälzen wie Wasser, und *Gerechtigkeit* wie ein starker Strom. Recht gegen Kult, gerechte Praxis gegen gottesdienstliche
Feiern? So klingt es auf den ersten Blick, besonders den ersten *protestanti-*
schen Blick.

Weil es hier um eine Zentralperspektive auf Am 5 und prophetische
Kultkritik überhaupt geht, sollen die Überlegungen zum Text an dieser
Stelle seiner Rezeption einsetzen. In der Lutherbibel lautet die Überschrift
über Am 5,21–27: „Der äußerliche Gottesdienst tut's nicht" (so die letzte
Revision) bzw. (in der von 1912:) „Der bloße äußerliche Gottesdienst". Die
Etikettierung des falschen Gottesdienstes als „äußerlich" kennzeichnet eine
bestimmte protestantische Sicht. Sie betont den Glauben gegen die Werke,
das Gewissen gegen das Gesetz, die Innerlichkeit gegen alles Zeremoniale.
Diese Lektüreperspektive enthält nicht nur einen (in der Reformation
aktuell-manifesten, heute in den Hintergrund tretenden) antikatholischen
Affekt, sondern (in eigentümlicher Parallelität) ebenso ein antijüdisches
Potenzial. In solcher Leseweise werden die Propheten, wird die Bibel selbst
gegen das Judentum aufgeboten – mit all den bösen Folgen dieser Verkehrung. In neuerer Zeit kehrte das Muster leicht verändert in der liberalen

---

* Erstveröffentlichung in: Aktion Sühnezeichen. Predigthilfe zur Ökumenischen
Friedensdekade 7.–17. 11. 2004, 10–14.

Theologie wieder. „Nicht Kultus, sondern Recht" lautet die Überschrift von Am 5,21–27 in W. Rudolphs Kommentar (KAT, 1971). Am 5,21 ff. steht hier für den Gegensatz kultischer Observanz und prophetischer Sittlichkeit. Nicht nur problematische Folgen solcher Lektüre sprechen gegen sie, sondern auch und vor allem die Amostexte selbst. Denn Amos war weder eine Art Frühprotestant noch so etwas wie ein Prä-Kantianer. Amos selbst benutzt hier und auch sonst priesterliche Sprache, kritisiert den Kult also nicht von außen, sondern von innen, indem er ihn an seinem eigenen Anspruch misst. In den in Am 5 genannten Kultbegehungen dankt Israel für die Gabe des Landes. Das ist weder an sich falsch noch in dem Sinne „äußerlich", dass es ohne innere Beteiligung und Überzeugung geschähe. Was *diesen* Kult an *diesen* Orten falsch *macht*, ist die Tatsache, dass zur gleichen Zeit in Israel Menschen um ihr Land gebracht werden, Kleinbauern und ihre Familien um des Profits neuer Wirtschaftsformen willen ihre Subsistenz verlieren und in Schuldknechtschaft geraten und dass das weithin legal geschieht. Was *legal* ist, ist nicht darum auch schon *legitim*! Das ist eines der großen und verblüffend aktuellen Themen gerade des Amosbuches.

Nicht den Kult *an sich* also kritisiert Amos in unerbittlicher Schärfe, sondern einen Kult, der in schreiendem Widerspruch zu dem steht, was er sein soll und will. Nicht Recht und Gerechtigkeit *statt* Kult und Lieder, sondern Kult und Lieder im *Einklang* mit Recht und Gerechtigkeit ist das Ziel der Kritik. Denen, die Gerechtigkeit mit Füßen treten, will Gott nicht nahe sein. Hier wird Gott gefeiert, als ob das „Gottesverhältnis intakt wäre", aber man „merkt nicht", dass Gott „bei der Feier gar nicht anwesend ist".[2] Wie aber müsste es sein, damit zwischen kultischer und sozialer Praxis nicht jener schreiende Widerspruch aufbräche, der den Gottesdienst falsch macht? Die Fortsetzung sagt es:

Es wälze sich heran wie Wasser das Recht
und Gerechtigkeit wie ein starker Strom.

Im Wort *jiggal*, das man als „wälze", „ströme" verdeutschen kann, klingen Name und Namensbedeutung eines der zuvor genanten Kultorte an, nämlich *Gilgal*.[3] Wieder wird der Gottesdienst von innen kritisiert, sozusagen auf den eigenen Begriff gebracht. Wichtig ist aber auch dies: Recht und Gerechtigkeit (*mischpat* und *zedaqa*) kommen hier nicht zuerst als menschliche Praxis in den Blick, sondern als eine von Gott her kommende (herbeiströmende, sich heranwälzende) Vor-Gabe. Gott gibt diese *Gabe*, die dann den Menschen zur *Aufgabe* wird. Die vorlaufende Gabe von *mischpat* und *zedaqa* aber ist selbst so etwas wie eine im Kult vermittelte Größe. Auch in dieser Hinsicht geht es nicht um die Alternative „Kult *oder* Recht". In einem Kult, der sich nicht in schreiendem Gegensatz zur sozialen Praxis befindet, soll wie Wasser das Recht strömen, Gerechtigkeit wie ein nie versiegender Bach fließen. Wo nicht, wird Gottes Nähe zur tödlichen Nähe, Gottes Recht zum Gericht. Darum beginnt der Abschnitt in 5,18 ff. mit einer Verkehrung der Erwartung des „Tags Adonajs" als der erhofften Offenbarung der siegreichen göttlichen Präsenz in das Kommen des Gerichts:

Wehklagt um die, die sich den Tag GOTTES herbeiwünschen!
Was soll denn für euch der Tag GOTTES?
Er ist Finsternis und kein Licht.

Was aber sind die Kennzeichen *biblischer* Gerechtigkeit? Wer sich von Gerechtigkeit ein *Bild* machen will, denkt womöglich an die Allegorie der Iustitia, eine schöne und respektheischende Frau, welche in der einen Hand die Waage und in der anderen das Schwert trägt. Ihre Augen sind verbunden. Das Schwert steht für die Bestrafung der Bösen, die Waage für die zuteilende Gerechtigkeit (*suum cuique* – Jedem das Seine), und die verbundenen Augen setzen die Unparteilichkeit der Gerechtigkeit ins Bild. Die Gestalt biblischer Gerechtigkeit lässt sich kaum knapper beschreiben als in dem, worin sie der Iustitia gerade *nicht* gleicht. Die Ahndung der bösen Taten ist ein wichtiges Thema des Alten Testaments; doch eine solche Bestrafung wird in der Bibel gerade nicht mit dem Begriff der *Gerechtigkeit* (*zedaqa*) bezeichnet. Es geht auch nicht um eine zuteilende Gerechtigkeit, die „Jedem das Seine" zumisst. (Wir sollten nie vergessen, dass dieser Satz der Antike (Ulpian) über dem Eingang des KZ Buchenwald stand – womöglich handelt es sich dabei nicht nur um eine Verkehrung dieses berühmten Leitsatzes, sondern auch um seine Fälschung bis zur *Kenntlichkeit* …) Und vollends trüge biblische Gerechtigkeit keine Binde vor den Augen – vielmehr würde sie mit offenen Augen in *Ansehung* der Person und allemal parteilich den Armen und Schwachen zum Recht verhelfen. [4]

Es gibt einen schönen Satz von Anatole France, der das Thema biblischer Gerechtigkeit und mehr noch die von Amos eingeschärfte Differenz zwischen Legalität und Legitimität trefflich zum Ausdruck bringt. Er lautet sinngemäß: „Es ist den Millionären und den Clochards gleichermaßen verboten unter den Brücken von Paris zu schlafen." Was bedeutet die Gleichheit vor dem Gesetz angesichts der Ungleichheit der Lebensbedingungen, unter denen der eine und die andere vor dem Gesetz steht? Und dann auch dies: Die soziale Gerechtigkeit ist in der Bibel keine von der Gottesbeziehung getrennte Kategorie, vielmehr gibt es jenseits von Recht und Gerechtigkeit keine Beziehung zu Gott. Jeremia hält dem König Zedekia das Beispiel seines Vaters vor, der, ohne auf das eigene gute Leben zu verzichten, den Armen und Schwachen zum Recht verhalf:

Erweist du dich als König –
du bist ja einer, der auf Zedern(bauten) heiß ist – ?
Dein Vater – hat der nicht gegessen und getrunken?
Und er tat Recht und Gerechtigkeit,
da ging es ihm gut,
er führte die Rechtssache der Elenden und der Armen,
da ging es gut.

86

Heißt das nicht, mich erkennen?
Spruch Adonajs. (Jer 22,15 f.)

Das Tun der Gerechtigkeit ist die Erkenntnis Gottes – das ist die Botschaft der sozial- und kultkritischen Propheten Israels, und an eben dieser Stelle sind Recht und Kult verknüpft. Was es konkret bedeutet, Recht und Gerechtigkeit (im doppelten Wortsinn:) zu *üben*, ist je neu zu fragen. Die soziale Frage in der Zeit der Amossprüche im 8. vorchristlichen Jahrhundert war nicht identisch mit der der Zeiten, in denen die Worte des Amos zur Amosschrift komponiert wurden, oder der Zeit, in der die Amos*schrift* in das Zwölfpropheten*buch* eingebunden und schließlich zum Teil der ganzen „Schrift", der Bibel, wurde. Auf jeder Überlieferungsstufe kam es zu Fortschreibungen, Ergänzungen und redaktionellen Veränderungen. Nicht die historistische Frage, was Amos (oder ein anderer Prophet) *eigentlich* gesagt hatte, war Leitmotiv der Tradierung, sondern die Frage, was die alten Worte je heute bedeuten. Auch in Am 5,21–27 finden sich Ergänzungen, die spätere Fragestellungen einbringen. So kommen in V.25 f. als neue Kriterien der Bewertung des Kultes die vorbildliche Wüstenzeit und die Unterscheidung der Verehrung der Gottheit Israels und babylonischer Gestirnsgottheiten in den Blick. Mit je aktualisierenden Fortschreibungen sprach die gerettete Zunge des Amos in viele Zeiten und spricht so auch in unsere. In unserem Land geht es heute nicht unmittelbar um die Enteignung ehemals freier und nun von Schuldknechtschaft bedrohter Kleinbauern, doch in anderen Ländern ist das Thema aktuell wie zur Amoszeit, und allemal ist die Grundfrage nach den Verlierern der neuen Ökonomie und der angesagten Globalisierung in vielem vergleichbar. Was heißt es heute, Recht und Gerechtigkeit zu üben, gerade nicht ohne Ansehung der realen Menschen *legal* zu verfahren, sondern in Ansehung ihrer konkreten Lage den Armen und VerliererInnen zu ihrem *legitimen* Recht zu verhelfen? Was heißt das für die Kirchen, für den Gottesdienst? Die Lektüre der Amosworte wird umso aktueller, je genauer deren eigener Kontext in den Blick kommt. Dann wird die prophetische Kritik nicht zum frommen Kalenderspruch, sondern zur Aufforderung, heute so genau hinzusehen, wie es Amos tat.

Dabei kann manches Bildwort ganz neue Perspektiven eröffnen. „Recht ströme wie Wasser", heißt es in Am 5,24. Heute heißt das auch: Wasser ströme mit Recht! Denn die Konflikte der nächsten Jahrzehnte z. B. im Nahen Osten werden zunehmend nicht vom Öl, sondern vom Wasser bestimmt sein. Auch und gerade Wasser ist nicht im Überfluss vorhanden. Wie viele Menschen in Afrika und anderswo sind vom Elementarsten, von sauberem Wasser, abgeschnitten![5] Was folgt aus solchem elementaren Unrecht? Peter Ustinov formulierte wenige Wochen vor seinem Tod in größter Schärfe: „Der Terrorismus ist der Krieg der Armen – der Krieg ist der Terrorismus der Reichen." Die Wahrheit dieses Satzes rechtfertigt den Terrorismus nicht – ebenso wenig wie den Krieg. Es geht um die Arbeit an der Gerechtigkeit, auf dass beide Formen der Gewalt einst der Vergangenheit angehören werden.

1 Die Amostexte sind hier wiedergegeben in der von Katrin Keita für das Projekt „Bibel in gerechter Sprache" vorgelegten Übersetzung des Buches Amos. Diese Bibel erscheint voraussichtlich 2006 im Gütersloher Verlagshaus; Informationen über das Projekt unter www.bibel-in-gerechter-sprache.de.

2 *Jörg Jeremias*, Der Prophet Amos, ATD 24,2, Göttingen 1995, 79.

3 Noch schärfer wird das durch die weitere Klangverbindung der Worte Gilgal und Gola (Exil, Verbannung) in Am 5,5, wo es heißt: *ki haggilgal galo jiglä* (man könnte verdeutschen: „Gilgal geht gewiss in die Gola").

4 Ausführlicher zur biblischen Gerechtigkeit *J. Ebach*, Gerechtigkeit und ..., in: *ders.*, Weil das, was ist, nicht alles ist. Theologische Reden 4, Bochum 1998, 141–163 sowie die folgenden Reden in diesem Band.

5 Im Blick auf die vielfältigen ökonomischen, biblischen, religiösen, und rechtlichen Aspekte sei auf das Themenheft „Wasser" der Zeitschrift Junge Kirche 04/2002 verwiesen.

„Toleranz"

Annäherungen an einen schwierigen Begriff*

Alltagssprachliches

Ein Beitrag zum *Begriff* der Toleranz unterliegt notgedrungen einer gewissen eurozentrischen Engführung, denn die Geschichte des Begriffs ist eine weithin europäisch westliche. Um den Begriff der Toleranz soll es hier gehen, doch der Begriff umfasst womöglich nur einen Teil der Sache. Wenn ich in dieser Richtung gleich zu Anfang gegenüber manchen Begrenztheiten meines Beitrags um Toleranz bitten muss, benutze ich das Wort in *einer* seiner möglichen Bedeutungen: Toleranz bedeutet dann so viel wie Nachsicht gegenüber Fehlern. Das ist zunächst der Toleranzbegriff der Technik. Toleranz bezeichnet den Spielraum für technische und statistische Messungenauigkeiten, die Toleranzgrenze markiert dabei die unvermeidliche, aber noch hinzunehmende Fehlerquote. Die Frage nach Toleranzgrenzen wird uns bald in anderer Hinsicht beschäftigen müssen, nämlich als Frage danach, wo Toleranz aufhören muss, wenn sie sich nicht selbst vernichten will – und ob sie überhaupt aufhören *darf*, ohne sich selbst zu vernichten. Auf diese Paradoxie der Toleranz komme ich später zu sprechen, bleiben wir zunächst noch einen Moment beim Alltagssprachgebrauch. In den Kleinanzeigen deutscher Zeitungen gab es unter der Rubrik „Kontaktanzeigen" öfter die Formulierung „Tolerantes Paar sucht gleichgesinntes". Da handelt es sich ganz offenkundig nicht um die Einladung an andere Paare zu Diskussionszirkeln über weltanschauliche Toleranz oder das friedliche Miteinander unterschiedlicher Religionen. Gemeint ist etwas ganz anderes, nämlich die Suche nach Partnerinnen und Partnern für, wie man dann auch sagt, „freizügige" sexuelle Begegnungen. Dieser ebenso verschlüsselnde wie offenherzige Sprachgebrauch trägt mindestens zwei ernsthafte Aspekte zum Toleranzthema bei. (1.) Tolerant bedeutet hier so etwas wie ungezwungen, aber auch außerhalb der üblichen Regel stehend, ein Außenseitertum kennzeichnend. Tatsächlich ist ja die Frage des Verhaltens gegenüber Menschen, die in ihrer sexuellen Selbstbestimmung von den Mehrheitsnormen abweichen, ein wichtiges Thema der Toleranzfrage über-

* Ungehaltener Vortrag für ein aus Toleranzproblemen nicht zustande gekommenes internationales Symposium über multireligiöse Erfahrungen in Isfahan, Toledo, Jerusalem und Neuwied. Der mündliche Stil des Referats ist weithin beibehalten; hinzugefügt sind einige wenige Anmerkungen und Literaturhinweise. Erstveröffentlichung in: *Sabine Hering* [Hg.in], Toleranz – Weisheit, Liebe oder Kompromiss?, Opladen [Leske + Budrich] 2004, 15–32.

haupt. Interessanter noch scheint mir jedoch in der Formulierung „Tolerantes Paar sucht gleichgesinntes" (2.) die enge Verbindung der Worte „tolerant" und „gleichgesinnt". Die nämlich verdreht die Toleranz schier ins
Gegenteil. Denn gerade nicht die Toleranz unter – auf welcher Ebene auch
immer – Gleichgesinnten wird zur Probe auf die Toleranz selbst, sondern
die Toleranz gegenüber Andersgesinnten, gegenüber denen, die nicht so
sind, nicht so denken, nicht so fühlen, nicht so leben wie ich. Toleranz unter
letztlich Gleichen ist ja nicht das Problem, sondern das Dulden des Fremden, die Aufgabe, Fremdes und Andere weder auszugrenzen noch zu ver-
einnahmen, vielmehr *als* Fremdes, *als* Andere zu tolerieren. Erst dann
kommt im Wort Toleranz etwas von seiner ursprünglichen Wortbedeutung
zum Tragen.

Darauf möchte ich jetzt zu sprechen kommen, verlasse also die Ebene
des (deutschen) Alltagssprachgebrauchs und wende mich einigen grundlegenden Aspekten der Begriffsgeschichte zu.[1]

Der Begriff Toleranz

Die Worte Toleranz (engl. tolerance oder toleration, frz. tolérance, ital. tol-
leranza, span. tolerancia) gehen zurück auf das lateinische tolerare, welches
dulden, ertragen, aushalten bedeutet. Nicht die Anerkennung der und des
Anderen steht also am Beginn der Wortgeschichte, sondern das Ertragen,
Dulden, Aushalten von etwas, das einem und einer – ich sage das zunächst
sehr allgemein – nicht passt, nicht gefällt. Es scheint mir wichtig, diese
ursprüngliche Wortbedeutung nicht gänzlich preiszugeben zugunsten des
heute eher üblichen Verständnisses von Toleranz als selbstverständliche,
gern und mühelos gewährte Anerkennung anderer Haltungen, Bekenntnisse und Lebensformen. Ich möchte von Toleranz erst da sprechen, wo
eben diese Anerkennung der und des Anderen mich selbst etwas kostet,
mir Mühe bereitet, meiner Haltung zuwiderläuft. An eben diesem Punkt
verläuft die Grenze zwischen Toleranz und Indifferenz bzw. umgekehrt die
ebenso schwer zu ziehende und doch geforderte Scheidelinie zwischen
Intoleranz und dem Einstehen für die eigene Überzeugung. Wenn die
unverbindliche Akzeptanz jeder anderen Auffassung in einem beliebigen
Meinungs-, Haltungs- und Handlungsspektrum als Toleranz bezeichnet
wird, hat der Begriff etwas Entscheidendes verloren. Erst wenn die Akzeptanz der und des Anderen mir etwas abverlangt, wenn ich dulden wollen
muss und dulden *müssen will*, was meinen Überzeugungen und Interessen
zuwiderläuft, hat der Begriff der Toleranz seinen Ort. Nur scheinbar auf
einem ganz anderen Feld als dem der neuzeitlichen und gegenwärtigen
Toleranzdebatten liegt deshalb der antike Sprachgebrauch, in dem *tolerare*
ertragen, dulden, aushalten meint. Die antike „tolerantia" gehört zu den
Tugenden der Tapferkeit, meint das Ertragen von Mühsal und Schicksals-
schlägen – bis hin zur Rede von der „tolerantia passionis", dem Ertragen
von Leiden und Verfolgung. Solches geduldige Erdulden von Leiden und
Verfolgung war mithin gerade gegenüber *den* Mächtigen zu leisten, die sich

ihrerseits – nun im neuzeitlichen Wortsinn – intolerant verhielten, indem sie religiöse und politische Abweichler verfolgten.

Es war der Kirchenvater Augustin, der im 4./5. Jh. christlicher Zeitrechnung das Wort Toleranz in einem dem gegenwärtigen Sprachgebrauch näheren Sinne verwandte. Gegenüber religiösen und moralischen Außenseiterinnen und Außenseitern (in bemerkenswerter Parallele erscheinen hier sündige Mitchristen, Juden und Prostituierte) riet er zur Toleranz, nicht weil er deren Tun und Sein akzeptierte, sondern weil er das Hinnehmen dieser Erscheinungen gegenüber der Praxis der Verfolgung und deren Folgen als das geringere Übel ansah.[2] Die Argumentationsfigur ist in einer Hinsicht der der späteren kirchlichen Lehre vom „gerechten Krieg" vergleichbar: Ein Krieg kann ihr zufolge niemals gerecht sein, wenn das Unrecht und die Zerstörung, die er anrichten wird, größer sind als das Unrecht und die Zerstörung, um derentwillen ein Krieg geführt wird. Gerade wer Gewalt nicht prinzipiell aus dem Spektrum gegebenenfalls notwendigen Handelns ausschließen will, wer etwa aus guten Gründen für ein staatliches Gewaltmonopol eintritt, wird darauf beharren müssen, dass keine Gewalt gerechtfertigt sein kann, die mehr zerstört als rettet. Über die Aktualität dieser Frage brauche ich kein Wort zu verlieren.

In ähnlicher Argumentationsfigur rät Augustin zur Tolerierung von Irrglauben und Unmoral, wenn deren Verfolgung noch größeren Schaden für die Gemeinschaft anrichten würde. Dieses Toleranzprinzip um des Erhalts der Gemeinschaft willen wurde im Mittelalter ausgebaut zur Figur der „permissio comparativa", die Duldung von Missständen, wenn diese vergleichsweise weniger Schaden anrichtet als die Verfolgung.[3] Diese Denk- und Argumentationsfigur hat durchaus aktuelle Praxisfelder. So wird etwa in Holland auch von kirchlichen Seiten (freilich nicht von allen) die dort praktizierte, juristisch nicht *erlaubte,* aber bei Einhaltung bestimmter Verfahrensvorschriften *geduldete* Form der aktiven Sterbehilfe neben anderen Argumentationen verteidigt, denn die konsequente Durchsetzung des Rechts richte größeren Schaden an als die partielle Duldung (d. h. Toleranz) dieses Unrechts.

Nicht alles, was ich als richtig und ethisch geboten ansehe, soll ich mit allen Mitteln auch durchsetzen, denn das maximalistisch durchgesetzte Recht kann zum größten Unrecht führen – mit einem von Cicero[4] freilich abfällig zitierten römischen Wort formuliert: „summum ius, summa iniuria" (das größte Recht wird zum größten Unrecht). Auch dieser Aspekt gehört zur Geschichte des Toleranzbegriffs, und auch er sollte in den Diskussionen über Toleranz nicht vergessen sein.

So einleuchtend das alles ist, es bleibt dabei zunächst bei einem instrumentellen Toleranzbegriff. Toleranz ist in dieser Argumentation kein Wert an sich, keine an und für sich gebotene Haltung gegenüber dem nicht als regelgerecht Erachteten, sondern lediglich ein zuzeiten kleineres Übel als die gewaltsame Behauptung von Recht und Wahrheit. Vollends dass Toleranz eine Praxis und Haltung sein könnte, die zur Ethik der Wahrheit selbst gehört, kommt hier noch nicht in den Blick.

Die bereits bei Augustin vorgenommene Abwägung zwischen dem, was moralisch geboten, und dem, was im Interesse eines gedeihlichen Zusammenlebens erforderlich ist, kehrt in der Neuzeit in den Toleranzdiskussionen wieder, wenn es um das Verhältnis von Gesinnungsfreiheit und Gesellschafts- bzw. Staatserhaltung geht. Nun aber wird umgekehrt das Interesse von Staat und Gesellschaft zur Grenze der Toleranz der Gesinnungen. Eine weitere Dimension unserer Fragestellung kommt genauer in den Blick: die Differenz zwischen geforderter und gewährter Toleranz.

Toleranz von oben, Toleranz von unten

Würde man eine Umfrage in einer beliebigen deutschen Stadt veranstalten und die Menschen auf der Straße fragen: „Sind Sie tolerant?", so würde das (freilich nur auf den ersten Blick beruhigende) Ergebnis zeigen: Nahezu alle Deutschen sind tolerant (wenn man von den – vermutlich gar nicht so vielen – absieht, die das Wort nicht kennen). Namentlich unter gebildeten und aufgeklärten Menschen gilt Toleranz als hoher Wert, und kaum eine und einer in Deutschland etwa wird sich selbst als intolerant bezeichnen. Wenn etwas so flächendeckend behauptet wird, ist allemale Misstrauen angebracht. Nun wird man gewiss unterstellen könne, dass keineswegs alle, die sich selbst als tolerant bezeichnen, auch tolerant sind. Würde man übrigens als weitere Frage hinzufügen: „Sind Sie der Meinung, dass die Deutschen tolerant sind?", käme unter dem Strich das etwas absurde Ergebnis heraus, dass eine sich selbst als tolerant bezeichnende Mehrheit der Deutschen die Mehrheit der Deutschen für nicht oder wenig tolerant hält. So tolerant sind die meisten also nicht, dass sie den anderen dasselbe Maß an Werte- und Normerfüllung zuerkennen mögen wie sich selbst.

Aber mein Misstrauen reicht über die Vermutung einer großen Kluft zwischen Anspruch und Wirklichkeit hinaus. Denn die so selbstverständlich vorausgesetzte Forderung selber, man habe tolerant zu sein, klingt mir verdächtig. Umso genauer sollten wir auf die hören, die in diesem Chor nicht einstimmen. Da wäre etwa Friedrich Nietzsche zu nennen, der in der „Götzendämmerung" von der „Toleranz gegen sich selbst" spricht, welche es gestatte, „mehrere Überzeugungen … verträglich beisammen" zu lassen, ohne auch nur in irgendeiner Weise konsequent zu sein. „Meine Furcht ist groß", notiert Nietzsche, „daß der moderne Mensch für einige Laster einfach zu bequem ist: so daß diese geradezu aussterben."[5] Der Verlust des Lasters der Intoleranz markiert dann nichts als den Verlust eigener Überzeugung. Ein vor allem an der eigenen Bequemlichkeit interessiertes „Leben und leben lassen" tritt an die Stelle des viel schwierigeren Versuches, trotz und wegen der eigenen Überzeugungen die Überzeugungen anderer Menschen zu respektieren, zu ertragen. Auf eine kaum sympathischere Spielart gegenwärtiger Toleranz führt der als Aussage des zeitgenössischen Schriftstellers Patrick Süskind zitierte Satz: „Jenes lauwarme Gefühlsgemisch aus Verachtung, Ekel und Mitleid – bekannt als Toleranz." Tatsächlich gibt es eine Toleranz, die sich als hochmütig-überlegene, achselzuckend-herablassende Geringschätzung herausstellt, wenn man nur genau genug hinschaut.

Ich denke an meine „Toleranz" gegenüber meinen Nachbarn. Der eine hantiert gern und vorwiegend mittags und an Sonntagen mit Schlagbohrer und Motorsäge, der andere traktiert in hässlichstem Freizeitdress ständig und inständig seinen Garten mit dem Rasenmäher, dessen Geräusch mir geradezu Qualen verursacht. Beide sind mir – vorsichtig gesagt – nicht so sympathisch, aber ich toleriere sie natürlich. Mir soll man nicht nachsagen, dass ich so engstirnig bin wie diese rabiaten Kleinbürger. Ich kann es mir leisten, sie zu ertragen … Aber in Wahrheit müsste ich zugeben, dass das gar nicht stimmt. Vielmehr beseelen mich finstere Rachewünsche, in denen zuweilen durchaus auch eine Motorsäge vorkommt … Wie weit reichte meine Toleranz, wenn ich nicht das eigene Überlegenheitsgefühl als Gegenmittel gegen meine Rachewünsche aufbieten könnte? Fragen Sie besser nicht zu genau nach!

Gegen eine solche Toleranz als verächtliche Herablassung gegenüber denen und dem, das mich letztlich nicht anficht, weil ich mich ohnehin überlegen fühle, wäre gerade umgekehrt auf die Einsicht in die eigene Fehlerhaftigkeit, das eigenen Stückwerkwissen und -handeln als Ausgangsfigur wirklicher Toleranz zu verweisen. Die Einsicht in die Mangelhaftigkeit des Menschseins und meines eigenen zuallererst könnte mich auch das ertragen, dulden, ja letztlich als tröstlich wahrnehmen lassen, was ich an Fehlern und Irrtümern bei anderen wahrzunehmen meine. Wenn ich aber mit anderen Menschen zusammenleben will oder auch muss (wie sie mit mir), dann ist die wechselseitige Rücksichtnahme auf die Irrtumsanfälligkeit wie auf die Wahrheitsfähigkeit aller die Voraussetzung des Zusammenlebens. Eine Wurzel der Toleranzidee kann man daher in einem Satz des griechischen Autors Menander erkennen; in der lateinischen Fassung des Terenz lautet er: „Homo sum; humani nil a me alienum puto" (Ich bin ein Mensch; nichts Menschliches ist mir fremd).[6] Begründung und Praxis der Toleranz würden in dieser Perspektive sichtbar als Folgerung aus dem gemeinsamen Menschsein bei gegenseitiger Zubilligung von Wahrheitsfähigkeit und Irrtumsanfälligkeit. Alle drei Gesichtspunkte – das gemeinsame Menschsein, die wechselseitig zugestandene Wahrheitsfähigkeit und die ebenso wechselseitig konzedierte Irrtumsanfälligkeit – müssen zusammenkommen und zusammenbleiben. Begründung und Praxis der Intoleranz gehen in den meisten Fällen einher mit der Auslöschung oft mehrerer dieser Gesichtspunkte. Da spricht man dem anderen das gemeinsame Menschsein ab. Man tut es schon da, wo man bestimmte Taten als „unmenschlich" charakterisiert – als ob nicht das, was wir so gerne als unmenschlich ausgrenzen wollen, allein Menschen tun könnten! Man tut es da, wo man Menschen und ganze Völker dem „Reich" (neuerdings der „Achse") „des Bösen" oder umgekehrt dem westlichen Teufelsreich zuschreibt, man tut es vollends da, wo man Menschen zu Unmenschen oder Untermenschen erklärt. Aber auch da, wo die Wahrheitsfähigkeit vorwiegend der eigenen und die Irrtumsanfälligkeit vorwiegend der anderen

Seite behauptet werden, ist das auf der gemeinsamen Menschlichkeit basierende und in eine reziproke Haltung wie Praxis einmündende Toleranzbündnis aufgekündigt.

Überaus vertraut ist uns in Alltagsleben und Politik, in Bekenntnisfragen wie solchen der persönlichen Werte jene Asymmetrie zwischen der Toleranz, die man für sich selbst fordert, und der, die man entsprechend anderen gegenüber aufzubringen hätte. Um diese Haltung auf den Punkt zu bringen, versuche ich es mit einem Schüttelreim: *Ich fordere stets Toleranz / Wenn selbst ich aus der Rolle tanz.*

Eines der Praxisfelder solcher Asymmetrien will ich etwas genauer in den Blick nehmen. Wie glaubwürdig ist die Forderung nach Toleranz, wenn sie von Menschen, Gruppen oder Religionsgemeinschaften erhoben wird, wo und solange diese sich in der Minderheit befinden, jedoch keineswegs dort ausgeübt wird, wenn sie selbst die Mehrheitsposition einnehmen oder gar die alleinige Macht behaupten. Ich trete dafür ein, dass z. B. die muslimische Minderheit in meinem Land jedes Recht freier Religionsausübung behält bzw. in vollem Umfang erst erhält. Das tue ich unabhängig davon, ob es in anderen Ländern umgekehrt ebenso ist. Aber es würde mir durchaus leichter fallen, wenn es Vergleichbares für christliche und jüdische Minderheiten in Ländern mit muslimischer Mehrheit und islamischer Gesetzgebung auch gäbe.[7] Die hier sich andeutende Frage ist die der Unterscheidung einer Toleranzforderung von unten und einer Toleranzgewährung von oben. Damit zusammen hängt ein weiteres, womöglich das vertrackteste Problem der Toleranz, nämlich das ihrer Grenze. Kann, soll es Toleranz geben für die Feinde der Toleranz? Muss die Toleranz da enden, wo ihre Folge das Ende eben der Toleranz wäre? Oder wäre sie noch da zu fordern, wo sie ihre Feinde begünstigen könnte, weil nur so letztlich nicht die Intoleranz die Regeln behauptete? Genug Fragen also für die folgenden Abschnitte. Der nächste aber bekommt mit einer anderen Frage nach einer Grenze zu tun.

Toleranz in den Religionen:
Über Zitate und deren begrenzte Reichweite

Nach jenem „11. September" des Jahres 2001 war das deutsche Fernsehen voll von Interviews mit muslimischen Vertretern, die immer wieder bekundeten, es sei grundfalsch, den Terrorismus eines Osama bin Laden mit dem Islam in Verbindung zu bringen, denn der Islam sei eine durch und durch friedliche Religion. Dafür hatten sie eine Reihe von Zitaten zur Hand, Worte des Korans etwa, die den Frieden zum hohen Gut erklärten. Steht nicht etwa in der 2. Sure unbezweifelbar der Grundsatz „Kein Zwang im Glauben!"? Ich versuche nun so genau wie möglich zu reden, denn ich will, soweit es möglich ist, Missverständnisse vermeiden. Darum sage ich als erstes, dass solche Selbstdarstellungen islamischer Vertreter in dieser Situation notwendig waren. Alles musste getan werden, damit es nicht zu kurzschlüssigen Gleichungen käme, damit sich die Empörung über den Terror vom 11. September nicht in Anfeindungen türkischer und anderer muslimischer Menschen in diesem Land Luft schaffte. Das ist übrigens von recht wenigen Ausnahmen abgesehen glücklicherweise auch nicht geschehen. Aber nun auch das andere: Das dabei entstehende Bild von Terroristen, die sich in Lüge und Heimtücke einer angeblichen religiösen Überzeugung bedienten, um damit ihre ganz anderen Ziele zu bemänteln, scheint mir nicht richtig zu sein. Soweit ich es beurteilen kann, ist nämlich gerade diesen Terroristen ihre religiöse Überzeugung abzunehmen. Wenn sich Verbrecher einer Religion bedienen, ist das schlimm genug. Wenn der Terror jedoch der aufrichtige Ausdruck einer religiösen Überzeugung ist, ist das noch viel schlimmer. Der schlimmste Terror ist der Terror der Tugend. Die schrecklichsten Verbrechen in der Weltgeschichte wurden ja nicht in der Verfolgung niederer Motive verübt, sondern im Namen und in der Verfolgung höchster und anerkanntester Werte wie Freiheit, Gerechtigkeit und Wahrheit. Dieser Terror der Tugend, getragen von der Überzeugung, im Besitz der alleinigen Wahrheit zu sein und um dieser Wahrheit willen alle ihre Feinde vernichten zu dürfen, ja zu müssen, ist freilich keineswegs – das sage ich mit allem Nachdruck – auf muslimische Terroristen beschränkt. Einen solchen Terror der Tugend verübten die Jakobiner nach der Französischen Revolution, der tugendhafte und unbestechliche Robespierre vor allem, einen solchen Terror der Tugend verübten und verüben bis heute die Repräsentanten christlicher Werte, die ihre Kreuzzüge gegen das Böse mit dem Alleinvertretungsanspruch auf Wahrheit, Moral und Recht eben nicht verbrämen, sondern subjektiv aufrichtig vertreten.

Was bedeutet es aber dann, dass sich in den Grunddokumenten aller Religionen wunderbare Sätze des Friedens und der Toleranz finden? Wenn ich höre, die Gewalt könne gar keine Praxis des Islams sein, weil im Koran anderes stehe, dann könnte man darauf aufmerksam machen, dass sich im Koran wie in der Bibel Sätze der einen und Sätze der anderen Art finden. Aber noch das bliebe nur die halbe Auskunft. Die andere Hälfte bekäme zu tun mit der faktischen Reichweite jener zitierbaren und immer wieder zitierten Plädoyers für das friedliche Miteinander und den Frieden in den jeweiligen religiösen Grunddokumenten.

Ich stelle mir gezielt anachronistisch eine Fernsehsendung in den Zeiten der Kreuzzüge oder der Hexenverfolgungen vor. Da säße im Studio ein Kardinal, der würde gefragt, ob es eine Verbindung gäbe zwischen dieser mörderischen Praxis und dem Christentum, und er antwortete, das alles könne mit dem Christentum ja schon deshalb nichts zu tun haben, weil Jesus Feindesliebe und Gewaltverzicht gelehrt habe. Gerade die Erinnerung an die Geschichte meiner eigenen Religion macht mich misstrauisch gegen solche Bekundungen.

Zur Frage wird deshalb – gerade auch im Zusammenhang des Toleranzthemas – nicht so sehr, ob sich diese oder diese Sätze und Satzungen in den je verbindlichen heiligen Schriften finden lassen, sondern wann, wo, unter welchen Bedingungen und mit welchen Interessen *diese* oder *diese* Sätze und Satzungen zitiert und beherzigt werden. Liest man etwa im „Lexikon religiöser Grundbegriffe. Judentum. Christentum. Islam"[8] die den jeweiligen Religionen gewidmeten Abschnitte zum Stichwort „Toleranz", so bieten sie für alle drei Buchreligionen eindrucksvolle Toleranzforderungen. Der zitierte Satz aus Sure 2,256 findet sich im Islamabschnitt (von S. Balic), im Judentumsabschnitt (von D. Vetter) hat das rabbinische Diktum aus der Mischna (Edujot 1,4) einen wichtigen Ort, welches lautet, niemand solle auf seiner eigenen Meinung beharren; im Christentumsabschnitt (von U. Tworuschka) findet sich u. a. der Hinweis auf die Auffassung des Nikolaus von Kues von der *einen* Religion in der Mannigfaltigkeit ihrer Riten („una religio in rituum varietate"). Alle großen monotheistischen Religionen konnten zu solchen und ähnlichen Sätzen gelangen, die für die Toleranzforderung stark gemacht werden können. Eine generelle Verteufelung einer Religion – welcher auch immer – ist in jedem Fall böse. Eine generelle Reinwaschung einer Religion – welcher auch immer – unterschlägt jedoch ein gefährliches Potenzial der meisten Religionen, derjenigen nämlich (und in dieser Hinsicht sind Islam und Christentum einander in Theorie und Praxis viel näher, als manchen lieb ist), die für ihre eigene religiöse Überzeugung die absolute Wahrheit beanspruchen. In dieser Hinsicht steht das Judentum wohl prinzipiell anders da, aber wohl auch manche fernöstliche Religion – vorsichtig füge ich hinzu: jedenfalls in ihrer Theorie.

Spätestens an dieser Stelle taucht das Problem der Beziehung von Toleranz und Wahrheit wie das von Toleranz und Macht auf. Das Gepäck für die weitere Reise durch die Gefilde des Toleranzthemas wird immer schwerer – versuchen wir gleichwohl, noch etwas weiter zu kommen.

Toleranz und Macht

Bemerkenswerterweise ist der vermutlich früheste Beleg für das Wort „tollerantz" beim Reformator Martin Luther zu finden, und zwar in einem unmittelbar kirchenpolitischen Kontext. Es ging im Zusammenhang der Debatten des Regensburger Reichstags von 1541 um den Versuch Kaiser Karls V., die Eintracht (concordia) unter den verfeindeten Konfessionen zu bewirken. Solange das nicht erreicht war, sollte eine befristete gegenseitige Duldung ausgesprochen werden. Gegen solche – und hier nun zum ersten Mal im Deutschen das Wort – „tollerantz" wandte sich Luther in einem Brief aus dem Sommer 1541[9], weil sie nicht tauge, denn die Anerkennung des Katholizismus befördere „geistliche Tyranney". Luthers Argument lässt sich bereits auf die Frage nach der Grenze der Toleranz beziehen: keine Toleranz für die Feinde der Toleranz! Als solchen Feind sah Luther die katholische Kirche an. Im Blick auf die Glaubensüberzeugungen der einzelnen vertritt der Reformator die folgende Position: Bleibt jemand bei einer Häresie, ohne sie öffentlich zu bekunden, so soll das im Blick auf die Gewissensfreiheit geduldet werden; wird aber eine Ketzerei öffentlich, so muss sie verfolgt werden. Die Frage der Toleranz wird bereits bei Luther aus dem Bereich der Gesinnung in den der Treue zu Obrigkeit und Staat überführt. Aber was bedeutet diese Unterscheidung im Blick auf Gesellschaftsformen, in denen Staat und Religion nicht zu trennen sind?

Die angedeutete Einschränkung der Toleranzforderung bleibt weithin auch in der Aufklärung bestehen. Auch und gerade die englischen Aufklärer des 17. Jh. fordern einerseits die Tolerierung religiöser Überzeugungen als (so Thomas Hobbes) „private opinions", gestehen jedoch zugleich dem Staat bzw. seinen Vertretern zu, über die Grenzen der Toleranz zu entscheiden, die dann gegeben sind, wenn jene privaten Überzeugungen dazu führen, den Gesetzen des Staates nicht zu gehorchen. John Locke argumentiert in seinem im Jahre 1689 veröffentlichten „Letter concerning toleration"[10]: Weil man niemanden zwingen könne, seinen Glauben einem von einem anderen ergehenden Diktat anzupassen („for no man can, if he would, conform his faith to the dictates of another"[11]), solle man das auch nicht tun. Doch endet auch bei ihm die so geforderte Meinungsfreiheit da, wo die Staatsinteressen es verlangen. In England waren deshalb die Katholiken von der Toleranz ausgeschlossen, da sie ihre Weisungen von außerhalb erhielten.

Wie weit trägt jene Unterscheidung zwischen persönlicher Meinung und öffentlicher Praxis in Religions- und Bekenntnisfragen heute? Wo die Normen einer Religion unmittelbar die Gesetze eines Staates bilden, hebt sich die Unterscheidung zwischen privater Gesinnung in Religionsfragen und den Gesetzen des Staates faktisch auf. Aber auch der entgegengesetzte Fall zeigt, dass jene Unterscheidung nicht so weit greift, wie es die Argumentationen der Aufklärer nahe legen könnten. Denn wenn ein Staat (wie etwa der der Bundesrepublik Deutschland) sich in Religions- und Bekenntnisfragen als neutral erklärt, wenn es keine Staatsreligion gibt, dann verliert die staatliche Toleranzforderung ihre Basis. Denn ein solcher Staat hat keine anderen Religionen zu tolerieren, weil er keine bestimmte als die eigene vertritt. In beiden Fällen wird die Toleranzforderung jenseits der persönlichen Duldsamkeit gegenüber Andersdenkenden obsolet. Die klassische staatlich-politische Toleranz, wie sie sich etwa in der preußischen Erlaubnis der Ansiedlung der Hugenotten (mit all ihren erfreulichen demographischen, wirtschaftlichen und kulturellen Folgen) ausdrückte, käme allein für solche Staaten in Betracht, die eine Staatsreligion haben und gleichwohl andere Bekenntnisse tolerieren. Ich kann nicht sagen, für wie viele Staaten in der Welt das heute zutrifft – für die in den gegenwärtigen Auseinandersetzungen besonders zu beachtenden gilt es kaum. Sollte sich also letztlich doch die Toleranzfrage auf eine der je ganz persönliche Haltung reduzieren? Und wäre die Toleranz dann letztlich doch bei denen am besten aufgehoben, die sie aus Indifferenz und eigener Gesinnungslosigkeit leicht zugestehen können? Müsste man also Nietzsche gegen Nietzsche lesen und es begrüßen, dass die Intoleranz zugleich mit den Überzeugungen selbst verschwindet? Das wäre allemal ein schaler Trost. Darum bleibt die Frage, wie und in welchen Denkfiguren und Lebenshaltungen Toleranz und Überzeugung zusammengehen können.

Toleranz und die Perspektive der Anderen

Nach einem ebenso berühmten wie selten wirklich beherzigten Satz von Rosa Luxemburg ist Freiheit immer auch die Freiheit der Andersdenkenden. Diese prinzipielle Perspektive des und der Anderen muss in die Toleranzforderung eingehen. Das ist nicht so selbstverständlich, wie es klingt. Nehmen wir als Beispiel das wohl berühmteste Stück der europäischen Theatergeschichte, welches für Toleranz steht. Ich denke an *Lessing.*

Bekannt ist vor allem Lessings „Nathan" (aus dem Jahre 1779) – *das* Modellstück der Toleranz. Die Frage nach der Wahrheit der Religion(en) findet ihre Antwort in der Praxis der Humanität. So könnte man in aller Kürze die Botschaft in Lessings „Nathan" formulieren. Auf der Bühne wird wahr, was im realen Leben versagt ist. Als *Moses Mendelssohn* – der „reale" Nathan – als junger Mann, von Dessau kommend, durch das Rosenthaler Tor Berlin betrat, musste er für sich als Juden den „Viehzoll" entrichten. Auf der Bühne wird wahr, was zwischen Juden, Christen und Muslimen im Wortsinn utopisch war, d. h. keinen realen Ort hatte. Die letzte Regieanweisung im Nathan lautet: „Unter stummer Wiederholung allseitiger Umarmungen fällt der Vorhang." Aber was ist es, das sich da am Ende des Stücks so glücklich (in heutiger Wahrnehmung: so kitschig) auflöst? Man kann die Toleranz im Nathan doch wohl so beschreiben: Ein Jude, ein Christ und ein Moslem begegnen einander auf der Ebene gemeinsamer aufgeklärter Philosophie und können auf dieser Ebene Toleranz üben, *notabene:* Toleranz unter letztlich Gleichen. Was bedeutet das für das Zusammenleben von Menschen, die einander fremd sind und fremd bleiben? Was bedeutet das für meine Toleranz gegenüber einem Menschen, der eine andere Religion hat, die er, die sie nicht in eine höhere Philosophie aufzuheben bereit ist? Toleranz unter Gleichen ist gerade nicht das Problem. Mehr noch: Sie kann der wirklichen entgegenwirken, der Toleranz gegenüber dem Fremden als Fremdem. Die stumme Wiederholung allseitiger Umarmungen, bei der der Vorhang fällt, lässt das viel Schwierigere hinter dem Vorhang. Eine Toleranz schließlich, die nicht die Zumutung einbegreift, das mir Fremde, ja Widrige ertragen wollen zu müssen (müssen zu wollen), vermindert sich zur Maxime jenes indifferenten „Leben und leben lassen".

In Lessings frühem Stück „Die Juden" (25 Jahre vor dem „Nathan", 1754 erschienen) geht es anders zu – in bestimmter Hinsicht ehrlicher. Da nämlich scheinen die allseitigen Umarmungen möglich, solange *nicht* aufgedeckt ist, dass der Jude ein Jude ist. Als aber offenbar wird, dass der edle Lebensretter Jude ist, muss die Verbindung mit der Tochter des – gleichermaßen edlen – Christen scheitern. Warum? Am Ende dieses Stückes wird „dem Juden" versichert: „O wie achtungswürdig wären die Juden, wenn sie alle Ihnen glichen!" Und er repliziert: „Und wie liebenswürdig die Christen, wenn sie alle Ihre Eigenschaften besäßen." Doch die Eigenschaften der konkreten Menschen vermögen das Urteil über „alle" nicht zu erschüttern, und so kann die Verbindung der konkreten Menschen trotz des ihnen konkret geltenden Urteils nicht zustande kommen. Hier wird Einzelnes in Allgemeines verrechnet. Dass dieses Allgemeine nur als Trugbild existiert, macht seine Wirkung nicht weniger real. Das frühe Lessing-Stück ist darin wahrer, dass es Möglichkeit und Unmöglichkeit der Überwindung der trennenden Schranken begreift, während der „Nathan" unterstellt, es gebe die Ebene der Humanität abgesehen von den realen Menschen. Im Blick auf reale Menschen – Juden z. B., nicht so weise wie „Nathan", nicht so schön wie „Recha", Muslime, nicht so edel wie „Saladin", Christen, nicht so ritterlich wie der „Tempelherr" – kann eben diese Toleranz ins Gegenteil umschlagen.

Die Abscheu vor der Vernichtung des und der Fremden durch Gewalt darf nicht unaufmerksam werden lassen für jene freundliche, allemal gut gemeinte, subtile Beseitigung des und der Fremden durch ihre Aufhebung ins Allgemeine. „Sind doch Menschen wie wir", heißt es dann oft und ebenso richtig wie falsch. Richtig ist das Bestehen auf der Unteilbarkeit von Menschenwürde und Menschenrechten. In dieser Hinsicht geht es im Blick auf jeden einzelnen Menschen um die ganze Menschheit und die ganze Menschlichkeit. Und doch ist jenes „Sind doch Menschen wie wir" gefährlich, weil es den Blick verstellt für die Differenzen. Und wenn dann jene Fremden in konkreter Hinsicht nicht so sind wie „wir" (wobei jenes „wir" selbst überaus fragwürdig ist), dann (und nun schlägt die Falle zu, die im Versuch der Überwindung der Feindschaft durch die Erledigung der *Kategorie* der Fremdheit liegt:) sollen sie auch nicht dieselben Rechte haben wie „wir".

Erst eine Toleranz, die die Fremd- und Andersheit nicht überspielt, sondern im buchstäblichen Sinne *wahr* nimmt, eine, die das Andere als Anderes zu tolerieren bereit ist, verfiele dem Trugbild vorgeblicher Gleichheit aller Menschen ebenso wenig wie der Lüge unterschiedlicher Wertigkeit von Menschen. Kein anderes Zitat scheint mir für das Geforderte treffender zu sein als die folgende Bemerkung in Th. W. Adornos „Minima Moralia": „Eine emanzipierte Gesellschaft [...] wäre kein Einheitsstaat, sondern die Verwirklichung des Allgemeinen in der Versöhnung der Differenzen. Politik, der es darum im Ernst noch ginge, sollte deshalb die abstrakte Gleichheit der Menschen noch nicht einmal als Idee propagieren. Sie sollte stattdessen [...] den besseren Zustand aber denken als den, in dem man ohne Angst verschieden sein kann."[12]

Toleranz und Wahrheit

Auf unserem Weg durch das Gebiet der Toleranz ist eines der schwierigsten Gefilde mehrfach am Rande in den Blick gekommen, wir haben es noch nicht wirklich begangen. Ich meine die Relation der Worte und Werte Toleranz und Wahrheit.

Kann man in Wahrheitsfragen tolerant sein? Oder besser gefragt: *Wie* kann man in Wahrheitsfragen tolerant sein? Eine ziemlich einfache und wohl zu einfache Lösung bestünde darin, zwar auf der eigenen Wahrheit zu bestehen, doch zu ertragen, dass andere diese Wahrheit (noch) nicht erkennen. Eine solche Duldsamkeit ist gewiss eine Tugend, sie ist – für Mathematiklehrerinnen etwa – ebenso gewiss eine zur Berufsausübung notwendige Form der Geduld, wenn es darum geht, falsche Lösungen einer Aufgabe zwar zu korrigieren, doch diejenigen, die die richtige Lösung (noch) nicht herausfinden konnten, nicht ins Abseits zu stellen, sondern zu fördern und zu ertragen, dass auch am Ende nicht alle die Grundregeln der Mathematik beherrschen werden. Solche Duldsamkeit dürfte heilsam sein, doch mit dem eigentlichen Toleranzproblem hat sie noch nicht viel zu tun. Denn in solchen Fällen bleibt die Richtigkeit einer Lösung von der Frage, wie mit unrichtigen zu verfahren sei, unbetroffen. Dass zwei plus zwei vier ergibt, ist auch dann wahr, wenn eine ganze Klasse fälschlicherweise etwas anderes herausbekommen hat. Da muss man eben weiter üben – das richtige Ergebnis aber steht fest. Das Gegenstück zu dieser In-Beziehung-Setzung von Wahrheit und Toleranz läge da vor, wo ich gegenüber anderen „Lösungen" deshalb nicht den eigenen Wahrheitsanspruch stellen kann, weil ich einen solchen nicht erhebe, z. B. selbst die „Lösung" nicht kenne. Aber auch das bleibt hinter dem wirklichen Problem zurück. Zum Konflikt zwischen Wahrheitsanspruch und Toleranzforderung kommt es erst da, wo jemand von der Wahrheit der eigenen Position überzeugt ist und dennoch eine andere, ebenso entschieden beanspruchte Wahrheit toleriert. Damit stellt sich jedoch die schwierige Frage nach der Wahrheit selbst. Der vor einigen Jahren verstorbene Berliner Philosoph und Religionswissenschaftler Jacob Taubes war ein Meister darin, ein verwickeltes Problem in einem Witz auf den Punkt zubringen [13] – unser Problem oder jedenfalls eine wichtige Beobachtung dazu in Folgendem:

Der Rabbiner einer deutschen Stadt erhielt wieder einmal eine Einladung zu einer städtischen Festveranstaltung. Er wusste, dass er sich solchen Repräsentationspflichten im Interesse seiner Gemeinde schlecht entziehen konnte, und zugleich graute ihm davor, ein weiteres Mal den ganzen Abend mit dem ebenso frommen wie langweiligen Pfarrer am Tisch sitzen und belanglose Gespräche führen zu müssen. Entsprechend schlecht gelaunt ging er hin. Den Platz neben ihm hatte wie immer der Pfarrer, aber es war diesmal nicht der alte, sondern der gerade bestallte neue Pfarrer der Gemeinde. Man begann das übliche Gespräch über dies und das, und dem Rabbiner fiel bald auf, dass dieser Pfarrer ein überraschend aufgeklärter, gebildeter und kritisch denkender Mann war. Nach einer Weile sagte der Rabbiner: „Sagen Sie einmal, Herr Pfarrer, Sie sind doch, wie ich mit Freude feststelle, ein denkender und kritikfähiger Mann. Wie können Sie dann glauben, dass Jesus Wunder getan hat, dass er z. B. übers Wasser gelaufen ist?" „Aber Herr Rabbiner", entgegnete der Pfarrer, „Sie glauben doch auch, dass Mose Wasser aus dem Felsen geschlagen hat?" Die prompte Antwort des Rabbiners. „Das ist doch wohl etwas ganz Anderes. Das ist doch die Wahrheit!"

Was ist Wahrheit? Schon bei der Frage hängt viel am Ton und mehr noch am Interesse, sie zu stellen. „Was ist Wahrheit?" – das fragt im Neuen Testament Pilatus, und er sagt es als Zyniker der Macht. Was ist schon Wahrheit! Gegen diese Relativierung von Wahrheit zugunsten des Nutzens und der Macht bedarf es des Festhaltens an der Frage jenseits des Machtkalküls. Aber was *ist* Wahrheit? Menschen, die behaupten, im Besitz der Wahrheit zu sein, sind meist nicht nur wenig sympathisch, sondern die Behauptung, die Wahrheit zu besitzen, ist selbst geradezu eine Art Gegenindikation. Etwas, das man zu haben, zu besitzen behauptet, kann schon darum die Wahrheit nicht sein. Aber aus dem verständlichen Widerwillen gegen jeden Wahrheitsbesitz auf die *Frage* nach der Wahrheit zu verzichten, ist freilich das falsche Gegenmittel. Übrigens ergäbe sich aus jenen beiden Haltungen für die Toleranzfrage abermals eine „Fehlanzeige". Wer die Wahrheit zu besitzen vorgibt, kann nicht tolerant sein, wer die Frage nach der Wahrheit gar nicht stellt, muss nicht tolerant sein. In dem einen Fall verhindert der Absolutheitsanspruch die Toleranz, in dem anderen hebt die indifferente Positionslosigkeit sie auf. Dazwischen aber bleibt der große Bereich, in dem unvereinbare Wahrheitsansprüche aufeinander treffen und gleichwohl alle Beteiligten versuchen, einander in eben diesen unvereinbaren Wahrheitsansprüchen zu tolerieren. Ein bemerkenswertes Zeugnis einer solchen Haltung ist der vielzitierte Satz Voltaires: „Ihre Meinung ist genau das Gegenteil der meinigen, aber ich werde mein Leben daran setzen, dass Sie sie sagen dürfen." Aber wieder wäre weiter zu fragen, ob sich darin diejenige Toleranz ausdrückt, die den Respekt vor der Überzeugung eines anderen Menschen über den eigenen Wahrheitsanspruch stellt, mithin Toleranz um der Freiheit willen übt, oder ob sich darin eine Beziehung zum eigenen Wahrheitsanspruch ausdrückt, der als solcher sich nicht absolut setzen will, mithin Toleranz um der Wahrheit willen geübt wird. Politisch und gesellschaftlich wäre mit der erstgenannten Haltung viel gewonnen. Ich habe die Formel „Leben und leben lassen" schon zweimal negativ gebraucht, nämlich um eine Haltung der Indifferenz und Bequemlichkeit anzudeuten. Anders betont, wäre aber der Satz „Leben und leben lassen" sehr wohl emphatisch-positiv zu wenden, nämlich geradezu als Ausdruck gleich mehrerer Menschenrechte. Was das angeht, spricht viel dafür, die Wahrheitsfrage aus den politischen Konflikten herauszuhalten – und aus den religiösen erst recht. Ich würde mir jedenfalls nicht wünschen (und vorstellen kann ich es mir noch weniger), dass etwa die Konfliktparteien in Israel und Palästina zuerst einmal klären sollten, welche ihrer religiös begründeten Ansprüche denn nun die „wahren" seien. (Das kann allerdings nicht der Freibrief dafür sein, über die je anderen falsche Behauptungen aufzustellen, und seien es falsche Behauptungen in heiligen Texten selbst.) Ich habe den Eindruck (als Theologe sage ich das in Trauer und Scham), dass die Rolle der Religionen in solchen Konflikten selten dem Frieden dient (den die involvierten Religionen doch jeweils und je für sich oft glaubwürdig betonen), sondern viel eher die Konflikte auf eine prinzipiell unlösbare Ebene hebt. Mit der Kategorie der Wahrheit sollte man also vorsichtig umgehen. Und dennoch: Erst die im Anschluss an Voltaires Satz formulierte Möglichkeit einer Toleranz um der Wahrheit willen lässt eine Form der Toleranz in den Blick kommen, die nicht *gegen* den Wahrheitsanspruch zu üben wäre, sondern in den Wahrheitsanspruch selbst einginge. Es ginge darum, um der Wahrheit willen nicht zu wollen, dass die eigene Form der Wahrheit die einzige, die universal geltende sei oder würde.

Aus der rabbinischen und weiteren jüdischen Diskursliteratur habe ich gelernt, dass es in nahezu allen Fragen von Leben und Lehre Geschichten und ebenso wahre Gegengeschichten gibt, ja mehr noch, dass manche Geschichten wahr sind, nicht *obwohl*, sondern *weil* ihre Gegengeschichten auch wahr sind. Nicht *ob* etwas wahr ist, wird dann zur Frage, sondern für wen, wann und nicht zuletzt wogegen es wahr oder falsch werden kann. Mit einer solchen Sicht tun sich nun aber gerade die Religionen schwer, die sich (1.) auf eine überzeitlich geoffenbarte und jederzeit und überall gültige Wahrheit beziehen und diese (2.) missionarisch vertreten, d.h. den Auftrag beinhalten, sie in der ganzen Welt zur Geltung zu bringen. Während in nicht wenigen theologisch grundlegenden Fragen das Judentum und der Islam einander näher stehen als beide dem Christentum (ich denke vor allem an den strikten Monotheismus, aber auch an die Bedeutung der Religion für die Lebens*praxis*), sind im Blick auf den Absolutheitsanspruch in der Verbindung mit der Weltmission Christentum und Islam einander nahe. Wie kann hier Toleranz einziehen? Ich kann und will mir keine Ratschläge für andere Kulturen und Religionen anmaßen, aber doch einen historischen Hinweis auf die eigene Religionsgeschichte geben, der womöglich eine weiterreichende Perspektive enthält.

Toleranz ist ein Begriff, der keineswegs der Christentumsgeschichte selbst entsprungen ist, sondern vor allem gegen die Kirchen durchgesetzt werden musste. Dennoch scheint mir die Toleranz (ohne dass ich die zahlreichen Gegenbeispiele übersähe oder beschönigen wollte) bei den meisten europäischen Christinnen und Christen heute als Tugend akzeptiert zu sein. Wie konnte es gegen die Absolutheitsansprüche und den Missionsbefehl des Christentums dazu kommen? *Eine* Antwort dürfte sein: Sowohl das Christentum als auch das Judentum erscheinen heute mehrheitlich in ihrer nachaufgeklärten Gestalt.

Die Aufklärung hat dabei nicht zuletzt eine Veränderung der Beziehung auf die je eigenen normativen religiösen Texte und Gesetze bewirkt. Die vielleicht wichtigste Erkenntnis der Aufklärung in Blick auf die grundlegenden religiösen Urkunden ist die Einsicht in deren Historizität. Es sind Zeugnisse zunächst einmal einer bestimmten Zeit, nämlich der ihrer Entstehung, in deren Kontext, in deren Plausibilitätsstrukturen sie verfasst wurden. Nach wie vor sind die Urkunden der göttlichen Offenbarung für sich als religiös verstehende Juden und Christen normativ, aber – und das ist das Entscheidende – sie sind es nicht in ihrem unmittelbaren, bloß zu zitierenden Wortlaut. Vielmehr muss das, was gelten soll, dem Wortlaut in der Auslegung entnommen werden, und diese Auslegung ist – wie es übrigens die Texte der Bibel selbst sind – vielschichtig, kontrovers, nicht selten widersprüchlich. In der Geschichte meiner Religion ist das in langen und keineswegs schon ausgestandenen Kämpfen zur Einsicht vieler geworden. Dass sich die Sonne um die Erde drehe, ist nicht deshalb wahr, weil ein Text in der Bibel das voraussetzt, um nur dieses eine Beispiel zu nennen. Die Widersprüche in der Bibel selbst nicht als leider noch verbliebenen Mangel anzusehen, sondern als deren Reichtum (religionswissenschaftlich gesagt: die Bibel als *kanonische* Schrift anzusehen, d. h. in ihrer verbindlichen Vielstimmigkeit bis Widersprüchlichkeit), erlaubt Widersprüche auch im Zusammenleben mit Menschen zu tolerieren, die ihre Überzeugungen anderen Quellen verdanken. Etwas ist nicht schon deshalb wahr, weil es so in einer heiligen Schrift steht. Der als verbindlich gelten sollende Sinn des Textes ist vielmehr seinem Wortlaut interpretatorisch und diskursiv zu entnehmen; es ist mit dem bloß zitierten Wortlaut nicht immer schon identisch. Was wahr ist, kann mit keiner Mehrheit beschlossen werden, wohl aber kann in demokratischer Diskussion und zuletzt Abstimmung entschieden werden, was gelten soll. Und wenn dazu die Einsicht kommt, dass auch das, was heute nicht gelten soll, einmal wieder wichtig werden kann, ja dass es immer neuer Revisionen und zuweilen dann womöglich gegenteiliger Entscheidungen bedarf, dann wird erkennbar, dass auch das, was jetzt nicht gelten soll, im Spiel bleiben muss, zur Sprache gebracht werden muss. Ein solches relationales, diskursives und revisionsfähiges Verhalten gegenüber dem, was ich selbst als wahr vertrete, *erlaubt* nicht nur die Toleranz gegen andere Wahrheitsansprüche, sondern *fordert* sie um der anderen Menschen, um der Freiheit und nicht zuletzt um der eigenen Wahrheit willen.

Aber es bleibt (neben so vielem anderen, das ich nicht angesprochen habe) ein gewaltiges Problem. Denn die gerade skizzierte Form einer Toleranz um der Wahrheit und gerade auch der eigenen Wahrheit willen setzt Wechselseitigkeit voraus. Etwas technisch gesagt: Sie funktioniert dann, wenn das Gegenüber ebenso um der Wahrheit und gerade auch der eigenen Wahrheit willen Toleranz übt. Was aber, wenn diese Reziprozität nicht gegeben ist. Die schon einmal angesprochene und nun wieder auftauchende Frage lautet also: Kann es Toleranz gegenüber der Intoleranz geben?

Das Paradox der Toleranz

Wenn Toleranz geübt werden soll, richtet sie sich gegen Intoleranz. Aus dieser zunächst ebenso einleuchtend wie banal erscheinenden Aussage resultiert nun aber das Paradox der Toleranz. Um ein Paradox handelt es sich insofern, als die Toleranz in dem einen und dem anderen Fall an der Intoleranz zerbricht. Wird Intoleranz toleriert, dann wird zugelassen, dass sie ihrerseits die Toleranz beseitigen will und das, wenn sie die Macht dazu hat, auch tun wird, ja aus eigener Überzeugung tun muss. Wenn aber die Intoleranz die strikte Grenze der Toleranz markiert, die Toleranz also die Intoleranz nicht toleriert, dann hebt sie sich in diesem Fall auf, beseitigt sich also selbst. (Eine ganz ähnliche Paradoxie ist die der Freiheit. Kann es Freiheit für die Feinde der Freiheit geben? Aber wer bestimmt, wer ein Feind der Freiheit ist? Und führte nicht mancher Kampf gegen die Unfreiheit selbst zur Unfreiheit?) Ich kann das oft verhandelte Problem der entsprechenden Paradoxie der Toleranz nicht lösen. Mit aller Vorsicht und um den Preis, mir den Vorwurf der Naivität einzuhandeln, plädiere ich für so etwas wie eine persuasive, eine werbende Toleranz. Gerade gegenüber der Intoleranz wäre die Toleranz zu behaupten, um jener nicht das Feld zu überlassen. Dass das Grenzen hat, wenn es um Gesetze, vollends um die Verhinderung von Schädigungen von Menschen an Leib und Leben geht, versteht sich. Hier gilt m. E. die Position K. Poppers: „Unlimited tolerance must lead to the disappearance of tolerance" nebst dem Recht „not to tolerate the intolerance".[14]

1 Über den Begriff „Toleranz" informieren ebenso gundlegend wie ausführlich die Begriffsartikel in: Historisches Wörterbuch der Philosophie, Bd 10, 1998, 1251–1262 (G. Schlüter / R. Grötker), sowie in: Geschichtliche Grundbegriffe, Bd. 6, 1990, 445–605 (K. Schreiner / G. Besier).
2 Dazu G. Schlüter / R. Grötker, ebd., 1252 (mit Stellenangaben). Gegenfigur zu dieser Toleranz wäre der ethische Rigorismus. Augustins Position wurde u.a. im Donatistenstreit virulent. Hier ging es um die Frage, ob die Kirche die Priester und weiteren Leitungspersonen ausschließen müsse, die sich in der Verfolgung durch die römischen Behörden als Verräter oder als schwach erwiesen hatten, oder ob sie auch diese Personen zu integrieren habe.
3 Dazu G. Schlüter / R. Grötker, ebd. (mit weiteren Literaturhinweisen).
4 De officiis I,10,33.
5 Die Zitate finden sich im Abschnitt „Streifzüge eines Unzeitgemäßen", Nr. 18 (1889), in der Krit. Gesamtausgabe hg. v. G. Colli / M. Montinari Bd. 6/3, 116.
6 Heautontimorumenos (Der Selbstpeiniger), I, 1, 25.
7 Die Rechte christlicher Minderheiten in der Türkei etwa sind zweifellos eingeschränkter als die muslimischer Minderheiten in Deutschland. Es wäre gut, wenn der Muezzin öffentlich in Duisburg und anderswo zum Freitagsgebet rufen könnte und ebenso die Kirchenglocken zum Sonntagsgottesdienst in Riad und anderswo. Dass die in mancher Hinsicht zu konstatierenden Beschränkungen für arabische und muslimische Menschen in Israel zu kritisieren sind, ist das eine. Dass sie allemal geringeren Beschränkungen unterliegen als jüdische Menschen in den meisten muslimischen Landern, sollte dabei jedoch nicht vergessen oder verschwiegen werden.
8 Hg. v. A. Th. Khoury, Graz 1987.
9 WA Briefe 9; 438 f. 440 ff.
10 Epistola de tolerantia, hg. v. R. Klibansky / J. W. Gough, Oxford 1968, 64; engl. in: Works, Bd. 6, 1823 (Nachdruck 1963).
11 Ebd. (lat. S. 66, engl. S. 10).
12 GS 4, 116.
13 Dazu R. Faber, „Das ist die Synagoge, in die ich nicht gehe." Über politisch-religiöse Witze, in: ders. (Hg.), Politische Religion – religiöse Politik, Würzburg 1997, 331–349.
14 The open society and its enemies I, [4]1962, 238 (dt. Die offene Gesellschaft und ihre Feinde, Tübingen 1992).

Gottes Name, Gottes Namen, in Gottes Namen*

Ein evangelischer Gottesdienst beginnt mit dem Namen Gottes. An seinem Anfang kann es heißen: „Wir feiern diesen Gottesdienst im Namen Gottes." Gebräuchlich ist auch die Formel „im Namen des Vaters und des Sohnes und des heiligen Geistes", aber es kann auch so klingen: „Im Namen Gottes /das ist Leben / im Namen Christi / das ist Leben lernen / in Gottes Geist / das ist Leben zulassen." Was meint dieses „im Namen" (Gottes)? Wir hören es heute wie eine Begrüßung durch eine Bevollmächtigte oder einen Repräsentanten, so wie der Pressesprecher zuweilen im Namen des Kanzlers spricht oder die Schulleiterin die Eltern im Namen der ganzen Schule begrüßt. Womöglich ist es heute auch so gemeint. Aber die auf die Bibel zurückgehende Formel „im Namen" (genauer noch „in den Namen") „Gottes" meint etwas anderes. Sie meint, dass Menschen in einen Bereich eintreten, der mit Gottes Namen belegt, mit Gottes eigenhändiger, namentlicher Unterschrift signiert ist. Die Signatur, die sprachlich mit dem „Segen" zusammenhängt, ist die ganz persönliche Beglaubigung, das, wofür der oder die Signierende mit dem eigenen Namen einsteht. Darum ist von Gottes Namen die Rede, wenn Menschen getauft werden, und auch da, wo Menschen in den Gottesdienstraum eingetreten sind. Das wird im christlichen und kirchlichen Sprachgebrauch undeutlich, weil in der Sprache der Kirche und ebenso der meisten deutschen Bibelübersetzungen ganz und gar nicht deutlich wird, dass Gott einen Eigennamen *hat*.

Ich erinnere an eine zweite sehr vertraute Formulierung kirchlicher Sprache: Im bekanntesten aller Gebete, im Vaterunser, bitten wir: „Geheiligt werde dein Name!" Geht das, was Christinnen und Christen da sprechen, nicht irgendwie ins Leere? Denn was besagt die Bitte um die Heiligung des *Namens* Gottes, wenn den so Betenden und Bittenden nicht bewusst ist, dass Gott einen Namen hat, einen Eigennamen?

Warum ist die bloße Tatsache, dass Gott einen Namen hat, dem Bewusstsein vieler Christenmenschen entschwunden, und welches ist der Name Gottes? Um dem nachzugehen, müssen wir uns der Bibel, der „Schrift" selbst zuwenden. In der hebräischen Bibel, im Alten Testament, wird der Name Gottes *geschrieben*. Er wird geschrieben mit den vier Konsonanten j-h-w-h, doch er wurde seit biblischer Zeit – abgesehen von einer ganz bestimmten Stelle des Tempelgottesdienstes, wo er einmal im Jahr allein

---

* Podiumsbeitrag beim 30. Deutschen Evangelischen Kirchentag in Hannover, 26. Mai 2005.

vom Hohenpriester lautiert wurde – *nicht* und nach der Zerstörung des Tempels *gar nicht* mehr *ausgesprochen*. Wir wissen darum nicht, wie er auszusprechen wäre. Es gibt da philologische Rekonstruktionsversuche, aber sie bleiben gut begründete Hypothesen. Darum noch einmal: Wie der Name lautete, vollends wie er klang, wissen wir nicht. An Stelle des Gottesnamens sprachen und sprechen Jüdinnen und Juden – je nach ihren Frömmigkeitsformen und auch je nach der Sprechsituation unterschiedlich (davon wird in den folgenden Gesprächen dieser Veranstaltung noch die Rede sein) – ein Ersatzwort, das Wort *Adonaj*, eine allein Gott vorbehaltene Anrede als Autorität, oder statt des Namens das *Wort* „der Name" (*haSchem*) oder auch eine Mischform beider: *Adoschem*. Diese Ausspracheformen halten je auf ihre Weise beides fest. Gott hat einen Namen, einen Eigennamen, und dieser Name ist unaussprechlich.

Nun könnte man aus diesen Informationen den Eindruck gewinnen, als sei die Frage des Gottesnamens eine besondere Frage jüdischer Frömmigkeitssprache und damit etwas, das den Respekt und die Rücksichtnahme christlicher Menschen fordert, das jedoch für Christinnen und Christen nicht zum Kern ihrer eigenen Frömmigkeit und deren Sprachformen gehöre. Dass das keineswegs so ist, zeigen bereits die eben genannten Beispiele aus dem christlichen Gottesdienst. Wir feiern ihn im Namen Gottes, und wir beten in ihm, Gottes Name werde geheiligt. Der Name Gottes steht im Zentrum auch des christlichen Glaubens.

Ich stelle mir vor, dass einige von Ihnen, liebe Zuhörende, womöglich eine Weile schon irritiert sind von meiner Bemerkung, Christenmenschen wüssten nicht, dass Gott einen Namen habe. Denn womöglich werden Sie meinen letzten Satz (Der Name Gottes steht im Zentrum auch des christlichen Glaubens) etwas verändert bestätigen, indem Sie sagen: Der Name „Gott" steht im Zentrum des christlichen Glaubens. Ist denn nicht „Gott" der Name Gottes? Und warum sagen wir dann nicht auch „Gott", wenn von Gott die Rede ist? Meine Antwort bezieht sich – wie anders sollte es eine evangelische Antwort sein? – auf die „Schrift". Denn die Bibel sagt nicht immer Gott, wenn Gott gemeint ist. In sorgsamer Unterscheidung stehen da mehrere Gottesnamen und Gottesbezeichnungen nebeneinander und halten miteinander fest, dass Gott immer derselbe, aber nicht immer der Gleiche (nicht immer die Gleiche, doch stets dieselbe) ist. Da kann Gott mit dem Wort Gott genannt werden (*elohim* oder *el* im Hebräischen – *theos* im Griechischen). An anderen Stellen jedoch ist Gott mit dem Eigennamen genannt, den vier Konsonanten j-h-w-h, die ich *Adonaj* ausspreche, im hebräischen Alten, *kyrios* im griechischen Neuen Testament. Daneben gibt es weitere Gottesnamen, so dass man die Unterscheidung von Eigennamen, Namen und Bezeichnungen wahr nehmen kann und dann auch wahr nehmen soll. Es gibt viele Texte der Bibel, in denen der Wechsel der Gottesnamen und -bezeichnungen für das Verstehen zentral wird. Ich nenne jetzt nur einen: Da ist die Geschichte von der so genannten, doch gerade nicht geschehenen „Opferung Isaaks". Es ist *ha-elohim*, die (ferne) Gottheit, die von Abraham das Opfer fordert. Doch in eben dem Moment, in dem Gott mit dem eigenen Namen in die Geschichte eintritt, wird deutlich, dass das Menschenopfer nicht sein soll – dieses nicht und überhaupt keins. Der Anfang der Bibel zeigt sich bei genauem Hinsehen als eine Einführung in den Gottesnamen. Die Bibel beginnt mit dem Bericht über die Weltschöpfung. Die Gottheit, die die Welt schuf, ist *elohim*, Gott. In den beiden folgenden Kapiteln (der Paradiesgeschichte) ist weiter von „Gott" die Rede, doch ist dem Wort „Gott" jeweils der Eigenname Gottes vorangestellt. „*Adonaj*, das ist Gott" – so kann man das lesen und als eine Einübung in den Namen Gottes verstehen, der dann verstanden ist und deshalb von Kapitel 4 an auch allein erscheinen kann. Wie es etwas anderes ist, einen Menschen mit einem Titel oder einer Berufsbezeichnung anzureden oder sie oder ihn mit dem Eigennamen anzusprechen, so ist es auch etwas anderes, ob von Gott in der Bibel als *elohim* oder *Adonaj*, als *theos* oder *kyrios* geredet wird. Wer flächendeckend von „Gott" spricht, bleibt an der Oberfläche und lässt die Tiefenschärfe der Bibel selbst unausgelotet.

Was den Eigennamen Gottes angeht, so kommt etwas hinzu, das Israels Gott (und niemand anders kann Gott der Christinnen und Christen sein) von den antiken Göttinnen und Göttern unterscheidet. Der Eigenname an sich macht den Unterschied nicht aus. Auch ägyptische, mesopotamische, kanaanäische, griechische und römische Götter haben Namen. Da gibt es etwa Re und Isis, Ischtar und Marduk, Ba'al und Anat, Athene und Zeus, Jupiter und Diana. Diese Götter- und Göttinnennamen waren prinzipiell übersetzbar. Der Sonnengott der einen Sprache, Kultur und Religion ließ sich in einer anderen Sprache, Kultur und Religion in den dort gebrauchten Namen für den Sonnengott übersetzen. Die griechische Artemis heißt bei den Römern Diana, der römische Jupiter ist der griechische Zeus usw. Diese Übersetzbarkeit aber gibt es für Israels Gott und Gottesnamen nicht. Der *Name* Gottes darf daher nicht eingedeutscht, niederlandisiert oder französisiert werden. Das *Wort* „Gott" lässt sich dagegen in die jeweiligen Sprachen übersetzen. Im Nebeneinander und Gegenüber von Gottesbezeichnung und Gottesname, Übersetzbarkeit und Nichtübersetzbarkeit kommt etwas Entscheidendes von Gott selbst zum Ausdruck. Gott ist Gott der Welt und Gott ist und bleibt Israels Gott.

Nun gibt es in den meisten deutschsprachigen Bibelübersetzungen eine Form, die Unterscheidung von *elohim* (Gott) und *Adonaj* (Gottes Eigenname) kenntlich zu machen, indem ersteres mit „Gott" wiedergegeben wird und zweiteres mit „Herr". Diese Wiedergabe ist nicht ohne Anhalt an der Bibel selbst. In der Tat hängt das Wort *Adonaj* mit einem Wort für „Herr" zusammen, und die griechische Übersetzung hat mit dem Wort *kyrios* als Wiedergabe von Adonaj ein Wort gewählt, das auch andere Herren meinen kann. Doch die Wortform *Adonaj* als Ersatzwort für den unaussprechlichen Eigennamen Gottes wird allein für Gott gebraucht und niemals (weder im antiken noch im gegenwärtig gesprochenen Hebräisch) für andere Herren oder Herrschaften. Eben das geht bei der deutschen Wiedergabe des Gottesnamens mit „Herr" verloren. Herren gibt es viele. Einen Brief beginne ich mit der Anrede „Sehr geehrter Herr Müller", es gibt Herren und Knechte, in bestimmten Situationen sagt eine Frau womöglich: „Aber mein Herr!" und es gibt – sorry – auch eine Tür, auf der „Herren" steht. Und in diese vielen Gebrauchsformen des Wortes „Herr" soll die Anrede Gottes irgendwo eingereiht sein?

Martin Luther war in seinen Bibelübersetzungen – in verschiedenen Phasen in unterschiedlichen Ausprägungen – sehr aufmerksam für die Differenzen im Gebrauch des Wortes „Herr". Er hat es unterschiedlich geschrieben: für Gott in besonderen Buchstaben und dann noch einmal mit großer Sorgfalt je anders, wenn im Neuen Testament das Wort *kyrios* bald eine höfliche Anrede für einen Herrn ist, bald allein Gott bezeichnet und an manchen Stellen Gott und mit Gott dann auch Christus. Diese feinen Differenzierungen im Schriftbild gehen jedoch beim Sprechen verloren, und in den neueren Lutherbibeln sind sie auch im Schriftbild zurückgetreten. So bleibt es für das Hören der Bibel dabei: „Herr" ist im Deutschen ein Allerweltswort, die höfliche Anrede „Herr" steht jedem deutschen Mann zu. Allerdings – und hier verschränkt sich das Problem der Banalisierung mit einem anderen, ebenso wichtigen – nicht jeder deutschen Frau. Und so verstärkt die Rede von Gott als „dem Herrn" die Auffassung, Gott sei ein Mann. In der Bibel ist Gott kein Mann – das wird in der Bibel selbst mehrfach explizit betont. Jede Festschreibung Gottes auf die Rolle eines Mannes verstößt gegen das Verbot, sich ein Bild von Gott zu machen und dieses Bild zu verehren. Über diese Frage wäre noch viel zu sagen und manches zu erzählen, das vielen Bibelleserinnen und -lesern verborgen geblieben oder auch vorenthalten sein dürfte – z.B. dies: Die Bibel kann von Gott sehr menschlich und auch sehr leiblich sprechen. Gott hat einen Arm und einen Mund, hat Augen und Ohren, spricht und riecht, ist zu heftigen Emotionen fähig, zum Wutschnauben, aber auch zur Reue. An keiner Stelle der Bibel ist die Rede davon, dass Gott männliche Geschlechtsmerkmale habe. Dass von einem Penis Gottes nicht gesprochen wird, mag man ja noch für wenig erstaunlich halten, aber auch von einem Bart Gottes lesen wir in der Bibel nichts. Viele Menschen tun sich schwer mit einer personalen Gottesvorstellung. Sie sagen dann etwa, sie glaubten wohl an ein höheres Wesen, aber nicht an einen alten Mann mit einem Bart. Eine Distanzierung von biblischer Gottesrede ist das nun gerade nicht, da ist Gott kein alter Mann, und einen Bart hat Gott auch nicht. Aber Gott hat, folgt man der Bibel, einen Mutterleib. Daraus zu schließen, Gott sei kein Mann, sondern eine Frau, fiele auf die andere Seite einer falschen Alternative. Aber „sie" ist nicht falscher als „er" – das wäre immerhin festzuhalten.

Was heißt das für die Frage nach der Wiedergabe des Gottesnamens in Bibelübersetzungen, in der liturgischen Sprache der Bibel, in der Gebetssprache? Ich sage es rundheraus: *Die* richtige Wiedergabe des Gottesnamens gibt es nicht. Es gibt immerhin Versuche, die die Frage so ernst nehmen, wie sie in Kirche und Theologie ernst genommen werden muss. Von den Differenzierungen jüdischer Bibellesung und Gebetssprache war bereits die Rede; wir werden das in den sich anschließenden Gesprächsrunden aufnehmen und entfalten. Aber auch Christinnen und Christen sind zunehmend auf diese Fragen aufmerksam geworden und haben sie in den Bibelübersetzungen in je ihren Sprachen diskutiert und umgesetzt. Auch davon wird die Rede sein in den folgenden interreligiösen, interkonfessionellen und internationalen Gesprächsrunden. Ich möchte daher jetzt nur ganz knapp zwei mögliche Umgehensweisen nennen, die sich bei Übersetzungsunternehmen herausgebildet haben, bei denen ich beteiligt bin. Die Kirchentagsübersetzungen, die von einer Gruppe von Bibelwissenschaftlerinnen und Bibelwissenschaftlern seit nunmehr zwei Jahrzehnten je für die zentralen Texte der Kirchentage erarbeitet werden und die Sie in Ihren Programmheften mit abgedruckt finden, folgen der Tradition, die an Stelle des Gottesnamens die allein Gott vorbehaltene Autoritätsbezeichnung *Adonaj* gebraucht. Das ist eine (aber nur *eine*) Möglichkeit. Im Projekt der Bibel in gerechter Sprache, dem Gemeinschaftswerk einer großen Gruppe von Übersetzerinnen und Übersetzern mit je ihren eigenen Stilformen, haben wir uns nach langen und lehrreichen Debatten so geeinigt: Wir geben den Namen Gottes im Alten und im Neuen Testament in ganz verschiedenen sprachlichen Gestaltungen wieder (GOTT, der Ewige, die Ewige, *Adonaj*, *haSchem*, ER/SIE, die Lebendige und noch einige weitere Ersatzworte), wir markieren zugleich mit dieser Vielfalt jedoch durch eine bestimmte graphische Heraushebung, dass es sich dabei je um den einen Namen Gottes handelt. So wollen wir Gottes Namen und dessen Unaussprechlichkeit sowie die Vielfalt in der Einheit und aus der Einheit Gottes und des Gottesnamens buchstäblich zum *Aus-druck* bringen. Es gibt andere Versuche – darüber wird es gleich Gespräche und Berichte geben. Für alle Versuche in dieser Frage gilt die womöglich *un*logische, aber vielleicht gerade darum *theo*logische Maxime: Den Namen Gottes in einer Übersetzung angemessen wiederzugeben ist unmöglich. Versuchen wir's also.

Und auch in der folgenden Szene mögen sich die Beteiligten mancher Bibelübersetzungsprojekte wiedererkennen: Da ist am Ende einer komplexen Diskussion endlich ein Vorschlag da; ich bin noch nicht ganz überzeugt, habe aber selbst keinen besseren Vorschlag und will das Unternehmen nicht länger aufhalten. Dann sage ich: „Na, dann machen wir es eben so in Gottes Namen." So betont sollten wir es nicht machen. Aber anders betont sollten wir es genau so machen: *mit* dem Namen Gottes und *in Gottes Namen*.

Wer hat Angst vor der Apokalypse?*

Die Sehnsucht nach einer anderen Erde

Sie haben sich, liebe Planende und Teilnehmende dieser Bibelwoche, für diesmal ein schwieriges Thema und schwierige Bibeltexte gewählt. Da sind zunächst Fremdworte: Apokalypse, Apokalyptik. Auch wer die genaue Bedeutung nicht kennt, verbindet etwas mit ihnen, etwas wie Unheil, Grauen, Katastrophen. Was es mit diesen Worten auf sich hat, wie es zu diesen Worten als Bezeichnung biblischer Bücher und Texte kam und vor allem wie sich die so negative Alltagsbedeutung zum ursprünglichen Wortsinn verhält – das alles wird Thema sein in dieser Einführung in die apokalyptische Literatur der Bibel. Sie könnten nun mit allem Recht erwarten, dass ich mit einer Erklärung der Worte *Apokalypse, Apokalyptik, apokalyptisch* beginne und mit einer Grundinformation über die Bibeltexte, die man mit diesen Worten bezeichnet – das Danielbuch aus dem Alten Testament und die Johannesoffenbarung oder (eine andere Bezeichnung dieses letzten aller Bücher der ganzen christlichen Bibel) die Apokalypse des Johannes aus dem Neuen Testament vor allem – dazu eine Reihe weiterer Schriften, die ebenfalls in den ersten Jahrhunderten vor und nach Christi Geburt verfasst wurden und die keine Aufnahme in den Kanon der biblischen Schriften fanden. Eine solche Grundinformation am Anfang könnte wohl manches klären und manche der folgenden Überlegungen verständlich(er) machen. Ich wähle dennoch einen anderen Beginn. Ich möchte Ihnen nämlich am Anfang von einer Art „Lebensgefühl" erzählen, welches sich als ein apokalyptisches bezeichnen lässt. Ich bitte Sie also, sich einzulassen auf eine schwierige, eine verwickelte Reise durch biblisch-apokalyptische Texte und ihre Lesegeschichte(n). Keine Angst: Die nötigen Sachinformationen folgen noch, aber am Anfang soll gerade bei diesen Texten der Bibel die Frage stehen, was sie heute für wen bedeuten.

Der 1987 verstorbene jüdische Philosoph Jacob Taubes hatte neben vielen anderen Begabungen die Fähigkeit, komplizierteste Sachverhalte mit einem Witz auf den Punkt zu bringen. In einem Seminar ging es um die Ursprünge der Apokalyptik. Man diskutierte die Frage, ob sie eher das Erbe der Prophetie sei oder eher das der Weisheit oder auch beider oder ob noch weitere und womöglich ganz andere Antriebskräfte ursächlich sein moch-

---

* Vortrag während der Ökumenischen Bibelwoche zum Thema „Apokalyptik" der Bochumer Gemeinden Altenbochum und Laer, 16. März 2004.

ten für jene Zuspitzung jüdischer Zukunftsvorstellungen seit etwa dem 3. und dann vor allem im 2. Jh. v. Chr. und in immer neuen Ausprägungen in den folgenden Epochen bis in die Neuzeit und Gegenwart. Nach langem und irgendwie ergebnislosem Diskutieren sagte Taubes: Ich erzähl' euch mal 'ne Geschichte. Und dann erzählte er dies: Ein Flüchtling nach dem Aufstand in Ungarn 1956 fand bei Freunden in Wien vorübergehenden Unterschlupf. Gemeinsam beriet man, in welches Land der Flüchtling emigrieren solle. Man holte einen Globus und ging viele mögliche Länder durch. Für jedes erwogene Land sprach manches, doch mindestens ebenso viel dagegen. Nach langem Diskutieren seufzte der Emigrant und fragte: „Haben Sie keinen anderen Globus?" Das, so Taubes, ist Apokalyptik.

Apokalyptik – die Suche nach einem anderen Globus. „Der Höchste hat nicht eine Welt allein geschaffen, sondern zwei." So steht es im apokalyptischen 4. Esrabuch, und die Syrische Baruchapokalypse sekundiert: „Denn wenn es nur das Leben gäbe, das jedermann hier hat – nichts wäre bitterer als das." Ein, wenn man das so sagen darf, neuzeitlicher Apokalyptiker, Aldous Huxley, erwog einmal den Gedanken, womöglich sei ja diese Welt die Hölle einer anderen. Seine berühmte Anti-Utopie „Brave New World" (Schöne neue Welt) zeigt immerhin, dass Steigerungen immer noch möglich sind. Taubes selbst – Apokalyptiker par excellence und das heißt: mit allen großen und allen erschreckenden Seiten – sagte einmal in einem Gespräch: „Sie müssen schon entschuldigen, aber in *einer* Welt kann ich nicht leben."

In dieser Welt nicht ganz zu Hause sein – das wäre so etwas wie ein apokalyptisches Grundgefühl, die Sehnsucht nach dem ganz anderen, aber auch und zuerst das Von-woanders-her-Kommen. Wer zu viel zu dulden hat, kann ungeduldig werden. Mancher Dulder hingegen gewöhnt sich so ein ins Gegebene, dass ihm (oder ihr) das, was ist, alles ist. Sich nicht abfinden mit dem Gegebenen, sich nicht nach der Decke strecken, sich nicht häuslich einrichten im hier und heute, sondern im hier und heute die Katastrophe und zugleich den Anbruch des ganz Neuen, des ganz anderen zu sehen – das ist das apokalyptische Ferment jeder kritischen Theorie und Theologie.

Ich möchte eine weitere „Definition" von „Apokalyptik" ins Spiel bringen. Apokalyptik sei, so hat es Pinchas Lapide einmal formuliert, „die endemische Kankheit oder besser gesagt eine akute Entzündung der jüdischen Hoffnungsorgane" (wohlgemerkt: der Hoffnungs-, nicht etwa der Verzweiflungsorgane). Lapide schrieb das übrigens im Katalog einer großen Apokalypse-Ausstellung, die die Stadt Ludwigshafen im Jahre 1985 zum 100. Geburtstag ihres großen Sohnes Ernst Bloch veranstaltete.

A propos „Ludwigshafen": Denkt man an einen anderen berühmt gewordenen Ludwigshafener, bietet sich mit dem Vergleich von Bloch und Kohl eine Richtungsangabe der Apokalyptik an: Sie steht auf gegen das Aussitzen als Strategie.

Ich habe mit diesen Zitaten begonnen, um Ihnen vor einigen nötigen historischen, sozialgeschichtlichen und literarischen Informationen zur Entstehung der Apokalyptik einen Eindruck apokalyptischer Denk- und Daseinshaltung zu geben. Mich würde interessieren, wie Sie eine solche Lebenshaltung empfinden. Es gäbe ja eine Menge recht unterschiedlicher Beurteilungen. Ist sie der Ausdruck von Eskapismus (Flucht, Weltflucht) (übrigens: eines der zurzeit beliebteste Männerparfums heißt „Escape" ...)? Sind Apokalyptiker so etwas wie Traumtänzer (übrigens, wie mir scheint, viel seltener Traumtänzer*innen* ...)? Oder sind sie katastrophenverliebte Neurotiker oder Psychotiker?

Übrigens – ein jüdischer Witz: Was ist der Unterschied zwischen einem Psychotiker und einem Neurotiker? Der Psychotiker ist davon überzeugt, dass zwei und zwei fünf sind. Der Neurotiker weiß ganz genau, dass zwei und zwei vier sind – aber er leidet drunter.

Sind Apokalyptiker womöglich katastrophenverliebte Neurotiker oder Psychotiker, die andere mit in den Abgrund reißen? Oder sind sie umgekehrt die wirklich kritischen und wirklich hoffenden Menschen, die sich nicht einreden lassen, dass das, was ist, alles sein solle?

Die einzige Antwort, die ich auf diese mehrfache Alternativen geben kann, lautet „Ja". Das mag überraschen bei einer „Oder-Frage", aber (eine Antwort im Taubes'schen Stil): „Sie müssen schon entschuldigen, aber mit *einer* Antwort kann ich nicht leben." Übrigens: Apokalypse und Humor: Eine der Auskünfte, die Umberto Eco in seinem großen Roman „Der Name der Rose" zu unserem Thema gibt, lautet: Apokalyptiker lachen nicht. (Vielleicht erinnern sich einige von Ihnen an die Romanhandlung: Der Zerstörungswille des „bösen" Mönchs Jorge von Burgos, hinter dem sich kaum verhüllt der argentinische Autor Jorge Luis Borges mit seiner „Bibliothek von Babel" verbirgt, gilt ja einem Buch des Aristoteles über das Lachen, das ihm die größte Ketzerei zu sein schien.) Ich glaube Umberto Eco fast alles – *das* glaube ich ihm nicht. Allerdings muss man beim Lachen im Blick auf die Apokalyptik auch an den „schwarzen Humor" denken.

Lassen wir die Beurteilung des apokalyptischen Lebensgefühls fürs erste in der Schwebe und wenden uns einigen handfesteren Informationen über Wort und Sache zu.

Fragen wir nach der Bedeutung des Wortes „Apokalypse", so stehen wir sogleich mindestens drei unterschiedlichen bis strikt gegensätzlichen Verwendungszusammenhängen gegenüber. Als Apokalypse (des Johannes) bezeichnet man das letzte Buch des Neuen Testaments (sein anderer Name ist „Johannesoffenbarung"), aber dann auch eine Reihe von anderen biblischen (kanonischen und nichtkanonischen) Schriften. Im Alten Testament gehört das Danielbuch in Teilen zu dieser Gattung der Apokalypsen, darüber hinaus gibt es viele zwischentestamentliche Apokalypsen (Henoch, syr. Baruch, 4. Esra – um einige wichtige zu nennen). Schließlich gebraucht man das Wort auch für Abschnitte anderer biblischer Bücher, vor allem für einzelne Kapitel im Jesajabuch im AT und im Markusevangelium im NT. Das *Wort* „Apokalypse" selbst, das (seit der Forschung des 19. Jh.s) einer ganzen literarischen Gattung den Namen gab, ist das erste Wort der Johannesoffenbarung. Sie beginnt so:

Offenbarung (apokalypsis) Jesu Christi, die ihm Gott gab, damit er seinen Dienern zeige, was in Kürze geschehen muss. Durch seinen Engel, den er sandte, hat er es seinem Diener Johannes kundgetan. Und der hat Gottes Wort bezeugt und das Zeugnis Jesu Christi, alles, was er schaute. Selig, der es vorliest und die die Worte der Prophezeiung hören und bewahren, was darin geschrieben ist. Denn die Zeit ist nahe.

Entschleierung statt Katastrophe

Apokalypse (apokalypsis) also heißt Offenbarung, Enthüllung. Offenbart, enthüllt, noch wörtlicher: *aufgedeckt* wird, was ist und was gewiss geschehen wird. Aber wie kommt es dann, dass man mit den Worten „Apokalypse" und „apokalyptisch" in der gegenwärtigen Umgangssprache eine Katastrophe ungeheuren Ausmaßes bezeichnet, ein Inferno, den „Supergau", den allergrößten anzunehmenden Unfall? Tschernobyl, das Morden und der Hunger in Ruanda und anderswo, Brandkatastrophen größten Ausmaßes, der „11. September", „ethnische Säuberungen", zu schweigen vom Warschauer Ghetto oder von Auschwitz. Wenn die genau beschreibenden Worte fehlen und wenn man eben das beschreiben will, dann fällt in der Berichterstattung nicht selten die Bezeichnung „apokalyptisch", so wie man – ein anderes Katastrophenwort biblischer Herkunft – von „sintflutartigen Regenfällen" spricht. Dieser Alltags- und Journalistensprachgebrauch findet seinen Niederschlag auch in den einschlägigen Wörterbüchern. Der Duden führt knapp auf: „*Apokalypse* gr. (Schrift über das Weltende, bes. die Offenbarung des Johannes; Unheil, Grauen)", und das Große Duden-Wörterbuch der deutschen Sprache bezeichnet Apokalyptik zunächst zutreffend als „Deutung von Ereignissen im Hinblick auf das Weltende" und nennt dann (im Blick auf den biblischen Sprachgebrauch nicht zutreffend, doch exakt die Alltagssprache wiedergebend) als Äquivalente für Apokalypse drei Worte: „Untergang, Unheil, Grauen". Ein in der Sprache des Wörterbuchs lediglich grammatikalisch gemeinter Hinweis bei Adjektiv *apokalyptisch* mag getrost als Bestandteil der „Definition" gelesen werden: es sei „nicht steigerungsfähig". Apokalypse: das ist das Ende schlechthin.

Kaum ein größerer Bedeutungsunterschied ist zu denken als der zwischen diesem gegenwärtigen Gebrauch des Wortes „Apokalypse" und seiner ursprünglichen Bedeutung. Bemerkenswerterweise werden die an sich gleichbedeutenden Worte Apokalypse und Offenbarung in der Umgangssprache geradezu gegenläufig gebraucht. Es würde vermutlich einen Unterschied machen, ob ich das Menu, zu dem ich eingeladen bin, als Offenbarung oder als Apokalypse bezeichnen würde. Für das eine Urteil würde sich die Gastgeberin vielleicht bedanken, für das andere würde sie sich gewiss *bedanken* (immerhin ein Hinweis darauf, dass auch dasselbe deutsche Wort sehr unterschiedlich klingt, je nachdem, wie es klingt).

113

Um mich der Frage nach Gründen für diesen Bedeutungswechsel im Gebrauch des Wortes Apokalypse zu nähern, zitiere ich noch einmal den Beginn der Johannesapokalypse:

Offenbarung (apokalypsis) Jesu Christi, die ihm Gott gab, damit er seinen Dienern zeige, was in Kürze geschehen muss. Durch seinen Engel, den er sandte, hat er es seinem Diener Johannes kundgetan. Und der hat Gottes Wort bezeugt und das Zeugnis Jesu Christi, alles, was er schaute. Selig, der es vorliest und die die Worte der Prophezeiung hören und bewahren, was darin geschrieben ist. Denn die Zeit ist nahe.

Bereits diese Eingangsworte enthalten mehrere typische Merkmale der apokalyptischen Literatur. Da begegnet uns das „apokalyptische Passiv" („es muss geschehen"), da versteht sich der Seher als Prophet, da tritt ein verkündender (oft deutender) Engel auf, da wird die Bewahrung (Versiegelung) der Offenbarung ausgesprochen, da ist die Zeit nahe. Das *Wort* Apokalypse, mit dem die Johannesoffenbarung beginnt, bezeichnet nicht einmal ansatzweise so etwas wie Untergang, Unheil, Grauen, sondern bedeutet (wie schon gesagt) Offenbarung, Entschleierung, Enthüllung. Es geht darum zu zeigen und zu verstehen, was ist und was danach geschehen wird (und muss). *Was* da aufgedeckt wird, erschreckt freilich und hat (nicht nur, aber auch und zuerst) mit Unheil, Grauen und Untergang zu tun. So wie zuweilen die Boten für den Inhalt ihrer Botschaft haftbar gemacht werden, so wurde in diesem Fall im späteren Sprachgebrauch die literarische Form der Apokalypsen mit ihrem Inhalt in eins gesetzt, so dass der Gattungsname zur Kurzbeschreibung eines Teils des Inhalts wurde. Aber auch das ist nur ein Teil der Antwort auf die Frage, warum im heutigen Sprachgebrauch allein der negative Aspekt der Apokalypse das Feld behauptet. Tatsächlich ist in der Johannesoffenbarung (wie in vielen weiteren Apokalypsen) von Schlachten kosmischen Ausmaßes die Rede, schließlich von der endgültigen Entscheidung zwischen Gott und dem Satan, in dessen Folge *dieser* Himmel und *diese* Erde vergehen. Das Unheil aber behält nicht das letzte Wort. Vielmehr werden (so steht es in Off 21) ein neuer Himmel und eine neue Erde kommen, die endlich wirkliche Schöpfung Gottes.

So will die Johannesoffenbarung ein Widerstands-, Trost- und Hoffnungsbuch sein. Es geht ums Aushalten und ums Durchhalten, um den Widerstand gegen die herrschenden Machtverhältnisse, die – so sagen es die Apokalyptiker in immer neuen Bildern – bereits gerichtet sind, deren Gewalt bereits gebrochen ist. Die Frage an die Veränderung des *Wort*gebrauchs von „Apokalypse" muss sich nun auch auf die Lektüre der apokalyptischen Schriften und der namengebenden Johannesoffenbarung besonders beziehen. Wie kam es, dass aus einem Wort für die Enthüllung ein Wort für den Untergang, dass aus einem Trost- und Widerstandsbuch ein Katastrophenbuch wurde? Wenn die Apokalypse nur Unheil und Grauen, nur Untergang bezeichnete, dann wäre das, was geschehen wird, für *jeden* Unheil und Grauen. Wenn aber die Apokalypse (entsprechend ihrem Wortsinn) Grauen und Unheil aufdeckt, verschiebt sich die Fragestellung. Zu fragen ist dann nämlich: Wer hat Angst vor der Apokalypse? Für *wen* bedeutet die Apokalypse Grauen und Unheil, für *wen* Trost und Hoffnung?

Apokalypse der Angst – Apokalypse der Hoffnung

Werfen wir unter diesem Aspekt einen kurzen Blick auf die apokalyptischen Texte des Danielbuches. In den christlichen Bibeln ist es unter die (großen) Propheten eingereiht, in der jüdischen Bibel unter die „Schriften". Bereits das zeigt eine gewisse Gattungsunklarheit an. Folgt man der Darstellung des Buches selbst, so enthält es Prophezeiungen jenes Daniel, eines frommen Juden am babylonischen Königshof. Daniel sagt in mehreren Visionen die Zukunft voraus. Weltreiche, in Kap. 2 verkörpert durch verschiedene Metalle, in Kap. 7 verkörpert durch Tiere, werden einander folgen, das vierte wird das stärkste und schlimmste sein und in ihm (so Dan 7) wiederum eine bestimmte Epoche, verkörpert durch das 11. Horn am letzten Tier. Seine Herrschaft wird über die Maßen böse sein. Dann aber wird die Herrschaft des „Menschensohns" kommen, das menschliche Reich wird die bestialischen ablösen. So steht es (aufs Äußerste verknappt dargestellt) in Dan 7. Prophezeiungen also, die viele Jahrhunderte vorausgreifen. Jene Katastrophen- und Umbruchzeit (des 11. Horns am letzten Tier) lässt sich mit einiger Zuverlässigkeit auf die Regierung des Seleukidenherrschers Antiochus IV. mit dem Beinamen Epiphanes deuten. Er ließ im Jerusalemer Tempel ein Standbild des Zeus Olympios errichten, für fromme Juden die Gottlosigkeit schlechthin. Gegen die hellenistisch-seleukidische Herrschaft erhob sich der Makkabäeraufstand (ab 167 v. Chr.). Eben diese Zeit und ihre Konflikte bilden also den Zielpunkt von Dan 7. Alles spricht dafür, dass es die Zeit ist, auf die diese Teile des Danielbuches nicht nur zielen, sondern in denen sie auch verfasst wurden. Die Prophetie also ist literarische Verkleidung. Die Gegenwart wird aus einem fiktiv eingenommenen Standort der Vergangenheit als Zukunft formuliert und zwar als exakt eingetretene Zukunft. Damit kann nun auch das, was in diesen Verheißungen über die Gegenwart hinaus angekündigt wird, als verbürgte Zukunftsansage gelesen werden. Diese Zukunft aber ist die menschliche Herrschaft; das verbürgte Ende aller Imperien erfährt somit seine Entdeckung, Enthüllung, Offenbarung, d.h. seine Apokalypse. Für die Träger des Aufstands gegen das Imperium war diese Apokalypse, diese Offenbarung alles andere als eine Katastrophennachricht. Zwar stehen katastrophische Kämpfe und Zeiten unmittelbar bevor, doch besser ein Ende mit Schrecken als Schrecken ohne Ende – und dieses Ende des Schreckens ist nahe.

An der Lektüregeschichte eines Kapitels wie Dan 7 lässt sich nun aber besonders gut der Umschlag von einer Apokalypse der Hoffnung zu einer Apokalypse der Angst ablesen. Von vier Tieren handeln die Bilder in Dan 7; sie verkörpern vier Weltreiche. Für die Deutung zur Zeit der Makkabäer ist das vierte Tier als Allegorie des griechischen, genauer des hellenistischseleukidischen Reiches ihrer Gegenwart evident. Als erstes der Reiche erscheint im Danielbuch selbst das babylonische. Für die beiden mittleren kommen nur das medische und das persische Reich in Betracht. Die Abfolge wäre danach: Babylonier / Meder / Perser / Griechen. Folgt man diesem Szenario, so wäre das griechische Reich unverbrüchlich das letzte vor dem Anbruch der Gottesherrschaft. Die ursprünglichen Adressatinnen und Adressaten verstanden es eben so. Wie aber sollte man Daniel als Buch der Bibel in späterer Zeit lesen? Das Problem ist offenkundig. Bekanntlich kam es zwar zum Ende der hellenistischen Königreiche, doch brach dann keineswegs das Reich Gottes an, vielmehr folgten die Römer. Nun gab es zwei Möglichkeiten. Entweder bewies die Existenz des römischen Reichs, dass Daniel irrte (das hätte dann aber auch bedeutet: dass die Bibel Falsches sagt!), oder man musste nach einer Möglichkeit suchen, nach der Daniel dennoch Recht behalten könne. Diese Möglichkeit gab es. Man zog die beiden ohnehin schwer zu trennenden Reiche der Meder und Perser zu einem zusammen. So gab es Raum für ein viertes Reich, das der Römer. Jetzt aber war die Danielprophezeiung bzw. -apokalypse ausgereizt. Für ein nun noch folgendes Imperium wäre kein Platz in diesem Ablauf der Weltgeschichte. Nun wissen Sie natürlich, dass das römische Reich auch nicht das letzte war. Allerdings war es das in gewisser Weise doch, denn eben diese Daniellektüre wurde zum Grund dafür, dass die folgenden Imperien römische blieben, sich selbst als römische verstanden. So kam es zum byzantinischen Reich als dem oströmischen und nach seinem Selbstverständnis eigentlichen römischen Reich. Es folgte im Osten Moskau als das „Dritte Rom", im Westen das eben darum so geheißene und so verstandene „Heilige Römische Reich Deutscher Nation". Und noch bevor dieses 1806 aufhörte, etablierte sich in Amerika ein weiteres „Rom". Bis heute trägt die Dollarnote einen Satz des römischen Reichsdichters Vergil. Und im „alten" Rom residiert heute ein Staatsoberhaupt, welches beziehungsreich den alten Titel eines heidnischen römischen Priesters trägt, den des „größten Brückenbauers" – Pontifex Maximus.

In diesem Konzept des ewigen Rom kamen Vergils Rede vom „imperium sine fine" (Reich ohne Grenze, ohne Ende) und die nun christlich gelesene Danielprophezeiung zusammen. Kaum ein größerer Gegensatz ist denkbar zwischen der Apokalypse des Daniel, die wie kein anderes biblisches Buch das Ende aller Imperien ansagt, und seiner Wirkungsgeschichte, die in eben diesem Danielbuch das römische Imperium zum ewigen ausgerufen fand.

Darauf einen Dujardin!

Als im nach 1871 deutsch-preußischen Lothringen der Dom von Metz restauriert wurde, wurden am Portal die Figuren der vier großen Propheten angebracht: Jesaja, Jeremia, Hesekiel und Daniel. Und Daniel bekam die Gestalt Kaiser Wilhelms II. (mit entsprechendem Bart!). Der Prophet, der wie kein anderer das Ende der Imperien ansagte, wurde zur Figur ausgerechnet des (bei der Einweihung anwesenden) wilhelminischen Imperialisten selbst. (Wenn man das hört, mag einem nach einem Schnaps zumute sein. Deshalb die weitere Information: Der Bildhauer hieß Dujardin!) Als nach 1918 Lothringen wieder französisch wurde, war das mit dem danielisch-wilhelminischen „Es-geht-aufwärts-Bart" nun doch zu degoutant; man entfernte ihn, so dass man bis heute am Dom zu Metz einen Wilhelm ohne Bart sehen kann.

Und nun noch einmal die Frage, wie es zu diesem „Salto mortale" der Lektüre eines apokalyptischen Buches kam. Denn nicht die geschilderte Einfügung eines neuen vierten und letzten Reichs ist ja das wirklich Entscheidende, sondern die veränderte Haltung gegenüber diesem „letzten" Reich. Warum hoffte man nicht länger darauf, dass es bald untergehe, damit das Gottesreich anbrechen werde, sondern tat alles, um es am Leben zu erhalten und auf Dauer zu stellen, ja es zum christlichen und heiligen zu überhöhen?

Eine kleine Zwischenüberlegung: Bald wird diese Welt zuende sein, bald wird Christus wiederkommen, bald wird das schon angebrochene Gottesreich ganz Wirklichkeit werden. Das hoffen, beten und bekennen ja nicht nur weltflüchtige Apokalyptiker, das hoffen, beten und bekennen Christinnen und Christen in aller Welt. Der Neutestamentler Ernst Käsemann hat einmal die Apokalyptik die Mutter der christlichen Theologie genannt. Paulus erwartete das Weltende noch zu seinen Lebzeiten, das Gebet „Komm, unser Herr" (Maranatha) war eines der ältesten Gebete der frühen Gemeinden. Und heute? Heute beten wir: „Komm, Herr Jesus, sei du unser Gast!" Einen Gast wollen wir liebevoll aufnehmen und bewirten, aber wir nehmen doch an, dass er dann irgendwann auch wieder geht. Noch ein theologischer Witz, einer, den, wie ich mir habe erzählen lassen, der französische Philosoph Jacques Derrida gern erzählt:

Da geht der Heilige Vater abends nach getaner Arbeit ganz allein in den Vatikanischen Gärten spazieren. Ihm begegnet ein Mann. Ist es der Gärtner? Nein, der Papst erkennt rasch, dass es sich um Jesus handelt. Man muss sich nicht miteinander bekannt machen; das Gespräch ist schnell vertraut. Nach einer Weile fragt Jesus den Heiligen Vater: „Hast du noch eine Frage an mich?" „Ja", erwidert der Papst: „Wann kommst du wieder?"

Der Witz zeigt auf listige Weise dies: Man kann sich in die Hoffnung auf das Kommen so eingewöhnen, dass sie die Möglichkeit des Gekommen-Seins fast ausschließt. „Apokalypsevergessenheit" kennzeichnet das gegenwärtige Christentum. „Jesus kündigte das Reich Gottes an, gekommen ist die Kirche" – der oft zitierte (übrigens positiv gemeinte) Satz von Alfred Loisy ist eine präzise Beschreibung. Gewiss, ich hoffe, dass das Gottesreich dieser Welt ein Ende macht, aber – wenn ich ehrlich bin – nicht so bald. Aber warum diese Einschränkung? Weil ich das Gefühl habe, ich hätte viel zu verlieren. Bei aller Kritik: So schlecht ist diese Welt doch auch nicht – für mich, für die, die etwas zu verlieren haben. Die ersten Adressaten der Johannesapokalypse waren Menschen am Rand des römischen Reiches, ausgebeutet, ohne jede Chance, die Politik mitzubestimmen. Seit dem 4. Jh. änderte sich das bald und gründlich. Christen kamen zu Ansehen und Einfluss, schließlich wurde der Kaiser selbst Christ. Man kann das den Konstantinischen Sündenfall der Kirche nennen. Aber womöglich war zuvor auch in diesem Fall Tugend vor allem Mangel an Gelegenheit. Wer von der Macht kategorisch ausgeschlossen ist, hat es leicht, die Macht abzulehnen. Zur Probe kommt es, wenn es beide Möglichkeiten gibt, die der Verweigerung und die der Mitwirkung. Hätten die Christen die Chancen auf politische Mitwirkung ausschlagen sollen, hätten sie auf den Versuch verzichten sollen, die Welt etwas lebenswerter zu machen? Hätten sie die böse Welt den Bösen überlassen sollen? Hätten sie jeden Pakt mit der Macht ausschlagen müssen, um reine Hände zu behalten? Eine letztlich theoretische Frage.

Inzwischen hatten die etwas zu verlieren, die die Bibel und in ihr die Apokalypse des Johannes und das Danielbuch lasen. Die veränderte Lage der Adressatinnen und Adressaten veränderte auch ihre Lektüre. Zu diesen sozialen und politischen Gründen kam etwas anderes, etwas in den Bildprogrammen der Apokalyptiker selbst. Zwar sagen sie den Anbruch des Gottesreiches an, doch enthüllen sie zudem, dass es davor zu schrecklichen Kämpfen mit den Mächten des Bösen kommen werde. Und wiederum: Wer nichts zu verlieren hat als seine (oder ihre) Ketten, wird das um des Ziels willen in Kauf nehmen. Aber den anderen, zunehmend der Mehrheit, wurden die Katastrophen der Zeit vor dem Anbruch des Gottesreichs eine so große Drohung, dass das danach kommende Gottesreich ihnen nicht (um es ökonomisch zu sagen:) als ausreichende Kompensation erschien. War das letzte Imperium in der Ansage der Apokalyptiker das *eine* noch zu beseitigende Hindernis des nach den Wehen der Endzeit kommenden Gottesreiches, so wurde es in Gestalt des „Ewigen Rom" zum letzten und zuverlässigen Schutz vor dem, was dann kommen werde. War der Satz „Es wird immer so weiter gehen" zunächst der Ausdruck der permanenten Katastrophe schlechthin, so wurde er zunehmend zum Ausdruck des Sich-Einrichtens in diese Welt. Um es kurz zusammenzufassen: Die Apokalypsen selbst boten somit das Material der Umbiegung bis Beseitigung des Lebensgefühls, das sie einst erzeugten. Die apokalyptische Zeitansage (sozusagen: „Es ist fünf Minuten vor zwölf") mobilisierte ungeheure Kräfte, eben diese fünf Minuten zu dehnen. Aus ihnen wurden die Jahrhunderte, ja Jahrtausende der Imperien – bis heute.

Und nun würde mich abermals interessieren, wie Sie dieses eigentümlich gewendete apokalyptische Programm empfinden und beurteilen. Hat sich eine gegenüber apokalyptischer Überspannung (oder auch: *Über*-Spannung) angebrachte Nüchternheit durchgesetzt? Oder hat die Kirche ihre Seele dem Teufel „Macht" verschrieben und letztlich all das preisgegeben, was sie einst ausmachte? Ich fürchte, ich muss auch auf diese Oder-Frage mit „Ja" antworten …

„Apocalypse now"

Kann man sich nach all dem für oder gegen die Apokalyptik aussprechen? Nun, wenn es allein um ein historisches und theologiegeschichtliches Phänomen ginge, müsste man ja weder das eine noch das andere Wert- oder auch Geschmacksurteil abgeben. Anders wird es, wenn wir nach Bedeutung und Gefahr jenes Denkens *heute* fragen. Ich versuche für mich ein vorläufiges Fazit – „vorläufig" nicht nur deshalb, weil ich mir in solchen Fragen kein endgültiges Urteil anmaße, sondern auch darum, weil ich in den vergangenen zwei Jahrzehnten, in denen ich mich in Aufsätzen und Reden mit dem Apokalypsethema immer wieder befasst habe, in nicht unwichtigen Aspekten immer auch wieder anders urteilte, anders empfand und empfinde. Es gab eine Zeit, in der mir die Apokalypsevergessenheit vieler Theologen wie ein schreiend unrechter Verrat an dem erschien, was biblische, was neutestamentliche Theologie kennzeichnet. Wenn etwa der überaus einflussreiche Neutestamentler Rudolf Bultmann urteilte, die Apokalyptik habe sich erledigt, weil die Geschichte immer weiter ging und immer weiter gehen wird (und hinzufügte, davon sei jeder zurechnungsfähige Mensch überzeugt), dann wollte ich in den frühen 80er Jahren lieber zu den Unzurechungsfähigen gehören. Angesichts der beiden Blöcke in Ost und West mit ihren Kernwaffen, die ausreichten, das gesamte Leben auf der Erde zu zerstören, angesichts der Aufrüstungen, die einen Atomkrieg, wie nicht nur mir schien, immer wahrscheinlicher machten, schien es mir geradezu irre, davon auszugehen, dass die Weltgeschichte eben immer so weiter geht. Und heute? Vielleicht erwische wiederum nicht nur ich mich zuweilen bei dem Gedanken, jenes atomare Patt habe doch immerhin viele der Kriege verhindert, die nach dem Ende der Blöcke immer häufiger und ihrerseits immer schrecklicher wurden. Und es geht immer so weiter. In Israel und Palästina ist kein Frieden in Sicht, und es kann noch lange so weiter gehen, obwohl man bei jeder neuen Schreckensnachricht meint, so könne es nun wirklich nicht weiter gehen. In den USA sehe ich so etwas wie eine Apokalypse von oben. Die Einteilung der Welt in Gute und Böse und die Vernichtung der vermeintlich Bösen (der „Achse des Bösen", heißt es bei George W. Bush) ist nicht mehr die Hoffnung der Unterdrückten auf den Untergang ihrer Unterdrücker, sondern das Szenario, mit dem die Mächtigsten sich ihrer letzten Widersacher zu entledigen suchen. Nichts schlimmer als die Verbrechen, die mit gutem, mit bestem Gewissen geplant und verübt werden – auf mehr als einer Seite.

Die Vorstellung, es werde immer so weiter gehen, muss vollends für die zum realen Alptraum werden, denen das, was da so weiter geht und immer mehr so weiter geht, die Luft abdreht. Was war denn das kleine seleukidische Reich, und was war noch das große römische Reich gegen die unter dem Stichwort „Globalisierung" sich Bahn schaffende neue Weltordnung? Aber wie die römische Ideologie der „Pax Romana", des römischen Reichsfriedens, die unterschlug, auf deren Kosten es seinen Frieden, wie es unverhohlen beim Staatsdichter Vergil heißt, den Völkern aufzwingen konnte, so unterschlägt das Wort „Globalisierung" die, die auf und von diesem Globus überrollt werden.

Ich greife noch einmal auf den Anfang des Vortrags zurück. Die Frage, so habe ich zu zeigen versucht, lautet nicht, *ob* die Apokalypse Hoffnung oder Schrecken verkörpert, sondern *was* sie für *wen* verkörpert. Wäre für uns, die wir bei allen gewiss bestehenden großen Unterschieden zwischen uns, die wir heute Abend in diesem Raum versammelt sind, im Weltmaßstab allemale zu den Reichen gehören, das Immer-so-weiter-Gehen aufs Ganze gesehen erträglich und besser, so geriete diese Ansage für die Ärmsten der Armen zum blanken Hohn, nämlich zur Befestigung der für sie permanenten Katastrophe. Wo aber die Perspektive der Armen verloren geht, geht etwas Unverzichtbares der biblischen Botschaft, der Botschaft der Propheten Israels, der Botschaft Jesu zuschanden. Die bürgerliche Theologie, die aus dem Schon-jetzt-und-noch-nicht der Ankunft des Gottesreichs ein Schon-jetzt-und-lieber-doch-nicht gemacht hat, wo sie nicht – eine andere Strategie der Bewältigung der Apokalypse mit ihren eigenen Mitteln – die Erwartung des Gottesreichs in den unverwüstlichen Fortschrittsglauben an seine konjunkturelle Entwicklung verwandelt hat, muss sich an die Apokalyptik als (noch einmal mit Ernst Käsemann) „Mutter der Theologie" erinnern lassen. Und die Erinnerung muss zum Protest werden. „Nur um der Hoffnungslosen willen ist uns die Hoffnung gegeben." Dieser Satz könnte sehr wohl in der Bibel stehen. Er steht bei Walter Benjamin (als Schlusssatz seines Essays über Goethes Wahlverwandtschaften), und er mahnt auf seine Weise all die, die ihre Hoffnung auf die Bibel gründen, dass Hoffnung allemal verkürzt ist, wenn sie nicht immer auch und zuerst Hoffnung für andere ist – wie Freiheit verkürzt ist, wenn sie nicht immer auch und zuerst die Freiheit der Andersdenkenden ist. Auch das ist kein biblisches Wort, sondern eines von Rosa Luxemburg, aber auch das trägt die Signatur der Bibel.

Es darf, es soll, es kann also nicht immer so weiter gehen – z. B. mit dem „immer höher; immer schneller, immer stärker" (dieser Leitsatz ist ja längst nicht mehr auf den Sport beschränkt, sondern zum politisch-ökonomischen schlechthin geworden). Die dieser Vorstellung von Fortschritt und Wachstum verschriebene Politik und Wirtschaft führt zum Untergang, und sie fordert heute schon Millionen von Menschenleben als Opfer. Zu den Verlierern der Globalisierung gehören nicht nur die Armen und Marginalisierten hierzulande und erst recht weltweit, Verliererin ist auch die Erde selbst. Wenn es immer so weiter geht, wird bald die Luft zum Atmen fehlen – im übertragenen und im ganz wörtlichen Sinne. Wie groß auch immer der von Menschen gemachte Anteil an der Klimaerwärmung sein mag (über das Ausmaß streiten die Fachleute, über die Tatsache nicht): An Hochwasser und zunehmenden Stürmen auch hierzulande lässt sich das für uns alle sichtbar und spürbar ablesen. Eine Formulierung dafür wäre: Die Natur schlägt zurück. Eine andere: Wenn es so weiter geht, wird es nicht so weiter gehen. Darin trifft die apokalyptische Zeitansage mit der nüchternsten Analyse überein. Hatte Bultmann in ungebrochenem Vertrauen auf Kontinuität und Fortschritt noch dekretiert, jeder Zurechnungsfähige wisse, dass die Geschichte weiter gehen wird, so möchte ich heute eher an der Zurechnungsfähigkeit derjenigen zweifeln, die davon noch so unverbrüchlich überzeugt sind.

Galgenfrist oder Gnadenfrist?

Damit müssen wir zurückkommen auf das, was ich gerade „die apokalyptische Zeitansage" genannt habe, und zugleich auf das, was man eine „apokalyptische Raumansage" nennen könnte. Ich erinnere noch einmal an Jacob Taubes und die Suche nach einem anderen Globus. Und noch einmal zitiere ich aus zwei zwischentestamentlichen Apokalypsen die Sätze: „Der Höchste hat nicht eine Welt allein geschaffen, sondern zwei" und „Denn wenn es nur das Leben gäbe, das jedermann hier hat – nichts wäre bitterer als das". In diesem Sinne ist Apokalyptik verstehbar als Entgrenzung des Raums. Dieser Entgrenzung des Raums aber steht eine Begrenzung der Zeit gegenüber, nämlich die Begrenzung der Zeit zur Frist. Das Wort „Frist" aber trägt einen bemerkenswerten Doppelsinn. Es ist – so hat es der Philosoph Peter Sloterdijk einmal treffend formuliert – „der Spielraum, den Illusion und Hoffnung sich teilen", und – auch das gehört zur Dialektik der Frist – bei einer Frist nicht ausgemacht, ob es sich um eine *Galgenfrist* oder eine *Gnadenfrist* handelt.

Im apokalyptischen 13. Kapitel des Markusevangeliums, in Mk 13,28–33, einerseits und in Lk 13,6–9 andererseits lesen wir Gleichnisse, in deren Zentrum ein Feigenbaum steht. Wie ist in den beiden Texten von Zeit und Frist die Rede? Zunächst der Lukas-Text:

Es hatte einer einen Feigenbaum, der in seinen Weinberg gepflanzt war, und er kam und suchte auf ihm Frucht und fand keine. Da sprach er zu dem Weingärtner: „Schau, ich bin nun drei Jahre gekommen und habe Frucht an diesem Feigenbaum gesucht und finde keine. So hau ihn ab! Warum soll er dem Boden die Kraft nehmen?" Der aber antwortete und sprach zu ihm: „Herr, lass ihn doch noch dieses Jahr, ich will den Boden um ihn herum aufgraben und ihn düngen. Vielleicht bringt er doch noch Frucht. Wenn aber nicht, so hau ihn ab!"

Dem unfruchtbaren Feigenbaum wird noch eine Frist eingeräumt. Das letzte Wort ist noch nicht gesprochen. Umkehr ist *nötig* (das ist das Thema der vorangehenden Passage in Luk 13), und – das ist der Beitrag dieses Gleichnisses – es gibt noch eine *Chance* der Umkehr. Aber die Verwandlung der Zeit zur Frist enthält nicht nur den Aufschub, sondern auch die Begrenzung. „Wenn aber nicht, so hau ihn ab!" Das Gleichnis schließt nicht mit einem beruhigenden „Es wird schon werden", sondern mit dieser harten Drohung. Und doch: Es gibt eine *Frist*. Hoffnung oder Illusion? Warum sollte der Baum, der bisher keine Frucht getragen, der sich als notorisch unfruchtbar erwiesen hat, ausgerechnet im nächsten Jahr Frucht bringen? – Aber wenn nun alles für ihn getan wird? Die Ansage des drohenden Endes mobilisiert Kräfte der Erhaltung. Wenn die unendliche kontinuierliche Zeit zur Frist verdichtet wird, muss etwas *getan* werden, muss *jetzt* etwas getan werden. Das lässt ahnen, dass das apokalyptische Denken keineswegs zu Fatalismus führen muss, dass es gerade umgekehrt zu intensivstem Handeln führen kann. So enthält die Zeitansage des lukanischen Gleichnisses gleich mehrere Impulse: Es *gibt* noch eine Frist – es gibt nur noch eine *Frist*; es kommt darauf an, was in dieser Frist *geschieht*! Es gibt ein *„zu spät"*. Vor allem aber – so oder so –: Es wird nicht immer so weiter gehen!

Auch am Ende des Markusevangeliums ist von einem Feigenbaum die Rede und von dem, was sein Gleichnis uns lehrt. In erschreckenden Bildern handelt die kleine Apokalypse von Mk 13 vom Ende dieser Welt, von Sternen, die vom Himmel fallen, von Krieg und Kriegsgeschrei, Erdbeben und Hungersnot. Das Ende aber wird zugleich der Anfang des Neuen sein; es wird nicht immer so weiter gehen. Und dann heißt es:

Vom Feigenbaum lernt das Gleichnis: Wenn sein Zweig saftig wird und Blätter treibt, wisst ihr, dass der Sommer nah ist. Ebenso sollt ihr auch, wenn ihr dies gesehen habt (nämlich die Katastrophen, von denen zuvor die Rede war), wissen, dass er (der Menschensohn) nahe vor der Tür steht. Wahrlich ich sage euch: Dieses Geschlecht wird nicht vergehen, bis dies alles geschieht. Himmel und Erde werden vergehen, aber meine Worte werden nicht vergehen. Von dem Tage aber und der Stunde weiß niemand, auch nicht die Engel im Himmel, nicht einmal der Sohn, nur der Vater. Passt auf, seid wachsam, denn ihr wisst nicht, wann die Zeit da ist!

In diesem Text steht der Feigenbaum für eine zuverlässige Zeitansage. Seine Blätter weisen untrüglich darauf hin, was kommen wird. Die Zeit ist reif. Nur ein dummer Mensch könnte sich über die kommende Zeit täuschen. Und so gewiss, wie der Feigenbaum den Sommer ankündigt, wird das Ende dieser Zeit und dieser Welt kommen. Freilich kann man den Sommer nicht nach der Uhrzeit bestimmen. Und deshalb bleibt auch bei der untrüglichen apokalyptischen Ansage des Endes (und des Anfangs von etwas ganz Neuem) die Stunde ungewiss. Deshalb sind keine Berechnungen und kein fatalistisches Hinnehmen des Unausweichlichen gefordert, sondern ein Tun, ein Verhalten. Seid wachsam! – das ist der apokalyptische Imperativ: Passt auf, denn es wird in Kürze etwas passieren!

Die Ambivalenz der Apokalyptik lässt sich am unterschiedlichen Klang des Satzes „Es wird etwas passieren" gut demonstrieren. Wie klingt dieser Satz? „Pass auf", so ermahnen wir einander z. B. vor einer Autofahrt, „pass auf, damit nichts passiert!" Das, was da nicht geschehen soll, ist deutlich, es soll kein Unglück geben. Ganz anders klingt es, wenn in einem verschlafenen Dorf, einer langweiligen Kleinstadt Jugendliche aufseufzen: Ach, wenn doch endlich mal was passieren würde! Da drückt sich nicht die Sehnsucht nach einem Unglück aus, sondern die sehnlichst erwartete endliche Unterbrechung des täglichen Einerlei, in dem es immer so weiter geht. Und noch anders klingt es, wenn Gefangene, Unterdrückte hoffen, dass endlich etwas passieren werde, endlich die Tag für Tag, Jahr für Jahr andauernde Unterdrückung ein Ende habe. Dass etwas passieren werde, dass es nicht immer so weiter gehen werde, das war in der Zeit Jesu, der ersten Christinnen und Christen und der anderen jüdischen Schwestern und Brüder für *die* eine Unheilsansage, die die Macht innehatten oder sich mit den Machthabern arrangiert hatten. Aber für die, die unter den bestehenden Machtverhältnissen zu leiden hatten, Menschen am Rande der Gesellschaft, Marginalisierte, Frauen, Deklassierte, arme Fischer, aber auch reiche und doch verachtete Zollpächter, Menschen, die nicht auf die ewige Fortsetzung des Bestehenden hofften, sondern auf eine radikale Veränderung, auf die Veränderung, die in Jesu Botschaft und Praxis bereits angebrochen war, diese Menschen hörten das „Es wird etwas passieren" nicht (jedenfalls nicht allein) als Drohung des Endes, sondern auch und vielleicht vor allem als Verheißung des Neuen. „Apokalypse" war ihnen nicht allein und nicht vor allem ein Schreckensbegriff, sondern die Enthüllung, dass es *nicht* immer so weiter gehen werde. Und diese Ansage ist nicht nur eine über das, was *in der Zeit* geschehen werde, sondern auch, was *mit der Zeit selbst* geschehen werde. Die Verwandlung der Zeit in Frist ist radikale Veränderung der Zeitstruktur selbst.

Kein Fahrplan der Weltgeschichte!

Hier ist nun aber auch von jenem Missverständnis apokalyptischer Zeitansage zu reden, die namentlich unter Frommen nicht unüblich ist. Ich erinnere mich an manche Vorträge vor zwanzig Jahren im Kontext des NATO-Doppelbeschlusses und der so genannten Nachrüstungsdebatte. Die Möglichkeit eines Atomkriegs schien nahe zu rücken. Dass es nicht so kam, dass in gewisser Weise Helmut Schmidt Recht behalten hat und dass sich auch mein Urteil ein wenig verändert hat, habe ich angedeutet, aber auch, um welchen Preis das alles geschah. „Moskau" ist nicht mehr – wie Ronald Reagan einst in apokalyptischem Ton und unter ausdrücklicher Nennung der Schlacht von Armageddon aus der Johannesoffenbarung dekretiert hatte – das „Reich des Bösen", sondern zunehmend ein Kandidat für den so genannten „Westen". Aber das heißt ja, wie wir täglich merken, keineswegs, dass jene Denkfigur, die die Welt in die Guten und die Bösen (= wir und die anderen) aufteilt, überwunden wäre. Ganz im Gegenteil: Aus dem „Reich des Bösen" wurde die „Achse des Bösen", und unverhohlen zielt die politische Theologie oder theologische Politik der USA auf die Auslöschung von allem, das sich „dem Westen" und seiner Moral nicht fügen will.

Zurück zu Debatten um 1983: Wenn man damals in Kirchengemeinden über die Gefahr der drohenden atomaren Vernichtung der Erde sprach, geschah es ziemlich regelmäßig, dass jemand aufstand, erklärte, es sei alles noch viel schlimmer, das Ende stehe unmittelbar und unausweichlich bevor, aber es müsse ja schließlich so geschehen, so stehe es ja in der Johannesapokalypse und so sei es der Wille Gottes. Mit immer neuen Berechnungen und scheinbaren Entschlüsselungen hat man Namen, Zahlen und Orte aus der Johannesoffenbarung in der Geschichte ihrer Lektüre immer wieder auf die jeweilige Zeit gedeutet. Da wurde etwa nach der Katastrophe von Tschernobyl erklärt, dass eben sie in der Johannesoffenbarung vorausgesagt war (nämlich in der Prophezeiung der Ausgießung einer der Zornesschalen, welche Wermut enthält, weil Tschernobyl auf ukrainisch „Wermut" heiße und – getreu der Weissagung – die Folgen ein Drittel der Erde getroffen hätten), da wissen solche Bibelleserinnen und -leser, dass der Endkampf zwischen Gott und dem Satan und die Schlacht von Armageddon auf den letzten Krieg zwischen dem „Westen" und China hinweise (um nur diese Beispiele zu nennen). Kurz und gut (bzw. kurz und schlecht): Solche Lektüre gebraucht die Apokalypse(n) als Fahrplan der Weltgeschichte. Und wenn sich das berechnete Weltende dann doch nicht eingestellt hatte, dann rechnete man eben neu. Der Grundfehler solcher Bibellektüre ist die Verwechslung von Zeitansage und Fahrplan. Das ist nicht nur im Blick auf die Bundesbahn höchst irrtumsanfällig. Wer meint, der Zug, der um 16^{31} auf Gleis 3 stehe, müsse zuverlässig der sein, der laut Fahrplan um 16^{32} aus Gleis 3 abfahre, und in ihn einsteigt, kann sich leicht im falschen Zug wiederfinden. Wer nach der Zeitansage, es sei 5 Minuten vor 12, seine Armbanduhr stellen will, könnte auch etwas missverstanden haben. Vor allem aber geht jede apokalyptische Berechnung fehl, wenn sie zum Fatalismus führt und das, was ist, mit dem Willen Gottes in eins setzt.

Deutlich sind die Gefahren der Apokalyptik, zu denen neben den zuletzt beschriebenen Verwechslungen von Bildern und Fahrplänen allemal auch die gehört, die eigenen Feinde mit den Feinden Gottes zu identifizieren. Doch ist die Konsequenz der Stillstellung des apokalyptischen Ferments in Theologie und Politik auf andere Weise ebenso gefährlich. Denn, um das Leitwort meines Vortrags noch einmal aufzunehmen: Ohne jenes apokalyptische Ferment wäre das, was ist, alles – es ginge immer so weiter. In Umkehrung eines biblischen Satzes gilt hier: Wer sich *nicht* in Gefahr begibt, kommt darin um. Welche Gefahr die jeweils größere ist, ob man apokalyptische Spannung gegen die Eingewöhnung ins Vorfindliche mobilisieren muss oder ob gegen apokalyptische Überspannungen Nüchternheit angesagt ist, ist nicht ein für alle Male zu definieren, sondern je neu zu prüfen.

Der Garten Eden*

Wie es (nicht) geschrieben steht

Der Garten Eden, das Paradies – der erste und wohl auch bekannteste aller biblischen Gärten. Doch wie es manchmal gerade bei sehr bekannten biblischen Worten, Geschichten und Motiven ist: Die Frage stellt sich, ob das, was da so bekannt ist, wirklich das biblische Wort, die biblische Geschichte, das biblische Motiv *ist*. Wenn wir den Versuch machen würden, zunächst einmal ohne Zuhilfenahme einer Bibelausgabe die biblische Paradiesgeschichte, wie sie im 1. Mosebuch in den Kapiteln 2 und 3 überliefert ist, aus unseren Erinnerungen zu rekonstruieren, dann käme (das meine ich nach einigen früheren Versuchen dieser Art einigermaßen sicher annehmen zu dürfen) gewiss vieles zutage, was in der Bibel steht, aber auch manches, was da nicht steht, wovon wir aber mit Gewissheit meinen, es müsse da doch stehen. Oft sind es ja die Geschichten in unseren Köpfen und Herzen, die wirksam werden, und weniger die, die in der Bibel wirklich stehen. Eben darum ist es ja auch nur die halbe Aufklärung, den tatsächlichen Bibeltext gegen die Annahmen über ihn zu betonen. Die andere ebenso wichtige Hälfte besteht im Versuch, sich und anderen klar zu machen, warum sich da in unseren Köpfen und Herzen so vieles festgesetzt hat, was nicht in der Bibel steht und doch *als* biblische Geschichte wirkt. Deshalb geht es mir zum wenigsten darum, Ihnen oder einigen von Ihnen etwa Ihre Unkenntnis demonstrieren zu wollen oder gar überlegenes Fachwissen vorzuführen. Wie oft ertappe ich mich selbst dabei, dass ich felsenfest überzeugt bin, das stehe doch *so* in der Bibel, und muss feststellen, dass es eben so da nicht steht. Und dann frage ich mich ebenfalls, warum ich das denn annahm und welche Gründe es geben mag, die mir den Blick auf den Text verstellten.

Damit das nun nicht zu theoretisch wird, will ich das Gemeinte an einem Beispiel verdeutlichen. Da gab es doch jenen berühmten Apfel, den Eva aß, nachdem die Schlange sie dazu verführt hatte, und von dem sie ihrem Mann Adam zu essen gab. Dass der ihm irgendwie im Halse stecken blieb und den „Adamsapfel" an seinem und manchen von ihm abstammenden Mannes Kehlkopf begründete, das erkennen wir fraglos als eine volkstümliche Weiterbildung der Erzählmotive – aber dass Eva den Apfel aß, nach-

* Vortrag in der Reihe „Biblische Gärten" aus Anlass der Thüringer Landesgartenschau 2004 in Nordhausen, 18. März 2004.

dem sie von Frau Schlange verführt wurde, das steht doch im Bibeltext selbst. Steht es da? Nein, das steht da nicht, in dreierlei Hinsicht nicht. Dass es sich bei jener Frucht um einen Apfel handelte, steht da mit keinem Wort, Eva gab es im Paradies gar nicht (den Namen bekam sie erst später, nach der Vertreibung aus dem Garten in Eden), und *die* Schlange ist im Bibeltext ein männliches Tier (der *nachasch*). Nun könnte man im Blick auf alle drei Einzelheiten denken, es seien eben Einzelheiten, auf die es beim Verstehen nicht wirklich ankomme. Ich möchte Ihnen zeigen, dass das nicht so ist, dass sich vielmehr mit jeder dieser kleinen Verzeichnungen größere Fragen verbinden bzw. durch sie größere Fragen verdeckt werden.

Beginnen wir mit der Frucht des Baumes der Erkenntnis von gut und böse (als solche wird sie, ohne jede weitere botanische Spezifizierung in 1. Mose 2 und 3 bezeichnet). Wie kommt es zum berühmten Apfel? Ich bin mir da nicht sicher, aber ich vermute zwei Gründe, die je für sich auf eine bestimmte Lesegeschichte aufmerksam machen. Die eine ist recht simpel. Der Apfel ist in der europäischen Geschichte so etwas wie eine Normalfrucht. Mancherlei fremde Früchte benannten die Europäer als besondere Sorten von Äpfeln. Da gibt es den chinesischen Apfel, die Apfelsine; da gibt es den persischen Apfel, den Pfirsich, und dann kennen wir noch z. B. Granatäpfel, Kapernäpfel und (freilich nicht aus dem Obstladen, sondern vom Jahrmarkt) auch „Paradiesäpfel", während „Paradeiser" ein österreichischer Name für die Tomate ist. Die Identifikation jener Paradiesfrucht als Apfel könnte also einen spezifisch europäischen Blick verraten, man könnte auch sagen: einen kolonisatorischen. Die Älteren unter uns erinnern sich vielleicht noch daran, dass man solche Früchte früher in einem Geschäft kaufte, das „Kolonialwarenladen" hieß. Als Kolumbus in Amerika landete, sah er an der vermeintlichen Küste Chinas Schwalben. Es war, wie wir wissen, weder „wirklich" die chinesische Küste noch waren es Schwalben, die er „wirklich" sah. Aber er konnte nur sehen, was er kannte oder zu kennen meinte. So sahen die Europäer im biblischen Paradies Äpfel, wie man hierzulande bis heute etwa in unseren Krippenfiguren Maria und Josef oder die drei heiligen Könige in mittelalterlich deutschen Gewändern darstellt, die dann mancher Zeitgenosse für die alten orientalischen hält. So erscheint uns eine Maria in gotischen Gewändern „echt", eine Maria im Minirock oder einen Hirten in Jeans würden wir bestenfalls als provokative Verfremdung der biblischen Geschichte akzeptieren. Die Frage, ob Eva und Adam im Paradies einen Apfel aßen, betrifft mithin mehr als eine Quizfrage. Sie bekommt zu tun mit der Kolonisierungsgeschichte und mit der vertrackten Beobachtung, dass wir auch als das Neue meist nur das erkennen können, was wir irgendwie schon kennen.

Es gibt eine zweite Erklärungsmöglichkeit für jenen Apfel, mindestens eine Variante der ersten. Bemerkenswerterweise taucht die Apfelversion nur in der lateinischen Tradition auf. Im Lateinischen heißt Apfel malum. Nur durch die Betonung (das lange „a") unterscheidet sich dieses Wort von einem geläufigeren lateinischen Wort, nämlich malum (mit kurzem „a"), was „böse, das Böse" heißt. Könnte der Apfel (malum) das Böse (malum) anzeigen? Auch das ist möglich, und auch das macht auf etwas aufmerksam, nämlich auf die Deutung der „Apfelgeschichte" als Sündenfallgeschichte. Allerdings kommen in der biblischen Geschichte weder Sünde noch Fall vor. Darauf komme ich zurück.

Und wie steht es mit Eva im Paradies? 1. Mose 2 erzählt, wie Gott aus dem Menschen (*adam*) die Frau schuf, woraufhin der „Restmensch"[1] zum Mann wurde. Das Wort Frau geht folgerichtig in der Erzählung dem Wort Mann voraus, und keineswegs wurde die Frau aus dem Mann oder nach dem Mann erschaffen. Mit dem Namen „Eva" (*chawwa*, gedeutet als „Mutter aller Lebenden") benennt der Mann namens Adam seine Frau erst nach der Vertreibung aus dem Gottesgarten. Hat die Frau damit ihre Bestimmung erreicht, gipfelt Frau-Sein in der Mutterschaft oder ist die Festlegung der Rolle der Frau als Mutter nicht auch die Festschreibung *einer* Frauenrolle als die ihr eigentlich zukommende? Ist nicht die *Festlegung* der Frau auf die Mutterschaft womöglich auch eine Lebensbeschneidung, eine Minderung wie die Herrschaft des Mannes über die Frau und die Verbindung der Arbeit mir Mühsal? Wie immer man und mehr noch frau da urteilen wird (das Urteil wird kaum unabhängig von der eigenen Rolle sein) – allemal bleibt zu beachten, dass der Muttername Eva nicht von Anfang an die Frau kennzeichnete. Die Bemerkung, Eva habe es im Paradies nicht gegeben, ist deshalb mehr als eine bloß terminologische Quisquilie.

So steht es auch mit dem Geschlecht der Schlange. Heinrich Heine spricht von diesem Tier als „der kleinen Privatdozentin, die schon sechstausend Jahre vor Hegels Geburt die ganze Hegelsche Philosophie vortrug".[2] Heine setzt fort: „Dieser Blaustrumpf ohne Füße zeigt sehr scharfsinnig, wie das Absolute in der Identität von Sein und Wissen besteht, wie der Mensch zum Gotte werde durch die Erkenntnis oder, was dasselbe ist, wie Gott im Menschen zum Bewußtsein seiner selbst gelange." Und ebenso luzide fügt er hinzu: „Diese Formel ist nicht so klar wie die ursprünglichen Worte: ‚Wenn ihr vom Baume der Erkenntnis genossen, werdet ihr wie Gott sein!'" Das alles ist trotz oder auch wegen des spöttischen Tons gut biblisch, bis auf einen Punkt: Die Schlange einen (männlichen) Privat-*dozenten* zu nennen, wäre genauer gewesen. Und wenn Goethe im „Faust"[3] Mephistopheles sagen lässt: „Folgt nur dem alten Spruch und meiner Muhme der Schlange / Euch wird bei eurer Gottähnlichkeit noch bange", so wird in diesem Satz präzise ins Bild gesetzt, dass die Schlange die Wahrheit sagt, wenn sie den Menschen die Gottähnlichkeit für den Fall zusagt, dass sie sich entschließen, die Haus- und Gartenordnung in Eden zu durchbrechen und selbst entscheiden zu wollen, was für sie gut und böse, nützlich und schädlich ist. Mephistos „Muhme Schlange", d.h. des Teufels Tante, sagt die Wahrheit, und eben die Folgen der Wahrheit sind so schwer zu *leben*. Aber auch hier wäre es genauer gewesen, hätte Goethes Mephisto vom „Oheim Schlange" geredet, von des Teufels Onkel. Sind das nicht nur kleine Spielereien, könnten Sie fragen, ist nicht das Wort für die Schlange, das im Hebräischen ein Maskulinum ist, im Deutschen eben ein grammatisch feminines Tier, und hängt denn irgendetwas am grammatischen

Geschlecht? Müsste man dann nicht in der deutschen Übersetzung, sagen wir eines italienischen Gedichts über Sonne und Mond, stets von der männlichen Sonne und dem weiblichen Mond reden und eine französische Ente stets als Erpel wiedergeben? Das mag dann ja im Blick auf die Ausgangssprache genau sein, in der Zielsprache ginge bei solcher „Genauigkeit" vermutlich die Lyrik zuschanden. Ja und nein, würde ich auf diesen Einwand antworten. Tatsächlich fällt das grammatische Geschlecht von Worten nicht mit dem Wesen des Bezeichneten in eins. Man mag ja darüber nachdenken, ob es etwas bedeutet, dass *der* Verstand männlich ist und *die* Vernunft weiblich. Aber was ist dann z. B. mit der Gewalt?

Er und sie / sie oder er?

Doch es gibt Fälle, in denen es sehr wohl eine Bedeutung hat bzw. in denen es etwas austrägt, ob und wie es grammatisch verändert wird. Sollte es denn so ganz ohne Belang sein, dass der „Geist Gottes", der im Hebräischen mit dem weit überwiegend femininen Wort *ruach* bezeichnet wird, im Griechischen zum Neutrum (*pneuma*) und im Lateinischen (*spiritus*) und dann auch im Deutschen zum Maskulinum geworden ist? Und sollte es ohne Wirkung auf die Lesenden und Sehenden geblieben sein, dass die Paradiesschlange in aller Regel weiblich aufgefasst und weiblich gezeichnet wurde? In vielen wirkungsmächtigen Bildern des Mittelalters und der Renaissance trägt jenes Tier nicht nur weibliche Züge, es, *sie* trägt die Züge „Evas". Aus der Verbindung „Evas" mit der Schlange wurde mindestens untergründig dann „Eva, die Schlange", schließlich „Eva, die falsche Schlange". Die Verführerin, eine Frau, eine attraktive Frau – Sie merken, dass hier zugleich eine Lesegeschichte ihren wesentlichen Haftpunkt findet, die im „Sündenfall" eine mit dem „Apfelessen" symbolisch gemeinte sexuelle Geschichte lesen will. Im Text steht von all dem nichts. Aber bleibt nicht, dass „Eva" „Adam" verführt, genauer: die Frau ihren Mann? Kommt da nicht doch gleich am Anfang der Bibel die Sünde als Folge der Verführung durch die Frau ins Bild? Wenn Franz Stuck die „Sünde" malt, ist die eine verführerische Frau mit einer Schlange um den Hals. Es gibt viele Bilder und Wortbilder, die von jenem Urbild leben. Aber stimmt das mit der biblischen Geschichte überein? Legt sie den Grund für jenes Geschlechter-Cliché? Ich lese da eher, wie die Frau eine geradezu sprachphilosophische Disputation mit dem Schlangenwesen führt, sich dann zum eigenen Tun entschließt, während „er" daneben steht und ohne jede Nachfrage, gedankenlos-treuherzig isst, was sie ihm gibt. Sind das die vorgeblich „typische" bauchgesteuerte Frau und der vorgeblich „typische" kopfgesteuerte Mann? Manches Cliché, welches sich gern mit biblischem Hintergrund schmückt, ist zugleich ein Cliché über die Bibel selbst.

Aber nun (auch wenn ich hoffe, dass das bisher Ausgeführte nicht ganz uninteressant gewesen sein mag) endlich zum Garten selbst. Denn das Stichwort „Garten" verbindet ja die Veranstaltungen dieser Reihe und nicht das Thema „Geschlechterclichés" oder das Thema „Sünde". Vom Garten

Eden soll nun also die Rede sein bzw., wie es in der Geschichte überwiegend heißt, vom Garten *in* Eden, oder – das ist ja die noch häufigere Bezeichnung – vom Paradiesgarten bzw. schlicht vom Paradies. Und schon sind wir in einer neuen, nicht ganz unverwickelten Frage, der der Bezeichnungen. Ich muss das ein wenig erläutern.

Paradiese – „Paradiese"

Das Wort Paradies bzw. seine hebräische Form *pardes* kommt in der Bibel vor – aber gerade nicht in der Paradiesgeschichte, nicht in der hebräischen Erzählung vom Garten (in) Eden in 1. Mose 2 und 3. Paradies (*pardes*) ist ein persisches Lehnwort und bedeutet zunächst Baumgarten, Park. In dieser Bedeutung kommt es im Hohenlied vor (4,13), aber auch in Neh 2,18, Pred 2,5. In die „Paradiesgeschichte" von 1. Mose 2 und 3 kam es durch die griechische Übersetzung des Alten Testaments (die Septuaginta), die das Wort Garten (hebr. *gan*) an mehreren Stellen in 1. Mose 2 und das Wort Eden (*edän*) an je einer Stelle der Bücher Sirach (40,27) und Jesaja (51,3) als *paradeisos* wiedergibt. Dieses Wort *paradeisos* findet sich dann auch an drei Stellen des Neuen Testaments. In Luk 23,43 ist es der Ort, den Jesus dem einen Schächer am Kreuz zuspricht: „Heute noch wirst du mit mir im Paradiese sein." Off 2,7 nennt das Paradies als den zukünftigen Ort der Gerechten, und in 2. Kor 12,4 ist es der Ort, an den Paulus in einer Vision entrückt wurde.

Es gibt also gute Gründe, die verschiedenen Bezeichnungen des Gottesgartens (Paradies, Garten Eden bzw. Garten in Eden) nebeneinander zu gebrauchen. Doch mit dem biblisch-mehrsprachigen Nebeneinander der Worte verbinden sich ganz unterschiedliche Zeiten. In 1. Mose 2 und 3 geht es um die urtümlich erste Lebensphase des Menschengeschlechts. Das Paradies ist ein Urzeit-Topos, erst mit der Vertreibung aus diesem Paradies beginnt die reale geschichtliche Zeit. In der Verheißung der Offenbarung ist das Paradies der Ort des zukünftigen Lebens der Gerechten, in der Zusage Jesu an den mitgekreuzigten Verbrecher, den die Annahme des Todes und die Bitte, Jesus möge seiner gedenken, zum Gerechten macht, ist es der Ort einer für ihn unmittelbar bevorstehenden Zukunft. Auf den ersten Blick kann es kaum einen größeren Gegensatz geben als den zwischen dem Ort der einst gewesenen und dem Ort der einst kommenden Zeit. Ich habe jedoch in der letzten Formulierung von der Möglichkeit der deutschen Sprache Gebrauch gemacht, sowohl vergangene als auch kommende Zeit mit der Zeitangabe „einst" zu belegen. „Einst haben die Kerls auf den Bäumen gehockt", so beginnt ein Gedicht von Erich Kästner – hier bedeutet „einst" damals, vormals. „Einst wird kommen der Tag" – so lautet der Titel eines Buches von Taylor Caldwell, und da bezeichnet das „einst" eine zukünftige, eine kommende Zeit. Das macht darauf aufmerksam, dass sich in Sprache und Vorstellung die einander entgegengesetzten Zeiten, Vergangenheit und Zukunft, berühren können. Man kann das auch noch etwas anders formulieren und damit etwas von der Bedeutung dieser eigentümlichen Doppelzeitlichkeit des Paradieses beschreiben: In den Paradiesge-schichten kommen zwei Formen der Utopie ins Bild, eine rückwärts- und eine vorwärtsgewandte Utopie. Die eine ist sozusagen die erhoffte Vergan-genheit. Das, was ist, soll nicht alles gewesen sein. Die andere ist die er-innerte Zukunft: Das was ist, soll nicht alles bleiben. Gemeinsam nehmen beide Hoffnungen die Gegenwart in die Zange und bestreiten dem, was ist, dass es alles ist, erheben Widerspruch gegen die Vorstellung, dass es so sein und so bleiben muss, wie es ist. Darum ist die Vorstellung vom Paradies immer auch eine Kritik an den bestehenden Zuständen.

Eben darum kommt es aber auch darauf an, die kritische, das je Beste-hende transzendierende Bedeutung der Rede vom Paradies gegen die infla-tionäre Weise zu behaupten, in der die Worte „Paradies" und „paradie-sisch" zur billigen Qualitätssiegel für allerlei Waren und Angebote banali-siert wird. Da heißt der Chemiepudding „Paradiescrème", da gibt es die freudlosen Lagerhäuser, die sich „Bettenparadiese" nennen, da verheißt der Sparurlaub paradiesische Strände, in mehreren Städten tragen dritt-klassige Hotels oder viertklassige Bars den Namen „Eden". Und auch die Reformhäuser und die Margarinesorte „Eden" lassen nur noch wenig ahnen von der Herkunft ihrer Namen aus der Lebensreformbewegung des Anfangs des 20. Jahrhunderts mit ihrem Zentrum am Monte Verità bei Ascona am Luganer See, in der Sozialismus, Kunst und neuer Lebensstil (nicht zuletzt eine Art Freikörperkultur) für eine kurze Zeit eine bemer-kenswerte Einheit bildeten. Bald blieb nicht viel mehr übrig als die Freikör-perkultur und die Margarine. (Immer noch besser, dünkt mich, als jene deutsche Eigenart, eine Plastiktasche mit Seife, Zahnbürste und Waschlap-pen als „Kulturbeutel" zu bezeichnen ...) Pfiffiger ist da schon eine para-diesische Werbung für ein Parfum von Cacharel. Sie lautet schlicht „Eden, der verbotene Duft".

Eine besonders gruselige Variante der Werbeparadiese begegnet allen, die das Möbelhaus Ikea aufsuchen. Da haben Kundinnen und Kunden die Möglichkeit, ihre Kinder nahe beim Eingang in einem Raum abzugeben, der sich durch eine Rutsche und eine den Boden kniehoch anfüllende Menge von Plastikkugeln auszeichnet. Wie dieser Raum heißt, ahnen Sie natürlich, wenn ich ihn hier erwähne. Dennoch bleibt es eine besondere Er-fahrung, von Zeit zu Zeit durchs ganze Möbelhaus eine bisweilen mühsam beherrschte Stimme zu hören, die durch den Lautsprecher kündet: „Der kleine Kevin möchte aus dem Kinderparadies abgeholt werden!" (Ich stel-le mir dann immer die bibelkundlich zugegebenermaßen nicht ganz kor-rekte Engelsstimme vor, die dereinst rief: „Der kleine Abel möchte aus dem Kinderparadies abgeholt werden.")

In all diesen Beispielen dient die Rede vom Paradies nicht dazu, die gegebenen Verhältnisse zu transzendieren, kritisch zu überschreiten, son-dern dazu, die bleibend gegebenen Verhältnisse zu verzuckern. Aus der Paradieshoffnung wird dann eine Paradiessauce. Allerdings gibt es auch eine witzige und hochgescheite Paradieswerbung – dazu später mehr.

Über die Namen des Paradiesgartens haben wir nun etwas gehört, über die paradiesische Zeit ebenfalls und auch etwas über die Bedeutung von Paradiesgeschichten. Höchste Zeit, etwas über den Ort zu erfahren. Wo lag, wo liegt das Paradies? Im Blick auf das zukünftige Paradies ist die Antwort zunächst einfach: Es liegt im Himmel. Aber wo liegt der Himmel? Das ist eine viel schwierigere Frage, die ich für diesmal ausklammern möchte. Eine geographische Angabe gibt es allemal nicht. Dass der Himmel „da oben" ist, lässt sich angesichts gegenwärtiger astronomischer Kenntnisse allenfalls im metaphorischen Sinne sagen. Eine geographische Angabe gibt es für den Gottesgarten in Eden in 1. Mose 2 sehr wohl, eine (abermals muss ich sagen: *auf den ersten Blick*) sogar sehr präzise:

Und Gott der HERR ließ aufwachsen aus der Erde allerlei Bäume, verlockend anzusehen und gut zu essen, und den Baum des Lebens mitten im Garten und den Baum der Erkenntnis des Guten und Bösen. Und es ging aus von Eden ein Strom, den Garten zu bewässern, und teilte sich von da in vier Hauptarme. Der erste heißt Pischon, der fließt um das ganze Land Hawila, und dort findet man Gold; und das Gold des Landes ist kostbar. Auch findet man da Bedolachharz und den Edelstein Schoham. Der zweite Strom heißt Gihon, der fließt um das ganze Land Kusch. Der dritte Strom heißt Tigris, der fließt östlich von Assyrien. Der vierte Strom ist der Euphrat. Und Gott der HERR nahm den Menschen und setzte ihn in den Garten Eden, daß er ihn bebaute und bewahrte. (1. Mose 2,9–15 [Lutherbibel])

Der Garten (in) Eden also liegt da, wo ein großer Strom entspringt, der sich in die vier genannten Flüsse teilt. Zwei dieser Flüsse sind eindeutig identifizierbar, der Tigris und der Eufrat. Mit den beiden anderen ist es nicht so einfach, allerdings kann man das Goldland, mit dem der erste (der Pischon) verbunden ist, in Südarabien vermuten, und der Landesname Kusch, mit dem der zweite (der Gihon) verbunden ist, bezeichnet an anderen Stellen Äthiopien. Eine Quelle namens Gihon gibt es allerdings auch in Jerusalem. Immerhin konkrete und ziemlich konkrete geographische Angaben – nur leider zu viele, die zudem nicht zueinander passen. Einen gemeinsamen Ursprungsort haben nicht einmal Eufrat und Tigris, von den anderen beiden Flüssen ganz abgesehen. Die Vierzahl der Flüsse drückt womöglich eine Vollständigkeit aus; vielleicht soll der Garten als ursprünglicher Quellort der vier großen und damit irgendwie aller Süßwasserströme ins Bild kommen. Aber warum fehlt neben Eufrat und Tigris als weiterer bekannter großer Strom der Nil? Historisch-geographisch sind diese Angaben wohl schon in der Entstehungszeit des Textes nicht gedacht; wir befinden uns auf mythologischem Feld. (So ist es übrigens auch bei den Ortsangaben der Sintfluterzählung, so dass es ebenso unsinnig ist, auf dem Ararat Reste der Arche Noahs ausgraben zu wollen, wie es unsinnig wäre, nach der gemeinsamen Quelle von Eufrat und Tigris zu suchen, um dort einen versteinerten Apfel vom Baum der Erkenntnis oder zwei Knochen der zurückgelassenen ehemaligen Beine der Schlange auszugraben.) Immerhin, wollte man das Paradies lokalisieren, so läge es am ehesten im Irak. Im Irak? Manche bedrängende Aktualität biblischer Texte stellt sich bei Wege ein. Doch das Paradies ist kein historischer Ort, es hat seinen Ort in einer Geschichte. Und was diese Geschichte als Wahrheit enthält, enthält sie in ihrer mythologischen Form als Wahrheit. Halten wir also fest, dass dieser Garten in keiner Weltkarte genau zu verzeichnen war und ist, dass er gleichwohl wirklich ist, wirklich in der Erzählung.

Gartenarbeit

Über die Ausstattung des Gartens haben wir im eben gelesenen Abschnitt aus 1. Mose 2 schon etwas erfahren. Neben dem Wasserlauf gibt es da allerlei schöne Bäume und zwei besondere, den Baum des Lebens und den Baum der Erkenntnis von gut und böse. Beide werden noch eine Rolle spielen, wie Sie alle wissen. So ist es auch mit dem einen besonderen Tier unter den vielen Tieren im Gottesgarten. Aber der Reihe nach, ich möchte zunächst einige andere Gartenausstattungselemente nennen. Es gibt nämlich in diesem Garten, wie es sich für einen anständigen Garten oder Park gehört, auch Spaziergänger. Mindestens einen. Gott selbst geht (1. Mose 3,8) im Garten spazieren, im Wind des Tages, wahrscheinlich im Abendwind. Und dann gibt es, wie es sich für einen anständigen Garten gehört, einen Gärtner. Der Mensch hat die Aufgabe, „den Garten zu bebauen und zu bewahren". Um Hege und Pflege also ist es zu tun, d. h. allemal um Arbeit. Im Paradies wird gearbeitet. Das unterscheidet das Paradies vom Schlaraffenland. Nicht die Arbeit ist (wie man oft hören und lesen kann) die Folge des Sündenfalls, sondern die Arbeit gegen eine widerständige Natur. Dornen und Disteln, der Schweiß der Nasen – das kennzeichnet die Arbeit in der realen Welt, das ist in der nachparadiesischen Welt der Fall, das ist der „Fall". Gearbeitet wird im Paradies aber sehr wohl. Noch einmal fällt ein kritisches Licht auf die gegenwärtig verordneten Paradiesträume von Urlaub, Betten, spärlich bekleideten Menschen und Quarkspeisen, die der Arbeitswelt verheißungsvoll-illusionär entgegengestellt werden, als ob die Arbeit ohnehin die Hölle wäre und als ob es nicht darauf ankäme, der Arbeit den vermeintlichen Strafcharakter zu nehmen, ganz abgesehen davon, dass der Traum eines Lebens ohne Arbeit für immer mehr Menschen zum realen Alptraum wird, während es für sie zum fast unerfüllbaren Traum wird, endlich Arbeit zu bekommen ...

Im Paradies, im Garten (in) Eden wird also gearbeitet und es lohnt sich, noch genauer hinzusehen. Die Aufgabe des Menschen besteht darin, den Garten zu bebauen und zu bewahren. Hier kommen zwei Ziele von Arbeit in den Blick, die naturverändernde (bearbeiten) und die naturerhaltende Dimension von Arbeit (bewahren). Ich halte es nicht für einen Zufall, dass sich diese Komplementarität von Bebauen und Bewahren mit der Arbeit des Gärtners verbindet. Am deutlichsten wird das vielleicht, wenn wir uns einmal fragen, was der Auftrag an den Menschen gerade nicht ist. Keineswegs bekommt er die Aufgabe, den Garten etwa pro Jahr um 20 ha zu erweitern. Es geht darum, den Garten in seiner Begrenztheit zu bearbeiten und zu bewahren. Die Parole „immer schneller, immer höher, immer stärker" (*citius, altius, fortius*), aus der olympischen Bewegung längst abgewandert ins Arsenal des allbeherrschenden Kapitalismus, ist hier gerade nicht die Zielvorgabe. An keiner Stelle der Bibel kommt übrigens der Traum einer Welt ohne Arbeit in den Blick, an mehreren Stellen aber der Traum einer Arbeit, die nicht ins Leere geht, nicht von der Mühsal des Kampfes gegen eine feindliche Natur gekennzeichnet ist und deren Ertrag die Arbeitenden selbst genießen können, in jeder Hinsicht einer Arbeit ohne Ausbeutung. Träumt die klassische Antike von der Befreiung vom Zwang der Arbeit, so die Bibel von einer Befreiung der Arbeit vom Zwang. In der (so hat es Karl Barth gesagt) Komplementarität des Bebauens und Bewahrens liegt das ganz besondere Moment des Lebens und Arbeitens im Paradies. Die Vertreibung aus dem Garten Eden ist die Vertreibung auch aus diesem Gleichgewicht. Der Engel bewahrt, bewacht, behütet den Garten, indem er ihn vor den Menschen verschließt. Fortan bearbeitet der Mensch die Natur, und dass der Bearbeiter kein Bewahrer mehr ist, zeigt sich an der auf die Paradiesgeschichte unmittelbar folgende Erzählung von Kain und Abel. Kain, der „Bebauer des Erdbodens", ist kein Bewahrer (kein Hüter) seines Bruders.

Haus- und Gartenordnung

Bäume und Tiere hat dieser Garten, es geht einer in ihm im Abendwind spazieren, Gärtner gibt es, und es gibt noch etwas, das ein Park üblicherweise hat, nämlich eine Art Haus- und Gartenordnung. Eine solche Ordnung enthält Bestimmungen über das, was man in diesem Garten zu unterlassen hat. Im Garten (in) Eden gibt es nur eins, was untersagt ist: Von dem einen Baum, dem der Erkenntnis von gut und böse, darf der Mensch nicht essen. Dieses eine Verbot ist allerdings für den Fall der Übertretung mit der strengstmöglichen aller Drohungen bewehrt, mit der Todesstrafe:

Und Gott der HERR gebot dem Menschen und sprach: Du darfst essen von allen Bäumen im Garten, aber von dem Baum der Erkenntnis des Guten und Bösen sollst du nicht essen; denn an dem Tage, da du von ihm issest, mußt du des Todes sterben. (1. Mose 2, 16–17)

Die hebräische Wendung am Schluss ist eindeutiger als die deutsche Übersetzung: Sobald der Mensch davon isst, ist er zum Tode verurteilt. Um die Todesstrafe geht es, nicht um die Sterblichkeit. Das ist vermutlich eine der Stellen jener alten Gartengeschichte, an der sich Fragen geradezu aufhäufen. Warum ist dieser Baum so „tabu"? Was ist das für ein eigentümlicher Baum, dessen Früchte beim Essen Erkenntnis bewirken? Und dann Fragen wie diese: Gott muss doch wissen, dass die Menschen dieses Verbot übertreten – warum schafft er diesen Baum denn überhaupt? Ist das eine Falle, in die der Mensch gehen wird, gehen soll? Ist der „Sündenfall" die Folge einer „Sündenfalle"?

Nun, der Mensch wird das Verbot übertreten, und Gott wird seine Drohung nicht wahr machen. Andernfalls gäbe es uns alle nicht. Statt der Todesstrafe verhängt Gott immerhin eine erheblich mildere Sanktion: Wer die Haus- und Gartenordnung so empfindlich gestört hat, wird mit einem dauernden Haus- und Gartenverbot belegt. Doch in die Beruhigung, dass Gott immerhin nicht so grausam ist, seine schreckliche Drohung wahr zu machen, mischt sich beunruhigend eine neue Frage: Wenn Gott nicht wahr macht, was er verbindlich angesagt hat, hat Gott denn dann nicht gelogen? Wie kann man sich auf Gottes Wort verlassen, wenn schon das erste Wort, das er zum Menschen im Paradies sagt, nicht wahr wird? Fast zu viele und zu gewichtige Fragen für *einen* Vortrag. Einige werde ich zu beantworten versuchen, andere können wir nach dem Vortrag und morgen im weiteren Gespräch aufnehmen.

Setzen wir ein bei der Frage nach jenem eigentümlichen Baum, dessen Früchte, so wird die Frau es zur Schlange sagen, klug machen, und beim Verbot, von diesem Baum zu essen. Um Antworten näher zu kommen, empfiehlt es sich, die Geschichte von hinten nach vorn zu lesen und beim Ergebnis anzusetzen. Das Ergebnis ist das, was der Fall ist, die historische Realität. Menschen arbeiten gegen eine widerständige Natur, Frauen gebä-ren Kinder mit Schmerzen, Männer herrschen über Frauen, Menschenkin-der und Schlangen sind einander todfeind. So ist es (im alten Israel und weithin auch heute), aber so ist es nicht nun einmal. An der Differenz zwi-schen dem Satz „So ist es" und dem Satz „So ist es nun einmal" hängt alles. Es ist die Differenz zwischen Realität und Totaliät, die entscheidende Trennlinie zwischen dem Glauben an Gott und dem Glauben an das Schick-sal. Denn das, was ist, ist nicht alles. Was ist, ist mit Gottes Plan nicht iden-tisch, und darum kann, was ist, sich ändern. Sollte dieses Leben – das Leben mit Mühsal und Feindschaft, mit Herrschaft und Lüge – das sein, das Gott für die Menschen vorgesehen hat? Nein, antworten die ersten Kapitel der Bibel. Gottes Schöpfung sah ein Leben ohne Blutvergießen vor, ein Leben ohne Gewalt, ohne Feindschaft zwischen Mensch und Mensch, zwischen Mensch und Tier. Aber so blieb es nicht, erzählt die Paradiesgeschichte, denn die Menschen haben Gottes Haus- und Gartenordnung übertreten. Traditionell spricht man vom Sündenfall, aber in 1. Mose 2 und 3 kommt weder das Wort „Sünde" noch das Wort „Fall" vor (in der Erzählung von Kain und Abel gleich im folgenden Kapitel kommen dann beide Worte vor). Vor allem aber ist die Beobachtung wichtig, dass mit keinem Wort von einer Strafe Gottes nach Übertretung des Verbots, von jenem Baum zu essen, die Rede ist. Ich schlage deshalb vor, konsequent von der Folge der Übertre-tung zu sprechen und nicht von der Strafe für die Übertretung. Der Unter-schied wird klarer, wenn wir noch einmal nach der Bedeutung des Verbots fragen.

Der Garten hat eine Ordnung. Zu einer Ordnung gehören Regeln, die bestimmen, was erlaubt und was verboten ist. Wenn die Regeln nicht will-kürlich sind, sind sie darin hilfreich, dass sie festhalten, was nützlich und was schädlich ist. Man kann sich an die Regeln halten, ohne sie zu hinter-fragen. Man kann aber auch selbst entscheiden wollen, was für einen oder eine nützlich und schädlich ist. Da wird man dann nicht selten scheitern, aber man scheitert dann an den eigenen Zielen und Normen und nicht an dem, was andere vorgegeben haben. Sich die Regeln selbst zu geben, das ist nun eben das, was im Hebräischen „gut und böse erkennen" heißt. Der Baum der Erkenntnis von gut und böse steht mithin für die Frage nach Heteronomie oder Autonomie. Sich an das Verbot zu halten bedeutet, den vorgegebenen Regeln zu folgen. Das Verbot zu übertreten bedeutet, selbst zu entscheiden, was gut und böse, nützlich und schädlich, lebensförderlich und lebenswidrig ist. Wer sich an die gegebenen Regeln hält, bleibt in einem ebenso begrenzten wie geschützten Raum, ist für das Leben und sein Gelingen nicht selbst verantwortlich. Wer selbst verantwortlich sein will, kann wiederum nicht den geschützten Raum des behüteten und fremdbestimmten Lebens beanspruchen.

„Sündenfall" oder: Vorzug und Last des Erwachsenwerdens?

Die Paradiesgeschichte ist, so gelesen, auch eine Geschichte vom Erwachsen-Werden. Ein Kind darf beanspruchen, dass die Eltern und andere Bezugspersonen es behüten und ihm das für das Leben Erforderliche bereitstellen. Dazu gehören dann freilich Regeln. Zunächst sind es viele Regeln, deren Sinn das Kind nicht wirklich verstehen wird. Warum darf ich nicht den heißen Herd anfassen? Warum darf ich nicht allein über die Straße gehen? Warum darf ich nicht aus der geheimnisvollen Flasche trinken, aus der Mutter und Vater sich abends ein Glas einschütten (oder auch mehrere)? Warum darf ich nicht auch diese schönen Rauchkringel machen? Warum darf ich die schönen roten Beeren nicht essen, die am Vogelbeerbaum wachsen? Warum darf ich nicht aufbleiben, solange ich will? Später ändern sich die Fragen. Warum darf ich nicht so lange in die Disco gehen, wie ich will? Warum soll ich weiter in die Schule gehen, die mir so gar keinen Spaß macht? Und dann kommt die Zeit, in der die älter werdenden Kinder ihre eigenen Erfahrungen machen, und diese Erfahrungen basieren nicht selten auf dem Verstoß gegen die elterlichen Regeln. Welche klugen Eltern würden sich denn auf Dauer wünschen, dass die Kinder stets das tun, was sie ihnen vorschreiben? Und irgendwann ist des Bleibens der Kinder im geschützten Elternhaus mit seinen vorgegebenen Regeln nicht länger. Dann wird man (räumlich oder im übertragenen Sinne) ausziehen. Eines aber geht auf Dauer nicht. Man kann nicht alles selbst entscheiden wollen und dennoch weiter all die Vorzüge des geschützten Raums in Anspruch nehmen. Ich komm nach Hause, wann ich will, aber wenn ich nach Hause komme, soll gefälligst das Essen auf dem Tisch stehen. So geht es dann allerdings auf Dauer kaum. Dieser kleine und zugegebenermaßen etwas holzschnittartige Vergleich liefert, wie ich meine, nicht *den*, aber *einen* Schlüssel zum Verstehen der Paradiesgeschichte. Es ist nicht so, dass die Früchte jenes Baums klug machen (wie Wacholder betrunken oder Hanf high macht). Nicht *nachdem* die Frau davon gegessen hat, erkennt sie gut und böse, sondern *indem* sie das Verbot überschreitet, bestimmt sie für sich selbst, welchen Regeln sie folgen will und welchen nicht. Für dieses Tun wird sie nicht bestraft. Wohl aber ist ihres und des Mannes Bleiben im geschützten Gartens nicht länger. Wer sein Leben selbst bestimmen will, kann nicht im begrenzten Raum bleiben. Nun geht es hinaus ins Offene, in die große Welt.

Gott verhängt nicht die angedrohte Todesstrafe, freilich verweist Gott die Menschen aus dem Garten. Dabei enthält die Geschichte einen fast rührenden Zug. Die Menschen hatten ihre Nacktheit mit Feigenblättern verhüllt. Mit dieser „Kleidung" hätten sie kaum die erste kalte Nacht draußen in der Welt überlebt. Deshalb macht Gott ihnen Fellkleidung. Wenn ich noch einmal auf den Vergleich mit dem Erwachsen-Werden zurückkommen darf: Es ist so, wie wenn die Eltern dem ausziehenden Kind noch die neue Bude tapezieren, um dann zu sagen: Nun musst du aber allein klar kommen.

Allerdings ist das so einfach nicht mit dem Allein-klar-Kommen. Die Autonomie hat ihren Preis. Wenn Menschen selbst entscheiden, was für sie gut und was schlecht ist, dann treffen sie oft Fehlentscheidungen. Wie oft führt gerade das gut Gemeinte zum bösen Erwachen! Zur Autonomie gehört auch die Erfahrung des Scheiterns. Wer sich engagiert, macht auch Fehler. Wer keine Fehler machen will, muss sich infantilisieren, sich absichern, sich von anderen die Regeln vorgeben lassen. Große Philosophen haben deshalb die Paradiesgeschichte nicht als Sündenfallgeschichte gelesen, sondern als Geschichte vom Erwachsen-, vom Mündig-Werden des Menschen. Hegel spricht von der „glücklichen Schuld" (*felix culpa*), und Kant und Schiller sehen erst den nachparadiesischen Menschen als wirklichen Menschen an, während er zuvor eine Art Tier oder Automat gewesen sei.

Wenn Aufklärung bedeutet, sich des eigenen Verstandes ohne die Leitung anderer zu bedienen, dann können erst die aus dem Garten Eden vertriebenen Menschen das (allerdings langwierige) Projekt Aufklärung beginnen. Der Traum der Aufklärung hat sich freilich inzwischen auch (*auch*) zum Alptraum verwandelt. Vollends die Erfahrungen des 20. Jahrhunderts ernüchtern nachhaltig. Nie zuvor sind so viele Menschen durch Kriege und Staatsverbrechen vernichtet worden, nie zuvor verhungerten so viele Menschen wie heute, nie zuvor fehlt es so vielen an den elementarsten Lebensressourcen. Können wir stolz sein darauf, dass wir Menschen inzwischen selbst entscheiden, was gut und böse, was nützlich und was schädlich ist? Wie sieht die Bilanz aus? Ist nicht mindestens die „Dialektik der Aufklärung" zu beachten, die Erfahrung, dass die instrumentelle Vernunft eine böse Rückseite hat und ihrerseits im Mythos endet? Im Zusammenhang der Paradiesgeschichte bemerkt Kant über den Menschen:

„Das erstemal, daß er zum Schafe sagte: Der Pelz, den du trägst, hat die Natur nicht für dich, sondern für mich gegeben, ihm ihn abzog, und sich selbst anlegte (V. 21): ward er eines Vorrechts inne, welches er, vermöge seiner Natur, über alle Tiere hatte, die er nun nicht mehr als seine Mitgenossen an der Schöpfung, sondern als seinem Willen überlassene Mittel und Werkzeuge seiner beliebigen Absichten ansah."[4]

Wie weit ist es von dieser Aufklärung Kants bis zur ökologischen Katastrophe, der Folge der Zurichtung der außermenschlichen und zunehmend auch der menschlichen Natur unter der Maxime des Profits? Von den Tieren sagt Kant (ich zitiere noch einmal), dass der Mensch sie „nun nicht mehr als seine Mitgenossen an der Schöpfung, sondern als seinem Willen überlassene Mittel und Werkzeuge seiner beliebigen Absichten ansah". Im Gottesgarten verstanden Mensch und Tier einander – im übertragenen und auch im ganz wörtlichen Sinn. Frau und Schlange können miteinander reden, mehr noch, die Frau ist nicht im mindesten verwundert, dass sie die Sprache der Schlange versteht. Mit der Vertreibung aus dem Garten ist aber auch die Fremdheit bis Feindschaft zwischen Mensch und Tier real geworden. Sprache dient nun nicht mehr allein dem Verstehen, sondern wird (auch zwischen Mensch und Mensch) zum Mittel der Herrschaft und zum Mittel der Verstellung. Sobald der Mensch gut und böse selbst erkennt, kommt es zur dreifachen Verhüllung. Die Menschen verhüllen sich voreinander, indem sie die Nacktheit verdecken; die Menschen verstecken sich vor Gott, und die Menschen gebrauchen ihre Sprache zur Verhüllung der Wahrheit, indem sie Schuld auf andere abschieben – der Mann auf die Frau, die Frau auf die Schlange. Die Entdeckung der nackten Wahrheit zeitigt ihre fatalen Folgen. Dabei ist die Szene zwischen Schlange und Frau geradezu ein Paradebeispiel dafür, wie man mit nackten Tatsachen die Wirklichkeit verfälschen kann. Alles, was die Schlange sagt, ist wahr. Keineswegs werdet ihr mit dem Tode bestraft, wenn ihr von diesem Baum esst, sagt sie, vielmehr werdet ihr sein wie Gott, indem ihr selbst gut und böse erkennt, indem ihr autonom seid. Die Argumentation der Schlange folgt der nackten Logik: Stimmt es, dass ihr nicht von allen Bäumen essen dürft? So beginnt die Schlange. Es stimmt, mathematisch, logisch. Von einem nicht heißt nicht von allen. Aber diese Logik verschiebt den Blick der Frau. Nahm sie zuvor all die schönen Bäume wahr, von denen sie essen durfte, so sieht sie jetzt nur noch den einen, von dem sie nicht essen darf. Die eine Ausnahme wird ihr zur ganzen Wirklichkeit. Man kann mit der Wahrheit falsches Zeugnis reden. Das ist dann ja wohl auch der Grund dafür, dass es in den „Zehn Geboten" nicht scheinbar eindeutig heißt „Du sollst nicht lügen", sondern „Du sollst kein falsches Zeugnis reden zum Schaden deines Nächsten!"

Einer kleiner Nachtrag noch zum weiteren Geschick der Schlange, zugleich ein mir wichtig gewordener Hinweis auf die Brüchigkeit des Ideals autonomen, autarken Lebens, eines Lebensideals, welches von dem Wunsch bestimmt ist, nicht auf andere angewiesen zu sein.

Ein chassidischer Frommer fragte einmal den Rabbi Bunam nach einer Schriftstelle, die er nicht verstehe. Es war der Fluch über die Paradiesschlange, die, weil sie die Menschen dazu verführte, Gott gleich sein zu wollen, fortan auf dem Boden kriechen und Erdstaub fressen soll, wie es in 1. Mose 3 zu lesen ist. Das sei doch keine Strafe, sagte der Mann, das sei doch eher ein Segen, denn wenn die Schlange Erdstaub fressen solle, dann sei sie doch das einzige Lebewesen, das immer genug zu essen habe. „Ja", erwiderte der Rabbi Bunam, „sie wird nie um etwas bitten müssen. Das ist ihre Strafe."[5]

Die kleine Geschichte wirft ein Licht auf das Projekt „Aufklärung". Dazu kommt dann aber auch eine weitere bedrängende Frage: Wie weit ist es vom autonom gewordenen Menschen zu dem, der alles macht, was machbar ist, und die Folgen dieses Tuns längst nicht mehr im Griff hat? Das Motiv des Zauberlehrlings meldet sich, das Werkzeug ist längst zum eigenständigen Motor geworden, der nicht mehr zu stoppen scheint.

Ein Weg zurück?

Aber was tun? Sollten wir den voraufgeklärten Zeiten nachtrauern? Gibt es einen Weg zurück in den behüteten Garten? Nein, einen Weg *zuück* gibt es nicht. Doch vielleicht gibt es einen Weg nach vorn, der ins Paradies führt oder doch einen kleinen Geschmack des Gartens Eden ahnen lässt. Hier wird aufs Neue wichtig, dass die Bibel vom Paradies in den beiden Zeitformen spricht, im „einst" der vergangenen Hoffnung und im „einst" der zukünftigen. „Der Cherub steht nicht mehr dafür", heißt es im Kirchenlied. „Heut schleußt er wieder auf die Tür zum schönen Paradeis." Ich möchte dieser besonderen christlichen Hoffnung zwei andere Bilder zugesellen, die auf je ihre Weise davon reden, dass es keinen Weg zurück, aber womöglich einen nach vorn gibt in jenen Garten.

Das eine stammt von Heinrich von Kleist. „Doch das Paradies ist verriegelt", sagt Kleist im „Marionettentheater", „und der Cherub hinter uns; wir müssen die Reise um die Welt machen, und sehen, ob es vielleicht von hinten irgendwo wieder offen ist."[6] Kleists Thema ist das, was man die zweite Naivität nennen kann. Sie liegt nicht hinten, sondern vorn. Sie geht durch die Aufklärung hindurch und bleibt doch nicht in ihr befangen. Die Menschheit kann die Autonomie und die Freiheit nicht rückgängig machen, aber sie kann aus Freiheit Möglichkeiten ungenutzt lassen, nicht alles machen, was machbar ist. In einem Abschnitt aus Th. W. Adornos „Minima Moralia" kommt eben das ins Bild:

Vielleicht wird die wahre Gesellschaft der Entfaltung überdrüssig und läßt aus Freiheit Möglichkeiten ungenützt, anstatt unter irrem Zwang auf fremde Sterne einzustürmen. Einer Menschheit, welche Not nicht mehr kennt, dämmert gar etwas von dem Wahnhaften, Vergeblichen all der Veranstaltungen, welche bis dahin getroffen wurden, um der Not zu entgehen, und welche die Not mit dem Reichtum erweitert reproduzierten. Genuß würde selbst davon berührt, so wie sein gegenwärtiges Schema von der Betriebsamkeit, dem Planen, seinen Willen Haben, Unterjochen nicht getrennt werden kann. Rien faire comme une bête, auf dem Wasser liegen und friedlich in den Himmel schauen, „sein, sonst nichts, ohne alle weitere Bestimmung und Erfüllung" könnte an die Stelle von Prozeß, Tun, Erfüllung treten und so wahrhaft das Versprechen der dialektischen Logik einlösen, in ihren Ursprung zu münden.[7]

Adornos Sätze bedürften einer genauen und ausführlichen Interpretation. Sie sind voraussetzungsreich und enthalten u. a. einen Versuch, die Hegelsche Dialektik noch einmal gegen den Strich zu lesen. Aber auch beim einmaligen Hören scheint in diesen Sätzen womöglich etwas auf von der Engführung jeder Geschichtsphilosophie, die Fortschritt als immer weitere Entfaltung menschlicher Möglichkeiten versteht. Immanuel Kant hat drei große Fragen formuliert, welche ihrerseits die Frage „Was ist der Mensch?" entfalten. Sie lauten: Was kann ich wissen? Was soll ich tun? Was darf ich hoffen? Heute wäre noch deutlicher, als es in diesen drei Fragen eingeschlossen ist, eine vierte eigens zu erheben, nämlich die Frage: Was muss ich unterlassen? Ohne die Muße, das Nichtstun, das Spazierengehen, das Flanieren, das Sich-treiben-Lassen verarmt das Leben. Ein schöner Ort für solche Muße, solches unangestrengte Sein ist ein Garten, ein ganz gewöhnlicher Garten oder eine Landesgartenschau. Wo es geschieht und wo man es geschehen lässt, da ist etwas vom Paradies. Vielleicht ja auch im Tun und im Lassen in der Landesgartenschau in Nordhausen.

Clio

Nun aber noch der Hinweis auf die angekündigte witzige und hochgescheite Werbung, die sich des Paradiesthemas bedient. Ich meine die vor einigen Jahren in Zeitschriften und Fernsehspots verbreitete Werbung für das Auto „Clio" der Marke Renault. Die zentrale Formulierung lautete „Clio. Made in Paradise". Dass französische Automarken geradezu philosophische Dimensionen zeitigen können, war nicht neu. Da gab es einen berühmt gewordenen Text des Philosophen und Soziologen Roland Barthes über den Citroën DS, im Französischen lesbar als „déesse", Göttin. In dieser Tradition steht auch die Clio-Werbung. In einem Spot sah man, in schwarz-weiß, wie Adam und Eva im Paradies von der Schlange „verführt" werden, jenes Auto zu entdecken. Sie steigen ein und fahren aus dem Garten Eden hinaus. Das Bild wird farbig, die Welt steht offen. Auf den Rücksitz des Autos hat sich die Schlange gesetzt. So wird auf witzige Weise das Motiv der Autoschlange verdreht. Nicht das Auto steht in der Schlange, sondern die Schlange sitzt im Auto. Eine entscheidende Pointe aber steckt im Namen Clio selbst. Denn Clio ist die griechische Muse der Geschichte. Die Geschichte beginnt nach dem Paradies, die Geschichte hat zu tun mit dem, was der Fall ist. Wer verführt wurde, dieses Auto zu entdecken, trägt eine „glückliche Schuld", der wahre Mensch, der *auto*-nome Mensch ist – der Mensch am Steuer.

Aber macht diese luzide Werbung nicht auf ihre Weise (und gewiss gegen ihre Absicht) das Problem umso deutlicher. Der Mensch am Steuer? Wohin steuert, „jenseits von Eden", das Weltschiff mit diesem Chauffeur?

Und Gott der HERR sprach: Siehe, der Mensch ist geworden wie unsereiner und weiß, was gut und böse ist. Nun aber, daß er nur nicht ausstrecke seine Hand und breche auch von dem Baum des Lebens und esse und lebe ewiglich! Da wies ihn

139

Gott der HERR aus dem Garten Eden, daß er die Erde bebaute, von der er genom-
men war. Und er trieb den Menschen hinaus und ließ lagern vor dem Garten Eden
die Cherubim mit dem flammenden, blitzenden Schwert, zu bewachen den Weg zu
dem Baum des Lebens. (1. Mose 3, 22–24)

Der Mensch ist geworden „wie unsereiner", geworden wie Gott. Die
Schlange hat die Wahrheit gesagt, nichts als die Wahrheit – freilich nicht die
ganze Wahrheit. Gott aber hat, wenn man es ganz formal nähme, gelogen.
Gott hat seine Todesdrohung nicht wahr gemacht, sondern das Leben bewahrt. Nun aber geht es darum, dass der Mensch sich nicht zur Ewigkeit
aufspreize. Deshalb kommt der zweite besondere Baum ins Spiel, der Baum
des ewigen Lebens. Menschen können und Menschen müssen selbst entscheiden, was für sie gut und böse, nützlich und schädlich, lebensförderlich und lebenswidrig ist. Dass sie diese Fähigkeit vorwiegend lebensförderlich einsetzten, dürfte nach aller Erfahrung eine gewaltige Übertreibung
sein. Darum ist es gut, dass Menschenwerk stets Stückwerk ist, dass nichts,
was Menschen tun, ewig ist.

Darum ist der Garten verschlossen, das ewige Leben bleibt den Menschen verwehrt. Damit aber die Begrenztheit allen menschlichen Tuns
erkennbar bleibt, bedarf es des Traums vom Paradies. Das, was ist, ist nicht
alles, und darum kann, was ist, sich ändern. Es gibt keinen Weg zurück in
die Unmündigkeit, aber es gibt einen Weg nach vorn. Das Paradies ist vorn,
in der fernen Zukunft und manchmal in der ganz nahen. „Heute noch wirst
du mit mir im Paradiese sein!" Der, dem das gesagt wird, ist keiner, der auf
sein Leben stolz sein kann. Dass er seine Bedürftigkeit ganz und gar erkannt hat, trägt ihm, dem elenden Menschen am Kreuz, diese Verheißung
ein. Für ihn steht der Cherub dann nicht mehr dafür, für ihn schleußt er
wieder auf die Tür zum schönen Paradeis.

Viele Szenen in der Bibel spielen im Garten. Und wenn Maria Magdale-
na den Auferstandenen für den Gärtner hält, hat sie sich ja womöglich nicht
nur geirrt. Es kommt darauf an, den Garten zu bebauen und zu bewahren.
Wo das geschieht, ist das Paradies nicht schon da, aber ein Geschmack des
Paradieses könnte sich einstellen. Wir sollten uns diesen kleinen Vorgeschmack nicht madig machen lassen. Der Wurm [8] nämlich steckt in all den
Bemühungen, Menschen das Träumen abzugewöhnen und die permanen-
te Gegenwart zur einzigen Zeit zu erklären. Was aber die großen Hoffnungen angeht, so sollten wir uns diese nicht abmarkten lassen durch all die
blöden Werbungen, die uns das Paradies schon versprechen, wenn wir nur
den richtigen Urlaub buchen, die richtigen Betten kaufen oder die richtige
Joghurtcreme wählen. Es muss doch mehr geben als alles. Zu billigeren
Preisen wollen wir uns das Paradies nicht verkaufen lassen. Das Paradies
kann man nicht kaufen, man kann es auch nicht herstellen. Misstrauen wir
all denen, die uns den Himmel auf Erden versprechen und meist stattdessen die Hölle herstellen. Aber auch den großen Traum vom Paradies wollen wir uns nicht abmarkten lassen. Es muss doch mehr als alles geben. Gott
wird einmal alles in allem sein.

1 Diesen auf den ersten Blick verblüffenden, auf den zweiten umso präziseren Ausdruck „Restmensch" erwägt F. Crüsemann beim Projekt der „Bibel in gerechter Sprache" (s. o. S. 88 Anm. 1) für das hebräische Wort *adam* in 1. Mose 2–4 von dem Moment an, von dem ab adam nicht mehr der Mensch, das Menschenwesen ist, das nach 1. Mose 1,27 „männlich und weiblich" ist, sondern das, was von diesem Menschen übrig blieb, nachdem aus ihm die Frau erschaffen wurde.

2 Geständnisse (1854), in: Heinrich Heine, Sämtliche Schriften, hg. v. K. Briegleb, Bd. 6/I, München ²1985, 479.

3 Faust I, Z. 2049 f.

4 Immanuel Kant, Mutmasslicher Anfang der Menschengeschichte, in: Kant Werke (Studienausgabe), hg. v. W. Weischedel, Wiesbaden 1960, VI, 91).

5 Erzählt in Anlehnung an M. Buber, Die Erzählungen der Chassidim, Zürich ¹⁰1957, 758.

6 Heinrich von Kleist, Über das Marionettentheater, in: Sämtliche Werke und Briefe, hg. v. H. Sembdner, München 1961, Bd. 2, 342.

7 Th. W. Adorno, Minima Moralia Nr. 100, in: Gesammelte Schriften, hg. v. R. Tiedemann, Bd. 4, Frankfurt a. M. 1979, 178 f.

8 Dass der Wurm drin steckt, dass, wenn man so will, die Paradiesschlange in den „Apfel" eingedrungen ist, zu dem sie die Menschen verführt hatte, ist eine Pointe des Adam-und-Eva-Bildes von Hans Holbein, das als Titelbild dieses Redenbandes verwandt wurde. Es setzt *avant la lettre* die „Dialektik der Aufklärung" ins Bild. Allerdings ist nicht selten ein wurmstichiger Apfel immer noch wohlschmeckender und gesünder als manch anderer, der durch chemische und andere Zusätze haltbar gemacht wurde und von außen tadellos erscheint.

141

Erev-Rav,

ist ein Netzwerk europäischer Christen und Christinnen, die an einem gemeinsamen Gespräch über die Bedeutung der Bibel interessiert sind.

Der Name Erev-Rav geht zurück auf die hebräische Bibel. Er bezeichnet das „zahlreiche Menschengewimmel" nichtjüdischer Herkunft, das mit Israel aus der Unterdrückung zieht (Exodus 12,38). Der Name will diesen Aufbruch und die für die Kirche notwendige Weggemeinschaft mit dem jüdischen Volk in Erinnerung rufen. Er verweist auf eine Befreiungstheologie im Kontext Europas als Zielsetzung der Arbeit.

Neben der Herausgabe von Büchern führt der Verein internationale Bibelwochen durch. Er hat einen Frauenförderungsfonds und organisiert zwei Lehrhäuser.

Weitere Informationen unter:
Erev-Rav · Tel. & Fax 0581-77 666
www.erev-rav.de / erev-rav@t-online.de

JUNGE.KIRCHE

Unterwegs für Gerechtigkeit, Frieden und Bewahrung der Schöpfung

Die **Junge Kirche**

✦ ist eine der ältesten theologischen Zeitschriften Deutschlands, in der Tradition der Bekennenden Kirche

✦ weiß sich der ökumenischen Losung „Gerechtigkeit, Frieden und Bewahrung der Schöpfung" verpflichtet

✦ ist dem christlich-jüdischen Gespräch und der feministischen Theologie verbunden

✦ erscheint vierteljährlich unter dem Dach von „Erev-Rav, Verein für biblische und politische Bildung e.V."

Ein Jahresabonnement der Jungen Kirche kostet 26 Euro.
Wir schicken Ihnen gerne ein Probeexemplar zu.

Erev-Rav
verlag@jungekirche.de
www.jungekirche.de